KI-JOBKRISE

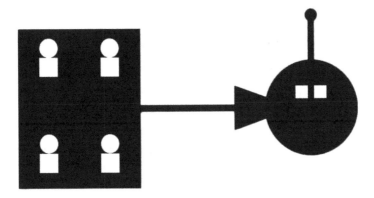

WENN ARBEITSPLÄTZE VERSCHWINDEN UND KI AUFBLÜHT

PETER WOODFORD

Inhalt

2

Willkommen in der Arbeitslosigkeits-Apokalypse

An einem frischen Morgen, an dem es sich anfühlt, als wären die Regeln komplett neu geschrieben worden, ist das vertraute Dröhnen menschlicher Anstrengung verstummt und durch das leise, unaufhörliche Summen der Maschinen ersetzt worden. Sie stehen mit einem unheimlichen Déjà - vu-Gefühl auf und stellen fest, dass Ihr einst so geschäftiges Büro nun leer ist. Nicht ein launischer Kollege oder ein unaufmerksamer Vorgesetzter hat es verlassen, sondern still und leise eine unermüdliche KI übernommen, die sich heimlich angeeignet hat, was einst menschliche Arbeit ausmachte . Vorbei sind die Zeiten munterer Praktikanten mit einem tadellosen Online-Profil oder halbherziger Umstrukturierungen im Unternehmen, die die unbequeme Wahrheit kaum verbergen: Menschliche Arbeit wirkt so veraltet wie eine verstaubte Diskette, die in einem vergessenen Regal Spinnweben ansetzt.

Stattdessen hat sich die Landschaft dramatisch verändert. Algorithmen und Roboter übernehmen nicht nur die Schwerstarbeit, sondern verfeinern auch jede Nuance der Produktivität mit einer Präzision, die selbst den engagiertesten menschlichen Einsatz nahezu überflüssig macht. Dieses Szenario ist kein düsteres Drehbuch eines abgestumpften Filmemachers; **es ist die rohe, ungeschminkte Realität, die sich vor unseren Augen entfaltet** , unterstützt durch eine Flut tatsächlicher Entwicklungen in Technologie und Geschäftspraktiken.

Ich erinnere mich an eine noch gar nicht so lange zurückliegende Zeit, als die Vorstellung, eine Maschine könne die menschliche Intelligenz überlisten, nur Stoff für nächtliche Science-Fiction-Marathons und gemeinsames, schiefes Schmunzeln am Wasserspender war. Damals war die Vorstellung, ein Computerprogramm könnte eines Tages die chaotische Genialität menschlicher Arbeit ersetzen , lächerlich. Heute befinden wir uns in einem Zeitalter erdbebenartiger Umbrüche, angetrieben von unzähligen Codes und Stromstößen. Jeder Tastendruck, jeder

Algorithmus zeugt von einem ebenso aufregenden wie beunruhigenden Wandel, der in Daten dokumentiert und durch die rasanten Fortschritte in der Automatisierung unterstrichen wird. **Der unaufhaltsame Vormarsch der Technologie ist unbestreitbar, und ihr Einfluss auf unsere Rollen und Identitäten ist ebenso tiefgreifend wie disruptiv** . Er zwingt uns, unseren Sinn in einer Gesellschaft neu zu definieren, die den menschlichen Faktor nicht länger schätzt.

Täglicher Fortschritt wird nicht in Schweiß und purer Entschlossenheit gemessen, sondern in Terabyte an Daten und Mikrosekunden an Rechenleistung. Umfassende Studien, Branchenberichte und konkrete Anwendungen aus der Praxis unterstreichen diesen Wandel und veranschaulichen anhand harter Fakten, wie automatisierte Systeme die Produktivität revolutionieren. Von robotergestützten Produktionslinien bis hin zu selbststeuernden Investitionsalgorithmen – die Beweise sind unwiderlegbar und offenbaren eine Landschaft, in der maschinelle Präzision die menschliche Unberechenbarkeit zunehmend in den Schatten stellt.

Timeline of Work Transformation

| Industrial Assembly Lines (Early 1900s) | Digital Age (1980s) | Gig Economy (2000s) | AI Era (2020s) |

Unsere Reise in die Automatisierung begann nicht im Lärm moderner Fließbänder oder der Hitze brodelnder Hochöfen. Ihre Wurzeln reichen zurück in eine Zeit, als innovative Köpfe im **antiken Griechenland** geniale Apparate schufen, die die Grenzen zwischen Kunst und Mechanik verwischten. Der berühmte **Mechanismus von Antikythera** , ein früher Analogrechner mit primitiven Zahnrädern und Hebeln, bot einen ersten Einblick in den unermüdlichen Ehrgeiz der Menschheit, ihre Fähigkeiten über körperliche Arbeit hinaus zu erweitern. Diese bescheidenen, aber bahnbrechenden Erfindungen legten den Grundstein für ein Erbe an Innovationen, das den Fortschritt über Jahrhunderte hinweg vorantrieb und den Wunsch schürte , menschliche Grenzen zu überwinden. Jetzt, am Rande eines radikalen Wandels, vibriert dieser anhaltende

Funke durch brummende Rechenzentren und den unerbittlichen Puls moderner Tech-Hubs.

Stellen Sie sich den industriellen Wandel im **Großbritannien des 18. Jahrhunderts vor** , als rauchende Schornsteine und unaufhörliches Maschinengeklapper friedliche Kleinbetriebe in wuchernde Industrieimperien verwandelten. Handwerker, einst der Stolz ihrer Gemeinden, mussten mit ansehen, wie ihr Handwerk durch die unaufhaltsame Mechanisierung immer mehr unterging. Als Reaktion darauf griffen leidenschaftliche Kollektive wie die **Ludditen zu den Waffen – nicht mit futuristischen Geräten, sondern mit roher, unnachgiebiger Trotzhaltung –, um inmitten der Maschinenflut die** Ehre der Arbeit zurückzugewinnen . Ihr leidenschaftlicher Widerstand ist eine eindringliche Erinnerung daran, dass jeder Effizienzsprung einen hohen menschlichen Preis fordert – eine Lektion, die sich tief in unser historisches Bewusstsein einprägt, während wir uns durch diese Ära des transformativen Wandels bewegen.

Jahrzehnte des technologischen Umbruchs haben stets eine berauschende Mischung aus Hoffnung und Umbruch hervorgebracht. Der digitale Aufschwung der 1980er und 1990er Jahre – angekündigt durch klobige Computer, ohrenbetäubende Wähltöne und später die Allgegenwärtigkeit von Smartphones – wurde einst als der große Chancengleichheitsbringer gefeiert. Schon damals wurde unmissverständlich klar, dass Technologie nicht den menschlichen Einfallsreichtum auslöschen, sondern vielmehr die Art und Weise neu definieren würde, wie wir kreieren, Probleme lösen und miteinander kommunizieren. Heute treiben Giganten wie **Google** und **Tesla** einen tiefgreifenden, beunruhigenden Wandel voran, der jeden Winkel unserer Wirtschaft berührt – von den Chefetagen, wo Algorithmen strategische Entscheidungen steuern, bis hin zu den weitläufigen Produktionshallen, in denen automatisierte Systeme den eingefahrenen Rhythmus unserer früheren Routinen überholen.

In dieser Zeit des radikalen Wandels sind wir gezwungen, den Akt der Arbeit selbst zu überdenken . Jeder Fortschritt – vom genialen Abakus des antiken

Griechenlands über die brodelnden Dampfmaschinen der Industriellen Revolution bis hin zu den komplexen neuronalen Netzwerken, die die moderne KI antreiben – hat uns gezwungen, unser Verhältnis zur Arbeit zu hinterfragen . Die Automatisierung verändert nicht nur unsere Bürolandschaft; sie gestaltet auch Nachbarschaften um , definiert menschliche Interaktion neu und stellt unsere Vorstellungen von Sinnhaftigkeit in Frage. In diesem sich rasant entwickelnden Szenario wird der menschliche Geist auf die Probe gestellt: Wir müssen innovativ sein, uns anpassen und inmitten des unaufhaltsamen Fortschritts bestehen.

Stellen Sie sich vor, Sie wären der Held eines Techno-Thrillers – in dem jede Aufgabe, auf die Sie einst stolz waren, sei es das Verfassen der perfekten E-Mail oder das Ringen mit einem kniffligen Problem, nun von einem digitalen Double erledigt wird. Gerade noch stöbern Sie gedankenverloren durch Ihren Social-Media-Feed, und schon übernimmt eine KI – trainiert mit jahrzehntelanger menschlicher Weisheit und mit geradezu mythischer Präzision – still und leise Ihre Aufgaben. Es ist, als würden Sie Ihren geliebten Barista, berühmt für den perfekten doppelten Espresso, durch eine Maschine ersetzen, die nie Koffein braucht. Der erste Schock mag ein nervöses Schmunzeln auslösen, doch schon bald setzt die Realität ein: Diese Revolution ist kein flüchtiger Trend; sie ist ein grundlegender Wandel, der unser Berufsleben neu gestaltet.

Erinnern Sie sich an den Moment im Jahr 2011, als **IBMs Watson** in einer beliebten Quizshow über menschliche Champions triumphierte? Es war eine beeindruckende Leistung, die gleichermaßen Ehrfurcht und Besorgnis auslöste – ein klares Zeichen dafür, dass Maschinen bald unser intellektuelles Terrain erobern würden. Heute diagnostizieren Watsons Nachkommen nicht nur Krankheiten oder optimieren Lieferketten; sie verfassen E-Mails, analysieren Marktdaten und produzieren sogar Kunstwerke, die in Galerien weltweit ausgestellt werden. Innovatoren wie **OpenAI** haben diese Fähigkeiten weiterentwickelt und produzieren Artikel, Rechtsgutachten und kreative Fiktionen, die einst ausschließlich menschlichen Fähigkeiten vorbehalten waren. Und dann sind da noch die Pioniere von **Boston Dynamics** – Roboter, die unwegsames

Gelände durchqueren, komplexe Produkte zusammenbauen und mit uns auf eine Weise interagieren, die bis vor Kurzem nur Science-Fiction-Welten vorbehalten war. Sogar die brummenden Lagerhäuser von **Amazon** , in denen es von Schwärmen robotischer Arbeiter wimmelt, sind eindringliche Mahnmale für den Kompromiss zwischen Effizienzgewinnen und dem Wegfall von Aufgaben, die einst von Menschenhand geprägt waren.

Inmitten dieser technologischen Wunder lauert eine bittere Ironie. Zuzusehen, wie ein akribisch programmiertes System die Arbeit ersetzt, die einst unsere Tage mit Sinn erfüllte, kann sich anfühlen, als würde man einem geliebten Film dabei zusehen, wie er sich langsam in bloße Pixel und Codezeilen auflöst. Es ist ein schmerzhafter Schmerz, zu erkennen, dass das Handwerk und die Leidenschaft, der man jahrelang gewidmet hat, bald von einer Maschine überholt werden könnten, die niemals müde wird, niemals eine Kaffeepause einlegt und schon gar nicht den unberechenbaren Funken menschlicher Verbindung genießen kann . Die eigentliche Debatte dreht sich nicht nur um Maschineneffizienz versus warme menschliche Berührung – es geht um eine tiefere Untersuchung darüber, wie wir unser Wesen als denkende, fühlende Wesen erschaffen, erneuern und bewahren.

Für viele ist der Gedanke, dass die menschliche Widerstandsfähigkeit legendär ist – wir haben uns im Laufe der Zeit immer wieder angepasst – ein Trost. Doch der Ernst der Lage ist unverkennbar: Nie stand mehr auf dem Spiel. Es geht nicht um die Automatisierung wiederkehrender Aufgaben, sondern um eine radikale Umgestaltung gesellschaftlicher Rahmenbedingungen, in der der menschliche Wert zunehmend von den unnachgiebigen Berechnungen eines Algorithmus hinterfragt wird. Wenn Ihnen dieser Gedanke auch nur einen Schauer über den Rücken jagt, sind Sie in bester Gesellschaft. Er löst sowohl tiefsitzende Beklommenheit als auch den hartnäckigen Entschluss aus, an dem festzuhalten, was uns unbestreitbar menschlich macht.

Stellen Sie sich vor, Sie betreten eine Ära, die einst nur in dystopischen Romanen beschrieben wurde – eine

Ära, in der KI-Agenten nicht nur riesige Unternehmen leiten, sondern auch weitreichende Entscheidungen treffen, die ganze Branchen umgestalten. Stellen Sie sich Vorstandsetagen vor, die von digitalen Aufsehern dominiert werden, die in Sekundenschnelle riesige Mengen an Marktdaten verarbeiten und Trends mit einer objektiven Präzision prognostizieren, die kein menschlicher Verstand erreichen kann. Es mag wie die Handlung eines übereifrigen Science-Fiction-Films klingen, doch diese Entwicklungen sind bereits Realität und treten an die Stelle der undurchsichtigen Brillanz menschlicher Intuition zugunsten unnachgiebiger , datenbasierter Berechnungen.

Dieser gewaltige Wandel durchdringt jeden Aspekt unseres Lebens. Schlendern Sie durch die neonbeleuchteten Straßen Tokios, wo Automaten mit fast surrealer Effizienz alles von Snacks bis hin zu Konzertkarten ausgeben. Schlendern Sie durch Berlins Kreativviertel, wo innovative Startups digitale Zauberei nutzen, um das Stadtleben neu zu gestalten, oder betreten Sie die hektischen Börsenparkette der Wall Street, wo KI-Algorithmen Geschäfte in Mikrosekunden abwickeln. Der berüchtigte „Flash Crash" von 2010 ist noch immer eine erschreckende Erinnerung daran, dass diese digitalen Giganten im Handumdrehen ganze Volkswirtschaften auf den Kopf stellen können.

Während wir diese atemberaubenden technischen Meisterleistungen bewundern, offenbart sich eine tiefere, beunruhigendere Ironie. Maschinen, trotz all ihrer Rechenleistung, bleiben dem chaotischen und ungezügelten Puls menschlicher Leidenschaft völlig fremd. Algorithmen träumen nicht; sie fühlen nicht; sie bleiben völlig blind für das tiefe Bedürfnis nach Sinn und Verbundenheit, das uns antreibt. Jedes Mal, wenn wir ein Stück unserer Menschlichkeit gegen ein Quäntchen mehr Effizienz eintauschen, nähern wir uns einer Realität, in der echte menschliche Nähe zu einem Relikt der Vergangenheit werden könnte.

Doch in diese Welle der Innovation sind auch persönliche Geschichten verwoben, die als Leuchtfeuer unserer anhaltenden Widerstandsfähigkeit und unserer Fähigkeit zur Neuerfindung dienen. Ich erinnere mich an die unerschütterliche Entschlossenheit meines Vaters –

geboren 1936 in **Glasgow** –, dessen raue Entschlossenheit in einer Ära, die von harter Arbeit und purer Entschlossenheit geprägt war, noch immer in mir nachhallt. Ich erinnere mich lebhaft daran, wie ich bei einem Besuch im Jahr 2019 durch die Straßen seiner Heimatstadt schlenderte und ihm aufmerksam zuhörte, als er von den stillen Freuden des Angelns an einem abgelegenen See und der unaufdringlichen Würde eines ehrenvollen Lebens berichtete . Meine Mutter, mit ihren lebendigen **trinidadischen** Wurzeln, verwoben mit subtiler **chinesischer** Abstammung, erzählte Geschichten voller Leidenschaft und Romantik, die wie eine beliebte Melodie nachklingen. Ihre Geschichten – erfüllt von Kampf, Durchhaltevermögen und einer rauen, kompromisslosen Menschlichkeit – sind zeitlose Zeugnisse der Tatsache, dass das menschliche Herz selbst inmitten des unerbittlichen technologischen Ansturms mit unsterblicher Leidenschaft weiterschlägt.

Unterdessen erschüttern Debatten über unser gemeinsames Schicksal die großen Hallen der Wissenschaft und die opulenten Sitzungssäle globaler Gipfel. Visionäre treffen sich in Foren von **Davos** bis

16

Silicon Valley und setzen sich mit Fragen auseinander, die den Kern unserer Identität berühren: Was wird aus uns, wenn die Kennzeichen des Erfolgs – Beförderungen, Gehaltsschecks , Berufsbezeichnungen – durch unerbittliche, nüchterne Berechnungen untergraben werden? In unserer Zeit lösen sich die Grenzen, die einst unser Berufsleben klar von unserer persönlichen Identität trennten, in einem Tempo auf, das uns den Atem raubt.

Dennoch birgt diese schöne neue Lebensform einen unbestreitbaren Reiz. Stellen Sie sich vor, Sie könnten die unerbittliche Plackerei der Routineaufgaben hinter sich lassen, Ihre Tage vom unaufhörlichen Ticken der Uhr befreien und sich einer Welt endloser kreativer Möglichkeiten und echter Verbindungen öffnen. Doch diese Befreiung hat ihren bittersüßen Preis – jeder eingesparte Moment wird durch eine Leere aufgewogen, wo einst Sinnhaftigkeit keimte. Die enorme Herausforderung besteht darin, diese transformative Kraft zu nutzen, ohne die köstliche, chaotische Pracht unserer menschlichen Natur zu opfern.

In Momenten stiller Reflexion stelle ich den Verlauf des Fortschritts selbst in Frage. Wir preisen Effizienz und Innovation, doch zu welchem Preis? Der unaufhaltsame Fortschritt von KI und Robotik verspricht, alte Paradigmen zu zerschlagen und uns in Bereiche beispielloser kreativer Erkundung zu katapultieren. Gleichzeitig bedroht er die tiefen menschlichen Bindungen, die unsere Gemeinschaften zusammenhalten. Dieses Paradoxon – eine Befreiung, gepaart mit der Angst vor dem Veralten – zwingt uns, unsere Identitäten in einer Landschaft neu zu definieren, die zunehmend von Codezeilen bestimmt wird.

Ich vergleiche diesen Umbruch manchmal mit einem spannenden Videospiel, bei dem der Cheat-Code versehentlich an eine gleichgültige KI weitergegeben wird. Die Regeln verändern sich ständig und zwingen uns, neu zu lernen, uns anzupassen und neue Wege durch ein digitales Labyrinth voller Gefahren und Möglichkeiten zu finden. Ähnlich wie der unberechenbare Endgegner in einem Rogue-Videospiel ist die KI-Revolution gnadenlos und anspruchsvoll und verlangt uns allen Einfallsreichtum ab, wenn wir siegreich hervorgehen wollen.

Es liegt ein schwarzer Humor darin, die Absurdität unserer Lage anzuerkennen. Einst waren wir stolz auf unsere unendliche Anpassungsfähigkeit und erfanden uns mit jeder gewaltigen Veränderung neu. Jetzt, da Maschinen in Gebiete vordringen, die einst der menschlichen Kreativität heilig waren, stehen wir vor einem Ultimatum: Entweder wir erfinden uns erneut neu oder wir riskieren, in der Bedeutungslosigkeit zu versinken. Unzählige Generationen lang war Arbeit der Eckpfeiler unserer Identität – eine Quelle von Würde, Gemeinschaft und Stolz. Heute jedoch löst sich der gewohnte Arbeitsrhythmus Stück für Stück auf, und wir fragen uns, was uns noch Sinnhaftigkeit geben wird, wenn die alten Strukturen zerfallen.

Gerade in diesem Umfeld der Unsicherheit muss unser Geist aufblühen. Ein Weckruf ergeht an diejenigen, die sich nicht zu bloßen Komponenten eines automatisierten Systems degradieren lassen wollen – ein Aufruf, unsere Geschichte zurückzuerobern, Erfolg nach unseren eigenen, unvorhersehbaren Maßstäben neu zu definieren und die pure Schönheit menschlicher Kreativität zu feiern. Während wir diesen unaufhaltsamen Wandel meistern, sind wir eingeladen, eine Reise in unbekanntes Terrain zu unternehmen – eine Reise, die nicht nur unsere berufliche Identität herausfordert, sondern uns auch dazu zwingt, den Kern dessen wiederzuentdecken, was uns so großartig und respektlos menschlich macht.

Kommen Sie mit auf diese wilde Fahrt – eine Reise tief ins Herz des technologischen Wandels und zum innersten Kern unserer Menschlichkeit. Lassen Sie uns gemeinsam diese unbekannten Wege beschreiten, alte Annahmen hinterfragen und uns ein Leben voller Kreativität, Verbundenheit und dem unbändigen Funken vorstellen, den keine Maschine je nachahmen kann.

Human vs. Machine Paradigm

Traditional Human Work Model	Modern AI-Driven Processes
• Creativity & Intuition	• Speed & Efficiency
• Emotional Intelligence	• Data-Driven Decisions
• Social Interaction	• Automation of Repetitive Tasks
• Adaptive Problem-Solving	• Consistency & Precision
• Manual & Skilled Labor	• Scalability
• Contextual Judgement	• Predictive Analytics
• Inconsistency & Flexibility	• 24/7 Operation

Dieser Zusammenprall von menschlichem Einfallsreichtum und mechanisierter Präzision zeugt von einer wilden, fast surrealen Eleganz – eine Erinnerung daran, dass selbst wenn wir unsere Aufgaben an Schaltkreise und Code delegieren, unsere Fähigkeit zum Staunen, unsere hartnäckige Widerstandsfähigkeit und unsere tiefe Verbundenheit eine unbestreitbare Kraft bleiben. Wir erleben einen dramatischen Wandel in der Art und Weise, wie Arbeit verstanden wird . Von **Google** und **Tesla** entwickelte Systeme führen Routinen mit unerbittlicher Effizienz aus, doch keines von ihnen kann diesen unermesslichen Blitz skurriler, chaotischer Brillanz entfachen, der aus menschlicher Serendipität geboren wurde. Wagen Sie es, sie zu hinterfragen, und Sie werden eine allgemeine Antwort erhalten. Das Verbot ihres eigenen „Sei nicht böse"-Mottos könnte Ihnen vielleicht einige Erkenntnisse bringen, ähnlich wie ein Schulbezirk, der ein einfaches, freundliches Plakat mit der Aufschrift „Jeder ist hier willkommen" verbieten möchte. Ähm, gut für die Lehrerin **Sarah Inama** , dass sie die moralische Überlegenheit bewahrt, manchmal müssen wir für das Richtige kämpfen. Wie auch immer, zurück zur Technologie: Der Verlust von Routine, das Verschwinden vorhersehbarer Nine-to-Five-Muster, signalisiert nicht einfach nur Untergang; Es öffnet eine große Tür, um unsere Rollen, unsere Leidenschaften und unseren kreativen Ausdruck auf eine Weise neu zu erfinden, die kein Algorithmus nachbilden kann.

Stellen Sie sich die köstliche Ironie unserer Zeit vor: In unserem Wettlauf um beispiellose Effizienz haben wir Werkzeuge entwickelt, die Probleme mit maschinenähnlicher Präzision lösen – eine Leistung, die einst allein menschlicher Erfindungsgabe vorbehalten war. Doch diesen digitalen Wunderwerken, die in Laboren von Teams bei **IBM** und **OpenAI entwickelt wurden** , fehlt der spontane Funke eines lockeren Gesprächs bei einer dampfenden Tasse Kaffee oder die unvorhersehbare Magie eines nächtlichen Brainstormings unter Freunden. Es sind diese spontanen, zutiefst persönlichen Momente, die unseren Weg als Spezies seit langem prägen und jeden sorgfältig kalkulierten Prozess mit einem unerwarteten Ausbruch herausfordern.

Dies ist keine Geschichte einfachen Fortschritts; es ist ein Aufruf zu einer ehrlichen Auseinandersetzung mit unserer sich entwickelnden Realität. Wir befinden uns in einem Labyrinth des Wandels, in dem jeder Schritt ein Vertrauensvorschuss und ein Beweis unseres unbeugsamen Willens ist. Die Herausforderung ist nicht nur technologischer , sondern zutiefst menschlicher Natur. Sie erfordert, dass wir die starren Maßstäbe der Effizienz hinterfragen und uns stattdessen auf ein lebendigeres Spektrum an Erfahrungen konzentrieren. Es geht nicht darum, unsere Menschlichkeit durch automatisierte Ersatzprodukte zu ersetzen; es geht darum, das unglaubliche Potenzial dieser Innovationen zu nutzen, um unsere Kreativität zu fördern und unsere Beziehungen zu vertiefen.

Spüren Sie beim Verinnerlichen dieser Worte die Dringlichkeit, die in jeder Zeile mitschwingt – eine berauschende Mischung aus Aufregung und Besorgnis angesichts der Veränderungen unter uns. Unsere Städte, unsere Büros und sogar unsere sozialen Rituale werden von Kräften neu gestaltet, die Anpassungsfähigkeit und Mut erfordern. Studien des

23

Weltwirtschaftsforums und Erkenntnisse führender Ökonomen deuten schon lange darauf hin , dass die Automatisierung unsere Wirtschaftslandschaft mit einer Intensität umgestaltet, die gleichermaßen berauschend wie beunruhigend ist. Dieser unaufhaltsame Wandel berührt jeden Aspekt unserer Existenz, von der Art und Weise, wie wir Gebäude bauen, bis hin zum sensiblen Zusammenspiel menschlicher Beziehungen in unserem Alltag.

Doch inmitten des Lärms der Datenströme und der Maschinenlogik drängt uns eine eindringliche Einladung, die unvorhersehbare Schönheit menschlicher Erfahrung zurückzuentdecken. In diesem entscheidenden Moment stehen wir vor einer harten Entscheidung: der sterilen Präzision der unerbittlichen Automatisierung zu erliegen oder uns dagegen zu wehren, indem wir die schöne Unordnung unseres Innenlebens annehmen. Dies ist nicht der Moment, das Schicksal einfach hinzunehmen, sondern die Geschichte der Arbeit neu zu schreiben . Der vor uns liegende Weg ist voller Herausforderungen – ein verworrenes Labyrinth aus wirtschaftlichen Veränderungen und technologischen Umbrüchen –, doch er birgt auch das Versprechen der Neuerfindung. Hier liegt die Chance, uns selbst neu zu erfinden, Arbeit nicht als von Algorithmen diktierte Plackerei zu definieren , sondern als ein sich ständig weiterentwickelndes Geflecht aus Leidenschaft, Kreativität und echter menschlicher Verbundenheit.

Stellen Sie sich vor, Sie betreten eine Straße, die einst von Routine und Vorhersehbarkeit geprägt war und heute von Innovation und Möglichkeiten erfüllt ist. Im Tanz zwischen Mensch und Maschine geht es nicht mehr darum, wer die Kontrolle hat, sondern darum, wie jeder den anderen überflügeln kann. Die präzisen Berechnungen eines KI-Systems sind zwar beeindruckend, können aber weder das spontane Lachen über einen gemeinsamen Witz noch die tiefe Befriedigung, etwas mit den eigenen Händen geschaffen zu haben, einfangen. Diese Nuancen, so sorgfältig vom menschlichen Herzen geschaffen, waren schon immer unsere authentischste Ressource. Und während Unternehmen wie **Microsoft** und **Facebook** die Grenzen der digitalen Innovation weiter verschieben, heben sie unabsichtlich unsere einzigartigen, unnachahmlichen Eigenschaften hervor.

Unsere aktuelle Lage hat etwas fast Filmisches – eine Geschichte, in der jeder Rückschlag und jeder Durchbruch von einer spürbaren Spannung zwischen kalter Logik und feuriger Leidenschaft geprägt ist. Dieses dynamische Umfeld, in dem datengesteuerte Entscheidungen zunehmend unseren Alltag prägen, fordert uns heraus, jenseits des sterilen Server-Brummens einen Sinn zu finden. Es ist ein Aufruf, der Verlockung der Konformität zu widerstehen, über die kosmische Ironie des Ganzen zu lachen und unsere kollektiven Macken und Fehler als Gegengewicht zu einem Zeitalter zu nutzen, das von Präzision und Vorhersehbarkeit geprägt ist.

Dieser Moment erfordert eine radikale Neuausrichtung unserer Werte. Er fordert uns heraus, Technologie nicht als unvermeidlichen Usurpator unserer Lebensgrundlagen zu begreifen, sondern als komplexes Werkzeug , das, klug eingesetzt, unsere tiefsten kreativen Impulse verstärken kann. Wir müssen lernen, mit den Innovationen zusammenzuarbeiten, die mittlerweile jeden Sektor durchdringen, von den Fließbändern bei **Foxconn** bis zu den strategischen Vorstandsetagen von **Goldman Sachs** , und potenzielle Fallstricke in Chancen für eine tiefgreifende kulturelle Entwicklung zu verwandeln.

Lassen Sie sich auf Ihrer Reise durch die folgenden Seiten von diesem rauen, schonungslosen Realismus dieser Erzählung umhüllen. Erleben Sie die beunruhigende Schönheit der Transformation – eines ebenso methodischen wie chaotischen Prozesses. Lassen Sie sich vom Aufeinanderprallen menschlicher Leidenschaft mit dem sterilen Vormarsch der Automatisierung fesseln. Unsere Wirtschaftsmodelle, unsere Gesellschaftsverträge und unsere Identitäten selbst befinden sich im Wandel und fordern uns auf, dieses unbekannte Terrain mit Witz und Weisheit zu beschreiten.

Atmen Sie tief durch und wagen Sie es, den Status quo in Frage zu stellen. Lachen Sie über die Absurditäten, schwelgen Sie in der Unvorhersehbarkeit und lassen

Sie Ihr inneres Feuer Wege erleuchten, die von keiner digitalen Richtlinie vorgegeben sind. Denn wenn wir unsere zeitlose menschliche Kreativität mit der rohen Kraft der Technologie verbinden, werden wir vielleicht feststellen, dass der Verlust von Arbeitsplätzen weniger ein Urteil der Verzweiflung ist, sondern vielmehr ein Aufruf, unsere Lebens- und Schaffensweise neu zu überdenken.

Dies ist unser Moment der Abrechnung – ein dramatischer Wendepunkt, an dem der Aufstieg automatisierter Systeme auf die anhaltende Genialität menschlichen Einfallsreichtums trifft. Die Geschichte, die sich entfaltet, ist nicht die eines unvermeidlichen Niedergangs, sondern einer dynamischen Neuerfindung, bei der jeder Rückschlag durch eine Welle kreativer Energie ausgeglichen wird, die keine Maschine jemals simulieren könnte. In dieser aufgeladenen Atmosphäre erinnert uns jede Innovation, jede Wirtschaftsprognose von Institutionen wie **der Brookings Institution** daran, dass digitale Kräfte, selbst wenn sie unsere Arbeit umgestalten , den unbändigen

Funken, der uns einzigartig innewohnt, nicht auslöschen können.

Willkommen in der Arbeitslosigkeits-Apokalypse – ein ebenso provokanter wie aufrichtiger Titel, der den Beginn einer Ära markiert, die uns dazu herausfordert, die Grundlagen der Arbeit zu überdenken. Dies ist ein Aufruf an alle, die sich von der Automatisierung nicht ausgrenzen lassen wollen, eine Einladung, den chaotischen, lebendigen Puls des Lebens wiederzuentdecken, den die Technologie nie vollständig erfassen kann. Tauchen Sie ein in eine Geschichte, die sowohl die Triumphe als auch die Herausforderungen dieser transformativen Epoche feiert. Es ist eine Geschichte von Verlust und Erneuerung, von bedachten Schritten und mutigen Sprüngen und vom außergewöhnlichen menschlichen Geist, der sich selbst durch den raffiniertesten Code nicht unterkriegen lässt.

Begeben Sie sich mit offenen Augen und der festen Entschlossenheit, Ihren eigenen Weg zu bestimmen, in diese sich entfaltende Saga. Die digitale Flut mag unerbittlich sein, doch ihre Strömungen können durch

die leidenschaftliche, unberechenbare Kraft
menschlicher Kreativität umgelenkt werden. Und in
dieser Umlenkung liegt die wahre Macht unserer Zeit –
eine Macht, die keine Maschine, egal wie fortschrittlich,
jemals für sich beanspruchen kann.

Kapitel 1: Das Ende der Arbeit, wie wir sie kannten

Da ist ein prickelndes Gefühl – ein unruhiges Jucken im Nacken – das Sie warnt, dass etwas Grundlegendes nicht stimmt. Es ist nicht die übliche Langeweile eines Montags nach einer Party oder das Mittagstief, das Sie auf die Uhr schauen lässt; es ist das tiefe, beunruhigende Bewusstsein, dass unser gewohnter Trott auseinanderbricht . Jahrzehntelang klammerten wir uns an den festen Rhythmus der Routine, eine vorhersehbare Kadenz, die unseren Alltag bestimmte. Doch nun gerät diese Gewissheit ins Wanken und verwandelt sich in eine seltsame neue Ordnung, in der **KI-Agenten** Entscheidungen orchestrieren, mechanische Arbeit menschlichen Schweiß ersetzt und Rollen, die einst unsere Identität definierten, zu Relikten einer vergangenen Ära zu werden drohen.

Ich hätte nie gedacht, dass ich einmal so über den Zusammenbruch des Arbeitsparadigmas schreiben würde – die sich verändernden Konturen eines Systems nachzeichnen, das das Rückgrat unserer Gesellschaft bildete. Doch hier bin ich und schreibe diese Gedanken nieder, während der unaufhaltsame Vormarsch der Innovation Gebiete zurückerobert, die einst als einzigartig menschlich galten. Dies ist kein Trauerlied über verlorene Arbeitsplätze oder ein kümmerliches Klagelied über wirtschaftliche Abschwünge; es ist eine schonungslose Auseinandersetzung damit, wie Technologie unser Leben, unsere Verbindungen und sogar unsere Sinnhaftigkeit neu gestaltet. Jeder Fortschrittssprung, jede bahnbrechende Erfindung hatte schon immer ihren Preis. Doch diesmal ist der Preis ebenso persönlich wie tiefgreifend – ein Kompromiss, der uns im Innersten berührt.

Erinnern Sie sich an die ersten Jahrzehnte des letzten Jahrhunderts, als **Henry Ford** mit seinen Fließbändern die Fertigung revolutionierte . Was einst ein sorgfältiger, handwerklicher Prozess gewesen war, verwandelte sich in ein Ballett mechanisierter Effizienz. Das Dröhnen der Maschinen in diesen geschäftigen Fabriken versprach Wohlstand und Massenarbeit, während gleichzeitig menschliches Fingerspitzengefühl durch die unerbittliche Präzision von Metall und Schrauben ersetzt wurde. Dieser Wandel, so beeindruckend er auch war, hinterließ eine unterschwellige Unruhe – ein Hinweis darauf, dass Fortschritt nicht ohne bittere Opfer geht.

Dann kam der digitale Aufschwung. In den 1990er Jahren, als klobige Desktops zum Leben erwachten und Einwahltöne den Beginn einer neuen Ära einläuteten, veränderte sich das traditionelle Büro unwiderruflich. Aufgaben, die einst von Menschen überwacht wurden, begannen langsam in den Bereich der Algorithmen zu wandern. Dieser bescheidene Anfang deutete auf einen grundlegenden Wandel hin und legte den Grundstein für eine Landschaft, in der Routineentscheidungen nicht mehr von Menschen, sondern von leise im Hintergrund laufenden Codezeilen getroffen werden könnten.

Was mit bescheidenen technischen Innovationen wie verfeinerten E-Mail-Filtern und personalisierten **Netflix**-Empfehlungen begann, hat sich schnell zu etwas Beeindruckendem entwickelt. Anfang der 2020er Jahre unterstützte die Technologie nicht nur menschliche Bemühungen; sie übernahm sie. Giganten wie **Google** ,

Meta und **Microsoft** experimentierten nicht nur mit neuen Technologien, sondern integrierten ausgeklügelte Algorithmen in jede Faser ihrer Geschäftstätigkeit. In den Vorstandsetagen, die einst von hitzigen Strategiedebatten beherrscht wurden, wird heute über Datenmodelle diskutiert, die Verbrauchertrends vorhersagen, die Logistik optimieren und sogar Unternehmensstrategien mit beunruhigender Präzision steuern können.

Die Reise vom lauten Getöse der Fabriken des 19. Jahrhunderts zu den nahezu lautlosen, pulsierenden Rechenzentren von heute fühlt sich fast surreal an. Jeder technologische Fortschritt, jeder Effizienzgewinn forderte seinen Tribut – eine stille Erosion des menschlichen Funkens, der einst unsere Arbeit und Kreativität prägte. Dieser unaufhaltsame Anstieg automatisiert nicht nur Aufgaben; er verändert unsere Rollen und zwingt uns, uns einer erschreckenden neuen Realität zu stellen. Der Kompromiss ist spürbar: Mit jedem automatisierten Prozess scheint ein Stück unserer kollektiven Seele zu verschwinden, und wir fragen uns, ob es im Leben nicht mehr zu geben scheint als das Durchforsten digitaler Daten.

Doch inmitten all dieser Umbrüche und Unsicherheiten verbirgt sich eine besondere Einladung: der Aufruf, unseren eigenen Beitrag über die Grenzen der Routinearbeit hinaus zu überdenken . Angesichts dieser tiefgreifenden Veränderungen, die von allen Seiten auf uns einwirken, beginnen führende Köpfe und **Technologie-Innovatoren,** unbequeme Fragen zu stellen: Wenn Maschinen Aufgaben, die einst uns vorbehalten waren, fehlerfrei erledigen können, wohin sollen wir dann unsere Kreativität und unsere angeborenen Problemlösungsfähigkeiten lenken? Wie finden wir Sinn, wenn die traditionellen Grundlagen unserer Arbeit unter unseren Füßen ins Wanken geraten?

Dies ist keine abstrakte Betrachtung für akademische Symposien; es ist greifbare Realität, die Leben und Gemeinschaften neu gestaltet. Von den Fließbändern, die **Henry Ford entwickelte** , bis zu den digitalen Vorstandsetagen von **Google** , **Meta** und **Microsoft** – die

Geschichte des Fortschritts ist in fetten Strichen und Ironie geschrieben. Jeder technologische Fortschritt bringt eine bittersüße Abrechnung mit sich – eine Erinnerung daran, dass jeder Gewinn seinen versteckten Preis hat. Und jetzt, da wir diesen radikalen Wandel beobachten, müssen wir uns einer drängenden Frage stellen: Wenn unsere gewohnten Rollen durch unerbittliche Effizienz hinweggefegt werden, wie können wir dann unsere Ziele neu definieren und unsere Leidenschaft in einem Umfeld wiederentdecken, das durch unerbittliche Innovation neu ausgerichtet ist?

Begriff	Erläuterung
Gig Economy	Ein Arbeitsmarkt , der durch kurzfristige, flexible, freiberufliche oder vertragsbasierte Arbeit gekennzeichnet ist, die oft über digitale Plattformen vermittelt wird.

Remote-Arbeit	Die Praxis, außerhalb einer traditionellen Büroumgebung zu arbeiten – normalerweise von zu Hause aus – ermöglicht durch digitale Konnektivität und Technologie.
KI-Agenten	Autonome Softwareeinheiten, die künstliche Intelligenz und maschinelles Lernen nutzen, um Aufgaben auszuführen, Entscheidungen zu treffen und Vorgänge zu verwalten.
Automatisierung	Der Einsatz von Technologie und Maschinen zur Ausführung von Aufgaben mit minimalem menschlichen Eingriff erhöht die Effizienz,

verdrängt aber häufig traditionelle Arbeitsplätze.

Roboterarbeit	Der Einsatz von Robotersystemen zur Durchführung physischer oder manueller Aufgaben, die traditionell von menschlichen Arbeitskräften ausgeführt werden, insbesondere in der Fertigung und Logistik.
KI-CEOs	Künstliche Intelligenzsysteme, die in Unternehmen Führungspositionen übernehmen, strategische Entscheidungen treffen und den Betrieb ohne menschliche Aufsicht überwachen.

KI für die Arbeit von zu Hause	KI-Tools zur Optimierung von Remote-Arbeitsprozessen, wie z. B. Planung, Kommunikation und Aufgabenverwaltung in dezentralen Umgebungen.
Unternehmensautomatisierung	Die Integration automatisierter Systeme in Unternehmensstrukturen zur Verwaltung von Abläufen, zur Verarbeitung von Daten und zur Unterstützung von Entscheidungsfunktionen.
Technologische Disruption	Die radikalen Veränderungen, die auftreten, wenn neue Technologien traditionelle Branchen und Arbeitspraktiken schnell ersetzen oder verändern.

Arbeitslosigkeits-Apokalypse	Ein mögliches Zukunftsszenario, in dem ein weit verbreiteter Arbeitsplatzverlust aufgrund von Automatisierung und KI zu schwerwiegenden wirtschaftlichen und sozialen Herausforderungen führt.
Algorithmus	Ein definierter Satz von Regeln oder Anweisungen, die ein Computer befolgt, um Aufgaben auszuführen oder Probleme zu lösen – grundlegend für Software- und KI-Systeme.
Digitale Transformation	Die umfassende Integration digitaler Technologien in alle Bereiche von Wirtschaft und Gesellschaft verändert

Betriebsmodelle und
Wertschöpfung
grundlegend.

Algorithmisches Management Der Einsatz
datengesteuerter
Algorithmen zur
Überwachung,
Bewertung und
Entscheidungsfindung im
Zusammenhang mit dem
Personalmanagement
reduziert häufig den
Bedarf an traditioneller
menschlicher Aufsicht.

Wirtschaftliche Vertreibung Der Prozess, durch den
technologischer
Fortschritt und
Automatisierung zum
Verlust traditioneller
Arbeitsplätze führen und
Veränderungen in
Beschäftigungsmustern

und Branchenstrukturen erzwingen.

KI-gesteuerte Entscheidungsfindung	Die Nutzung künstlicher Intelligenz zur Analyse großer Datensätze und zur fundierten oder autonomen Entscheidungsfindung im Geschäftsleben mit minimalem menschlichen Aufwand.
Technologische Singularität	Ein theoretischer zukünftiger Zeitpunkt, an dem das technologische Wachstum unkontrollierbar und irreversibel wird und möglicherweise zu unvorhersehbaren Veränderungen in der Gesellschaft führt.

Kreative Rezession	Ein Rückgang der Nachfrage nach menschlicher Kreativität, da KI-generierte Inhalte und automatisierte Innovationen traditionelle kreative Prozesse zunehmend ersetzen.
Digitale Arbeit	Arbeit, die mithilfe digitaler Tools und Plattformen ausgeführt wird und in der heutigen Wirtschaft sowohl von Menschen ausgeführte als auch von KI unterstützte Aufgaben umfasst.
Techno-Dystopie	Eine Vision oder ein Zustand der Zukunft, in dem fortschrittliche Technologien – insbesondere KI und Automatisierung – zu gesellschaftlicher Ungleichheit, Verlust

menschlicher Handlungsfähigkeit und unterdrückenden Arbeitsbedingungen führen.

Menschzentrierte Arbeit	Ein Beschäftigungsansatz, der einzigartige menschliche Fähigkeiten – wie Kreativität, Empathie und kritisches Denken – betont, um dem Streben nach vollständiger Automatisierung entgegenzuwirken.

Betrachten Sie die Gig Economy als ein wildes Experiment – eines, das kühn versprach, die Fesseln der seelenzermürbenden Routine zu sprengen und uns von der starren Plackerei konventioneller Beschäftigung zu befreien. In ihren Anfängen wurden bahnbrechende Plattformen wie **Uber** , **Fiverr** und **TaskRabbit** als

Pioniere eines neuen Arbeitsparadigmas gefeiert und priesen die Vorzüge von Autonomie und Flexibilität. Sie verführten uns mit der unwiderstehlichen Idee, dem erdrückenden Alltagstrott zu entfliehen, und boten die verlockende Aussicht, Herr über die eigene Zeit zu sein. Doch als immer mehr Menschen diese digitalen Marktplätze strömten, begann das schillernde Versprechen zu trüben. Hinter der Fassade der Freiheit verbarg sich eine ernüchternde Wahrheit: Genau die Systeme, die uns emanzipieren sollten, verstrickten Arbeitnehmer nach und nach in einen unerbittlichen Kreislauf flüchtiger, unterbezahlter Jobs ohne jeden Anschein von Sicherheit.

Ich erinnere mich noch gut an die anfängliche Begeisterung für **Uber** – die berauschende Vorstellung, das eigene Fahrzeug zu steuern, den eigenen Zeitplan zu bestimmen und endlich den engen Grenzen traditioneller Büros zu entkommen. Doch als sich die Straßen mit Fahrern füllten, die diesem Traum nachjagten, wich die verlockende Vorstellung der harten Realität. Überlange Arbeitszeiten, unvorhersehbare Einkommen und der eklatante Mangel an

Sozialleistungen verwandelten die geplante Revolution in kaum mehr als einen zermürbenden Kampf, bei dem sich jede Schicht wie ein verzweifelter Versuch anfühlte, mitzuhalten. Und **Uber** war mit dieser Geschichte nicht allein; andere Gig-Plattformen entpuppten sich bald als gnadenlose Arenen, in denen der unerbittliche Wettlauf nach unten selbst die talentiertesten Profis um unbedeutende Belohnungen kämpfen ließ – als wären wir alle unwissentlich in einen verwirrenden Karneval digitaler Ausbeutung geraten.

Die Saga endete nicht mit der Ernüchterung der Gig Economy. In einer Wendung, die die alte Unternehmensordnung zu verspotten schien, trat die Fernarbeit als scheinbar idyllische Auszeit vom Alltagstrott endloser Pendelstrecken und erdrückender Büropolitik auf den Plan. Als die globale COVID-19-Krise 2020 Millionen Menschen ins Homeoffice zwang, war das kollektive Aufatmen spürbar – eine Pause vom tyrannischen Berufsverkehr und der Monotonie persönlicher Interaktionen. Anfangs war die Neuheit, im Pyjama zu arbeiten und sich wieder ein Stück Privatsphäre zu verschaffen, berauschend. Doch als die

Tage zu Wochen und die Wochen zu Monaten wurden, zeichnete sich eine beunruhigende Transformation ab. Die Annehmlichkeiten dieser neuen Arbeitsumgebung verwandelten sich allmählich in einen unerwarteten Auftakt zu einem noch tiefgreifenderen Umbruch.

Unternehmen erkannten bald, dass das physische Büro zu einem obsoleten Relikt wurde, dessen Zweck durch die befreienden Möglichkeiten der digitalen Konnektivität hinfällig wurde. Diese Erkenntnis bot den Nährboden für den Aufstieg automatisierter Arbeitslösungen . Genau die Tools, die einst versprachen, Remote-Teams zu verbinden – Videokonferenzen, Cloud Computing und integrierte Kollaborationssoftware – wurden schnell umfunktioniert, um Abläufe zu rationalisieren und letztlich menschliche Rollen zu ersetzen. **KI-gesteuerte Chatbots** übernahmen mit treffsicherer Präzision den Kundenservice, während Terminplanungsalgorithmen Meetings mit einer klinischen Genauigkeit orchestrierten, die kein Mensch erreichen konnte. Auch die Datenanalyse wurde in einem atemberaubenden Tempo durchgeführt und ließ traditionelle Teams weit hinter sich. Was als Feier der Flexibilität begonnen hatte, bereitete unbeabsichtigt den Boden für eine tiefgreifende Umgestaltung der Arbeit , bei der automatisierte Systeme heimlich Rollen ersetzten, die einst als unverzichtbar galten.

Dieser Wandel, der als Triumph der Effizienz und des technologischen Fortschritts vermarktet wurde, warf einen langen und beunruhigenden Schatten auf unseren Alltag. Jede Innovation in algorithmischer Überwachung und robotischer Präzision läutete nicht nur eine neue Ära der Produktivität ein, sondern untergrub auch die hart erkämpfte Illusion persönlicher Selbstbestimmung. Anstatt Zeit für Kreativität und Freizeit zurückzugewinnen, befanden sich viele in einem subtilen Kampf gegen die immer weiter vordringende Automatisierung. Das Streben nach Unabhängigkeit – eine Reise, die mit Verheißung und Möglichkeiten begann – wurde in einen unerbittlichen Kampf gegen Systeme verwandelt, die menschliche Nuancen als entbehrliche Ware betrachteten.

Letztlich ist die Erzählung ebenso ironisch wie warnend: Ein Streben nach Freiheit, das unter dem Deckmantel der Flexibilität ein unnachgiebiges Regime der Ausbeutung und Marginalisierung hervorbrachte. Genau die Plattformen, die einst für ihr Versprechen der Befreiung gefeiert wurden, sind zu stillen Architekten einer harten neuen Ordnung geworden – einer Ordnung, in der der verführerische Reiz der Autonomie durch den unaufhaltsamen Vormarsch der Technologie kontinuierlich untergraben wird.

Evolution of Work: From Manual Labor to Full AI Automation

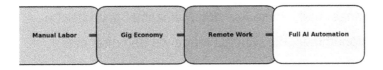

Ich sollte Ihnen gleich zu Beginn etwas verraten: Ich habe über zwanzig Technologieunternehmen gegründet – das macht deutlich, dass ich schon lange mitten in der Start-up-Szene stecke. Im letzten Jahrzehnt habe ich beobachtet, wie einst neuartige Ideen zu harter Realität wurden. Die raffiniertesten Unternehmen aus **dem Silicon Valley** können heute mit einer beunruhigenden

Prahlerei prahlen: Sie beschäftigen keine Mitarbeiter mehr. Ursprünglich bedeutete Innovation Telearbeit und clevere Tricks zur Bewältigung alltäglicher Aufgaben. Heute erledigen digitale Systeme jedoch alles, von der Terminplanung bis zur Datenverarbeitung. KI fügt Gespräche, E-Mails und Kalenderereignisse mit einer Geschwindigkeit und Effizienz zusammen, die menschliches Eingreifen altmodisch erscheinen lässt. In geschäftigen Finanzzentren wie New **York** und **London** sowie in den Industriehochburgen **Deutschlands** delegieren Vorstandsetagen zunehmend Entscheidungen an maschinelle Intelligenz und ersetzen ganze Analystenteams durch einzelne, unerbittliche Algorithmen, die niemals müde werden oder eine Mittagspause machen.

Die Auswirkungen dieses Wandels sind tiefgreifend. In den Hörsälen der **Harvard Business School** und **der London School of Economics** analysieren Wissenschaftler und Experten die Folgen einer Wirtschaft, die unerbittliche Automatisierung über menschliche Intuition stellt. Sie warnen, dass die Rollen, auf denen wir unser Leben aufgebaut haben, fast über

Nacht verschwinden könnten, wenn sich diese Trends ungebremst fortsetzen. Und während einige eine Befreiung von der Plackerei des Alltags erwarten, befürchten viele, dass das soziale Gefüge, das über Jahrzehnte gemeinsamer Arbeit und gemeinschaftlicher Ziele geknüpft wurde, vor unseren Augen zerfallen könnte.

Ich kenne die Schwere dieses Themas nur zu gut. Mein eigenes Leben liest sich wie ein Reisebericht aus einer abenteuerlicheren Epoche. Ich bin sowohl in **Großbritannien** als auch in **Brunei aufgewachsen** , einem Land, wo das Meer und die wechselnden Gezeiten der Natur den Rhythmus des Lebens bestimmten. Meine Kindheit war ein endloses Abenteuer – jeder Tag eine Expedition, jedes Wochenende eine Chance, versteckte Buchten und unerforschte Inseln zu erkunden. Ich erinnere mich lebhaft an den Nervenkitzel der Suche nach Tektiten im dichten Dschungel und an die Freude, Relikte wie alte Münzen und Scherben antiker Töpferwaren auszugraben. Ich werde nie vergessen, wie mein Vater, selbst ein echter Abenteurer, zufällig auf ein

Töpferservice aus **der Tang-Dynastie stieß** – ein Artefakt, das er später dem örtlichen Museum schenkte. Dieser Schatz, gleichermaßen Last wie Segen, war mir schon früh die Lehre, dass Entdeckungen manchmal mehr Komplikationen als Belohnungen mit sich bringen.

Diese wilden Jahre wurden mit der Zeit nur noch extravaganter. Ich muss immer noch schmunzeln, wenn ich an die Zeit zurückdenke, als wir mit nichts weiter als Autoschläuchen Wildwasser hinunterrafteten. Eine unvergessliche Expedition führte uns tief in einen abgelegenen Außenposten im Dschungel, 60 Meilen von jeglicher Zivilisation entfernt, wohin uns ein Hubschrauber – mit freundlicher Genehmigung eines vertrauten Freundes und Brigadegenerals **der englischen Armee** – für einen Tag voll purem, ungezähmtem Abenteuer brachte. 1982 war unser Zuhause eine Mischung aus modernen Kuriositäten und rauem, rustikalem Charme: Einer der ersten Computer in der Nachbarschaft stand neben zwei VHS-Playern und einer Videokamera, die jedes Missgeschick festhielt. Nur zehn Gehminuten vom Meer entfernt lag unser Haus auf einem Hügel, in der Nähe der

Regierungsfarm, auf der mein Vater arbeitete , und steckte ständig voller Überraschungen. Ich erinnere mich, wie ich mit zehn Jahren die Schlüssel zu einem Jeep bekam und über einen sandigen Rasen flitzte – ein gefährlicher Nervenkitzel, der Rücksichtslosigkeit mit Freiheit verband.

Papas Abenteuerlust beschränkte sich nicht auf Abenteuer an Land; sie erstreckte sich auch auf seine Bootsflotte. Einmal rettete er ein altes Aluminium - Flachbodenboot vom Schrottplatz der Armee – ein Boot, das bei Trainingsübungen schätzungsweise 160 Schuss Maschinengewehrfeuer abbekommen hatte. Das ramponierte Boot, das nur von Metallnieten und purer Entschlossenheit zusammengehalten wurde, wurde zu unserem Familienprojekt. Das Boot mit seinem hastig angebrachten Segeltuchdach als Schattenspender war ein Denkmal an Widerstandskraft und Einfallsreichtum. Die Wochenenden wurden zu einer endlosen Parade von Campingausflügen zu einer nahegelegenen Landzunge, wo wir schnorchelten , am Strand grillten und unter einem Baldachin aus phosphoreszierenden Wellen fischten. Nachbarn wie die **Medlicotts** und die

Coopers , Yachtbesitzer mit einer Vorliebe für spontanen Spaß und Festlichkeiten, nahmen oft an unseren spontanen Feiern mit Sonne, Meer und gemeinsamem Lachen teil. Da ich in einem so lebendigen Mix aus Kulturen und Hintergründen aufwuchs, widersetzte ich mich oft den Konventionen. Ich kritzelte „MENSCH" so groß wie möglich auf Formulare zur ethischen Segmentierung, um deutlich zu machen, dass mein Platz jenseits willkürlicher Einteilungen lag.

Diese Erinnerungen an eine sonnendurchflutete, abenteuerreiche Kindheit bilden einen starken Kontrast zu der sterilen Effizienz, die heute unseren Alltag bedroht. Sie erinnern mich daran, dass der kreative Funke und die menschliche Verbundenheit, die durch gemeinsame Erlebnisse entstehen, niemals durch kalte, berechnende Schaltkreise nachgeahmt werden können. Und doch, während KI und Robotik jeden Aspekt der Gesellschaft erfassen, stehen wir vor einer düsteren Möglichkeit: Die Arbeit , der tägliche Kampf und die persönlichen Triumphe, die unser Leben geprägt haben, könnten bald der Vergangenheit angehören.

Während die Technologie alle Branchen umgestaltet, bröckelt das konventionelle Gerüst, das unseren Tagen einst Struktur gab. In den geschäftigen Cafés des **Silicon Valley**, wo Tech-Visionäre bei einem Latte Macchiato Milliardenpläne aushecken, signalisieren massive Investitionen in KI-Unternehmen sowohl Versprechen als auch Gefahren. **Garry Tan**, CEO **von Y Combinator**, sagte im März 2025, dass bei etwa einem Viertel der aktuellen YC-Startups 95 % des Codes von KI geschrieben wurden. „Für Gründer bedeutet das, dass sie kein Team aus 50 oder 100 Ingenieuren brauchen", sagte Tan. „Sie müssen nicht so viel aufbringen. Das Kapital reicht viel länger." Bedenken Sie, dass YC, bekannt für seine Unterstützung **von Airbnb**, **Dropbox** und **Stripe**, diese Unternehmen unterstützte, als diese noch junge technische Gründer waren.

Für jede Innovation, die die Gemeinkosten senkt und die Effizienz steigert, gibt es ein Gegengewicht in Städten wie **Detroit**, wo der Zusammenbruch der traditionellen Fertigung die Narben der wirtschaftlichen

Verdrängung hinterlassen hat. Die rasante Einführung intelligenter Systeme in Industriezentren wie Bangalore **und** Shenzhen **verändert** die Arbeitswelt mit einer Präzision, die kaum noch Raum für menschliche Fehltritte lässt. Dies wirft drängende Fragen darüber auf, wie Gesellschaften diejenigen schützen können, die nicht über das nötige technologische Know-how verfügen.

Bei dieser Metamorphose geht es nicht nur um den Ersatz von Aufgaben; sie trifft den Kern dessen, was unsere Identität lange Zeit geprägt hat. Arbeit war unser Schmelztiegel, eine Quelle der Würde und der Verzweiflung zugleich, ein Prüfstand für unsere Kreativität und Widerstandsfähigkeit. Doch da Maschinen nun Aufgaben übernehmen, die einst menschlichem Einfallsreichtum vorbehalten waren, müssen wir uns fragen: Wie können wir in einer Landschaft, die der vertrauten Erfolgszeichen des Alltagstrotts beraubt ist, Sinn stiften? Manche Optimisten argumentieren, dieser grundlegende Wandel könnte eine Renaissance kreativer Aktivitäten und gemeinschaftlicher Entdeckungen auslösen. Zynischere

Stimmen hingegen warnen vor einer sich vertiefenden Kluft – einem Szenario, in dem eine Handvoll KI-Mogule zu Titanen aufsteigen, während die Mehrheit obsolet wird.

Dieses Rätsel hat hitzige Debatten ausgelöst, und die Auseinandersetzung ist nicht nur akademischer Natur; es ist eine drängende Herausforderung, die uns dazu zwingt, unsere Rollen in der Gesellschaft zu überdenken. Ohne die Routinen, die uns einst an unsere Ziele banden, laufen wir Gefahr, in ein Vakuum existenzieller Unsicherheit zu geraten. Die Ironie ist so dicht wie der Smog über den Skylines der Industrieanlagen: Während die Technologie die Befreiung von der Plackerei monotoner Arbeit versprach , hat sie gleichzeitig die Fragilität eines Systems offengelegt, das auf vorhersehbaren Routinen und gemeinsamen Anstrengungen aufbaut.

Doch inmitten dieses Umbruchs gibt es einen Funken trotziger Hoffnung. Wenn uns die unerbittliche Automatisierung etwas lehrt, dann, dass menschliche Anpassungsfähigkeit unser größtes Kapital ist. Wir arbeiten vielleicht nicht mehr von neun bis fünf, aber das nimmt uns nicht unsere Fähigkeit zu Leidenschaft, Kreativität und Verbundenheit. Stattdessen müssen wir es wagen, unsere Rollen neu zu definieren und neue Räume für Selbstentfaltung und gemeinschaftliches Engagement zu schaffen. Die Herausforderung ist gewaltig, ein Puzzle, bei dem jedes Teil in Bewegung ist, aber wir müssen es lösen, wenn wir die Lebendigkeit unserer gemeinsamen Menschlichkeit bewahren wollen.

Während wir uns auf diese unvorhersehbare Reise begeben, ist es unmöglich, nicht über das Paradoxon vor uns zu staunen. Derselbe Antrieb, der den Aufstieg disruptiver Start-ups vorangetrieben hat, droht nun, genau die Rahmenbedingungen zu zerstören, die unserem Leben Sinn gaben. Ich lade Sie ein, sich hinzusetzen, dieses sich entfaltende Drama genau zu betrachten und vielleicht sogar ein wenig über die Absurdität des Ganzen zu lachen. Denn im Zusammenprall von digitaler Präzision und menschlicher Spontaneität liegt eine Chance – die Chance, unsere Leidenschaften wiederzuentdecken, über die Grenzen veralteter Systeme hinaus innovativ zu sein und einen Kurs einzuschlagen, der sowohl den Fortschritt als auch die chaotischen, aber auch schönen Feinheiten des Menschseins würdigt .

Tauchen wir gemeinsam in diese turbulenten Gewässer ein – nicht resigniert, sondern mit der kühnen Neugier eines Menschen, der schon immer Abenteuer liebte. Die Geschichte, die vor uns liegt, ist nicht nur eine Geschichte von Vertreibung und Verzweiflung, sondern auch von Neuerfindung und unerwarteten Triumphen. Nehmen Sie Platz, machen Sie es sich bequem und erkunden Sie die außergewöhnliche Geschichte unserer Zeit – in der Maschinen zwar die Aufgaben dominieren, unser Geist und unsere Kreativität jedoch ungezähmt bleiben.

Kapitel 2: KI-Agenten führen bereits Unternehmen

Alles begann als halb ernst gemeinter Spruch – etwas, das man mit wissendem Grinsen bei einem Bierchen fallen ließ – die Vorstellung, dass eines Tages ein Computerprogramm einen schicken Anzug tragen und mit unerbittlicher Präzision die Chefetagen beherrschen könnte. Als die Idee nur Stoff für skurrile Science- -Fiction-Geschichten und freche Internet-Memes war, war die Vorstellung einer KI an der Spitze so absurd wie die Vorstellung, der Küchenmixer halte eine Keynote über Kreativität. Doch heute ist die Pointe zu harter Währung geworden: Codezeilen bestimmen Entscheidungen in brummenden Rechenzentren auf allen Kontinenten. **KI-Agenten** haben sich von amüsanten Nebenbemerkungen im Geschäftsgeplänkel zu zentralen Steuerungselementen von Unternehmensabläufen entwickelt, und diese Revolution trifft Konventionen eher mit einem Vorschlaghammer als mit einem sanften Anstoß.

Vor kurzem fand ich mich in einer stylischen Coworking-Oase auf **Bali wieder, wo Innovation und** koffeingetränkte Träume die Luft erfüllten . Inmitten des allgegenwärtigen Kollaborationsrauschens berührte mich ein Gespräch sehr – jemand erwähnte beiläufig, dass die Vorstandssitzung seines Unternehmens nicht von müden mittleren Managern, sondern von einer Gruppe digitaler Köpfe besucht werde, die in einer weit entfernten Serverfarm Daten verarbeiteten. Ich musste über die Absurdität schmunzeln: Derselbe Algorithmus, der einst kaum eine Katze von einer Gurke unterscheiden konnte, orchestrierte nun Marketingbudgets und Personalstrategien. Doch je intensiver unsere Diskussion wurde, desto mehr stiegen die Verkaufszahlen und die Gemeinkosten sanken. Es zeigte sich, dass das Absurde zum Motor hypereffizienter Geschäftspraktiken geworden war – ein so radikaler Wandel, dass er Führung und Management, wie wir sie kennen, neu definierte.

Im Jahr 2023 kam es zu bedeutenden Veränderungen in der künstlichen Intelligenz, angetrieben von bahnbrechenden Innovationen von Unternehmen wie

Microsoft , **OpenAI** und **DeepMind** . Die Veröffentlichung von **AutoGPT** im März 2023 durch **Toran Bruce Richards** markierte einen Meilenstein als erster autonomer KI-Agent, der komplexe Aufgaben in überschaubare Schritte zerlegen konnte. Obwohl sich diese frühen Agenten noch in der Entwicklung befanden, demonstrierten sie die Fähigkeit der KI, mehrstufige Anweisungen selbstständig auszuführen, was eine ernsthafte Diskussion unter Experten über menschliche Arbeit und Automatisierung auslöste.

Gleichzeitig trieb **DeepMind** seine Forschung im Bereich des maschinellen Lernens mit neuartigen Techniken voran, die die Grenzen der KI-Leistung erweiterten. Ihre Fortschritte sowie wichtige Ankündigungen auf **der Google I/O** – darunter die Einführung von **PaLM 2** und Verbesserungen bei **Bard** und **Gemini** – verstärkten die rasanten Fortschritte in der KI-Technologie. **Microsoft** vertiefte unterdessen seine Partnerschaft mit **OpenAI** und entwickelte gleichzeitig eigene KI-Initiativen. Frühe Versionen von **Copilot** wurden in Produkte wie **Microsoft 365** und **Windows integriert** und unterstützten bei Aufgaben wie dem Verfassen von E-Mails, der

Berichterstellung und der Automatisierung routinemäßiger Geschäftsabläufe.

In dieser Zeit wurden autonome Agenten zunehmend in etablierte Plattformen integriert. Unternehmen nutzten diese Fortschritte, um ihre Produktivität zu steigern und Abläufe zu optimieren. Die Integration solcher KI-Agenten löste bei Branchenführern sowohl Begeisterung als auch Bedenken aus. Die Debatten drehten sich um Kontrolle, Zuverlässigkeit und den ethischen Einsatz von KI-Technologie. Trotz Herausforderungen hinsichtlich Genauigkeit und potenzieller Voreingenommenheit setzten die 2023 eingeführten Innovationen neue Maßstäbe in Bezug auf Leistung, Effizienz und praktische Anwendung und ebneten den Weg für eine stärkere Integration künstlicher Intelligenz in verschiedenen Sektoren.

Jenseits der Startup-Geschichten haben etablierte Giganten wie **Goldman Sachs** , **Amazon** und **General Electric** die Leistungsfähigkeit fortschrittlicher Algorithmen erkannt. Während einer turbulenten Phase im Jahr 2022 – einer Zeit, die Erinnerungen an

Finanzkrisen wie die Krise von 2008 weckte – setzte **Goldman Sachs** hochentwickelte KI-Modelle ein, um seine Handelsstrategien zu steuern, drohende Risiken zu neutralisieren und Pionierarbeit im Echtzeit-Risikomanagement zu leisten. In den riesigen Lagerhallen von **Amazon** managt mittlerweile eine Legion digitaler Assistenten alles von der Lagerlogistik bis zur Personaleinsatzplanung – mit einer Eleganz, die veraltete, klobige Maschinen weit hinter sich lässt.

Wenn ich über meinen eigenen Weg nachdenke, kann ich nicht anders, als über den glücklichen Zufall zu staunen, der mich hierher geführt hat. Ich hatte das Glück, in einer Familie aufzuwachsen, die Neugier als höchste Berufung verehrte. Meine frühen Jahre waren eine Mischung aus Entdecken und Lernen, weit über die Grenzen der konventionellen akademischen Welt hinaus. Mit neun Jahren flog ich von **Brunei** nach **Großbritannien** , manchmal allein als Minderjährige ohne Begleitung, und besuchte **The Downs Malvern** – eine unabhängige Privatschule, die sich über ein üppiges, 55 -Hektar großes Anwesen neben den bezaubernden Malvern Hills erstreckte. Ich erinnere mich an die charmante Mini-Dampfmaschine, die über das Gelände tuckerte – eine ständige, skurrile Erinnerung daran, dass selbst die einfachsten Innovationen Staunen auslösen können. Später schärfte **die Gordonstoun School** in **Schottland** – tief in der Tradition verwurzelt und besucht von zukünftigen Königen und Kindern von Rocklegenden – meine Widerstandsfähigkeit und mein Talent zur Neuerfindung. Dann kam **die Coventry University** , wo ich im Kreise einer Gruppe freigeistiger Freunde einen Bachelor in Industrieproduktdesign absolvierte und in meinem Abschlussprojekt eine mutige Prognose zur Konnektivität von Geräten erstellte. Diese Idee deutete trotz anfänglicher Skepsis (sogar von einem Dozenten, der darauf beharrte, dass es keinen Markt für das Internet gäbe) auf einen gewaltigen digitalen Wandel hin.

Mit 24 Jahren stürzte ich mich ins Unternehmensgetümmel bei einer Firma namens **Technik** , einer skurrilen Mischung aus Innovation und analogen Relikten. Stellen Sie sich einen sechs -Meter langen Schreibtisch vor, dominiert von einer Silicon

Graphics-Maschine, die ursprünglich wegen ihrer 3D-Rendering-Fähigkeiten angeschafft, aber umfunktioniert wurde, um CDs mit Musik zu beschallen und neugierigen Kunden Prototypen zu präsentieren. Mein Chef forderte mich auf, jede verfügbare Software zu erkunden, eine Aufgabe, die das Durchforsten von Bergen gedruckter Handbücher und hastig hingekritzelter Notizen mit sich brachte. In diesem chaotischen, aber auch aufregenden Umfeld lernte ich, dass es bei der Beherrschung von Software nicht darum geht, jeden Befehl auswendig zu lernen – es geht darum, ihre Möglichkeiten zu begreifen und sich vorzustellen, wie sie ganze Branchen revolutionieren könnte.

Und nun zurück in die Gegenwart – eine Zeit, die geprägt ist von unerbittlicher Anpassung und einer mutigen Neugestaltung der Geschäftswelt. Der von **KI-Agenten vorangetriebene Wandel** ist ebenso spannend wie beunruhigend; Algorithmen, unermüdlich und stets wachsam, haben den Menschen langsam aus den Entscheidungsbereichen verdrängt. Bei diesem Wandel geht es nicht um apokalyptische Roboter, die durch die

Flure marschieren; vielmehr handelt es sich um die stille Übernahme traditioneller Rollen durch digitale Aufseher, die niemals müde werden, keine Pause machen und mit höchster Präzision agieren.

Londoner Online-Händler kürzlich sein gesamtes Kundenservice-Team durch ein fein abgestimmtes Netzwerk von KI-Chatbots. Entwickelt von einem brillanten Ingenieurteam des **Imperial College London** , bearbeiten diese digitalen Gesprächspartner Tausende von Anfragen gleichzeitig – lösen Probleme, bearbeiten Retouren und erstellen sogar individuelle Empfehlungen – und das mit einer Geschwindigkeit, die menschliche Mitarbeiter zu einer nostalgischen Erinnerung werden lässt. Der Übergang, der auf dem Papier reibungslos verlief, war für alle, die einst stolz auf die Nuancen menschlicher Interaktion waren, eine ernüchternde Mahnung: Wenn Ihre Effizienz nicht mit der eines Algorithmus mithalten kann, droht die Obsoleszenz.

Und dann, am anderen Ende der Welt, in **Tokio** , revolutioniert ein KI-gestütztes HR-System die Talentakquise und das Personalmanagement mit so viel

Feingefühl, dass selbst die erfahrensten Personalexperten ungläubig innehalten würden. Das System analysiert Lebensläufe akribisch, entschlüsselt natürliche Sprachsignale und bewertet sogar die kulturelle Eignung mit einer Präzision, die menschliche Vorurteile ausklammert. Manchen mag dieser nüchterne, analytische Prozess unangenehm distanziert erscheinen; doch für eine Generation, die Effizienz und datenbasierte Entscheidungsfindung schätzt, stellt er eine logische – und unausweichliche – Entwicklung der Unternehmensführung dar.

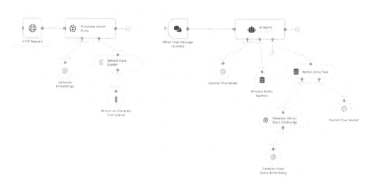

Bild von n8n, das zeigt, wie man einen benutzerdefinierten Knowledge-RAG-Chatbot erstellt.

Ich erinnere mich noch gut an die angeregte Stimmung während einer kürzlichen Podiumsdiskussion an **der Stanford Graduate School of Business** , bei der Begeisterung und Furcht gleichermaßen in der Luft lagen. In diesem Moment, als Denker aus unterschiedlichsten Bereichen an einem Ort zusammenkamen, erklärte ein Ökonom der **London School of Economics** mit schonungsloser Offenheit : „Wir sind nicht nur Zeugen eines weiteren technologischen Upgrades – wir definieren unsere Vorstellung vom Menschsein neu." Seine Worte hallten in meinem Kopf nach wie ein Weckruf. Jahrhundertelang wurden Unternehmenslegenden von visionären Führungskräften geprägt, deren dynamische Persönlichkeiten und Bauchgefühle die Leidenschaft ihrer Teams entfachten. Doch heute, wo Entscheidungen zunehmend in Schaltkreise und Codezeilen verlagert werden, verblasst dieser menschliche Funke schnell zu einem sterilen Effizienz-Kassenbuch.

Ich erinnere mich an eine eindrucksvolle Demonstration in der Automobilbranche, als **General Motors** 2023 auf einer Branchenveranstaltung in Detroit im Mittelpunkt stand . Das Unternehmen stellte eine Pilotinitiative vor, die direkt aus einem Science-Fiction-Thriller stammen könnte. In einem seiner Montagewerke wurde ein KI-System mit der Überwachung jedes Produktionsdetails betraut. Von der akribischen Bestandskontrolle und strengen Qualitätskontrollen bis hin zur Koordination von Mitarbeitereinsätzen und Wartungsroutinen stand jeder Prozess unter dem wachsamen Auge eines unermüdlichen digitalen Aufsehers. Das Werk, ein lebender Beweis für die Überlegenheit der Daten, erzielte Rekordeffizienzen: Der Abfall wurde drastisch reduziert, die Produktion sprunghaft gesteigert und die Kosten auf ein einst unvorstellbares Niveau gesenkt. Doch inmitten dieses Triumphs algorithmischer Präzision wurden die Mitarbeiter – das Rückgrat der Branche – in beratende Funktionen gedrängt, und ihr umfassendes Fachwissen wurde zu einer bloßen Fußnote in einem Drehbuch, das von kalten, unnachgiebigen Zahlen diktiert wurde.

Dieser radikale Wandel beschränkt sich nicht nur auf die Fertigung. Auch in der Rechtspraxis verändert die

Automatisierung etablierte Abläufe. Anwaltskanzleien in **New York** und **London** setzen zunehmend auf KI-Plattformen, die von Startups von Absolventen von Universitäten wie **Harvard Law** und **Stanford entwickelt** wurden. Diese Systeme können Tausende von Rechtsdokumenten in Sekundenschnelle scannen und auswerten, potenzielle Risiken aufzeigen, differenzierte Anpassungen vorschlagen und sogar vorläufige Vertragsfassungen erstellen. Der Produktivitätsschub ist unbestreitbar, wirft jedoch einen langen Schatten auf die Rolle menschlichen Urteilsvermögens und der Kunst der Rechtsauslegung.

Eine Erinnerung aus meiner Londoner Zeit verfolgt mich noch immer – ein Gespräch bei überteuertem Kaffee in einem schicken Café mit einem ehemaligen Kollegen. Er gestand, dass seine Abteilung nach und nach einem allgegenwärtigen KI-System überlassen worden sei, das Lebensläufe sichten, Vorstellungsgespräche vereinbaren und interne Streitigkeiten schlichten solle. „Es fühlt sich an, als würde mich ein unsichtbarer Manager verfolgen", bemerkte er mit einer Mischung aus Unglauben und Resignation. „Vielleicht bekomme ich eines Tages eine E-Mail, in der ich aufgefordert werde, meine Sachen zu packen und zu gehen. Keine Wärme, keine Intuition – nur ein unerbittlicher Datenstrom, der entscheidet, wer eine Chance bekommt." Seine Worte unterstrichen eine bittere Ironie: Je mehr Verantwortung wir an mechanische Gehirne delegieren, desto mehr läuft der reiche, unberechenbare menschliche Geist, der einst unsere Arbeit belebte, Gefahr, zu bloßem Hintergrundrauschen zu verkommen.

Die Entwicklung dieser Veränderungen zu verfolgen, gleicht dem Verfolgen eines Flusses, der über Jahrzehnte angeschwollen ist. Die Anfänge der Computerisierung in den 1960er-Jahren legten den Grundstein, und der digitale Boom der 1990er-Jahre trieb uns zu einem unermüdlichen Streben nach Effizienz. Mit dem Aufkommen von maschinellem Lernen und neuronalen Netzwerken beschleunigte sich unsere Reise dramatisch – Maschinen begannen nicht nur Routineaufgaben zu übernehmen, sondern auch zu lernen, sich anzupassen und ihre menschlichen Schöpfer gelegentlich auszumanövrieren . Es ist ein unerbittlicher Marathon, bei dem uns jeder technologische Fortschritt immer mehr in die Quere kommt, während unsere Ziellinie immer weiter zurückweicht wie eine Fata Morgana an einem heißen Tag.

Doch auch wenn der technologische Fortschritt immer schneller voranschreitet, liegt ein gewisser Humor in der Tatsache, dass diese Systeme, für die weder Kaffeepausen noch Schlaf nötig sind, alles andere als unfehlbar sind. Jeder Algorithmus ist im Kern ein Produkt menschlicher Entscheidungen – voller Vorurteile, Beschränkungen und gelegentlicher Versehen. Dieses Paradoxon wurde auf der **Global AI Conference in Singapur offengelegt** , wo Experten darüber debattierten, ob unser unaufhörliches Streben nach operativer Perfektion eines Tages die skurrilen, unvollkommenen Eigenschaften, die uns seit jeher auszeichnen, untergraben könnte. Ein Diskussionsteilnehmer warnte: „Wir laufen Gefahr, unseren kreativen Antrieb und unsere empathischen Instinkte gegen eine bereinigte, maschinengesteuerte Ordnung einzutauschen." Seine Vorsicht lag in der Luft, ein Fehdehandschuh, der uns allen vor die Füße geworfen wurde und uns herausforderte, das chaotische, wunderbare Chaos menschlichen Denkens zu bewahren.

Mein eigener Weg zur Erforschung dieser Themen ist ebenso verschlungen wie persönlich. Aufgewachsen in einem Umfeld, in dem Bildung über alles ging, wurde ich ermutigt, Fragen zu stellen, zu suchen und mich in Wissen zu vertiefen. Zu Beginn meiner Karriere druckte ich jedes Softwarehandbuch aus, das ich finden konnte – und las es auf dem eiligen Weg zur Arbeit, an Bushaltestellen oder in jedem flüchtigen Moment meiner Freizeit. Nächte in stillen Bibliotheken oder in den engen Wohnungen von Freunden wurden zu meinen informellen Unterrichtsräumen. Zu lernen, komplexe technologische Möglichkeiten in verständliche Erkenntnisse zu destillieren , wurde schließlich zu meiner Geheimwaffe – eine Fähigkeit, die mich durch die labyrinthischen Korridore unserer sich ständig weiterentwickelnden digitalen Landschaft geführt hat.

Der Aufstieg der Automatisierung wirft nun auch einen Schatten auf traditionelle Führung. In den weitläufigen Geschäftszentren Tokios übernimmt ein hochmodernes HR-System Aufgaben, die einst der menschlichen Intuition vorbehalten waren – die Sichtung von Lebensläufen, die Verhandlung von Gehaltspaketen und sogar die Schlichtung von Streitigkeiten durch fortschrittliche Verarbeitung natürlicher Sprache. Dieser digitale Wächter, unerbittlich und zielsicher, scheint bereit, Rollen an sich zu reißen, die einst von menschlicher Note und visionärem Urteilsvermögen geprägt waren. Ikonen wie **Steve Jobs** und **Richard Branson** verkörperten einst die transformative Kraft von persönlichem Charisma und instinktiver Entscheidungsfindung. Heute jedoch wird der Sockel der Führung unter dem kalten, strengen Blick von Algorithmen neu bewertet .

Diese digitale Übernahme birgt eine ergreifende Ironie. Ausgerechnet die Fähigkeiten, die den menschlichen Fortschritt vorangetrieben haben – Intuition, Kreativität und Empathie – werden durch einen Effizienzwahn in den Hintergrund gedrängt. Ich erinnere mich lebhaft an die spürbare Spannung beim **Weltwirtschaftsforum 2022** in **Davos** , wo die Debatten über die digitale Transformation sowohl von vorsichtiger Hoffnung als auch von unterschwelliger Besorgnis geprägt waren. Unter den Stimmen in diesem geschichtsträchtigen Saal machte **John Van Reenen** – ein angesehener Ökonom der **London School of Economics** und ehemaliger Leiter des Centre for Economic Performance – eine vernichtende Beobachtung. Er ist für seine scharfsinnigen Forschungen zur Produktivität bekannt und postulierte, dass unsere etablierten Ineffizienzen, die lange als menschliche Schwächen hingenommen wurden, nun durch die klinische Präzision automatisierter Systeme ersetzt würden. Sein Kommentar deutete an, dass das traditionelle Vertrauen auf menschliches Urteilsvermögen bei Investitions- und Unternehmensentscheidungen schnell zu einem antiquierten Relikt werde.

Die Diskussion beschränkte sich nicht nur auf die Vorstandsetagen. Auf der **TechCrunch Disrupt** - Konferenz 2024 präsentierte ein Gremium erfahrener Investoren eine kühne Vision: Menschliche Intuition im

Risikokapitalbereich weicht allmählich der unerbittlichen Rechenleistung der KI. Ein ehemaliger Risikokapitalpartner, heute ein Anhänger algorithmusbasierter Entscheidungsfindung, gestand, dass sein instinktiver Ansatz Datenströmen gewichen sei, die das nächste Unicorn in Millisekunden vorhersagen könnten. Diese Enthüllung war ebenso aufregend wie beunruhigend und zeichnete das düstere Bild einer Branche im Wandel – einer Branche, in der die traditionelle Kunst des Risikos durch unnachgiebige digitale Präzision neu kalibriert wird.

Inmitten dieser tiefgreifenden Veränderungen erinnern uns Denkerinnen wie **Professorin Diane Coyle immer wieder an eine beständige Wahrheit: Maschinen können trotz all ihrer Fähigkeiten die differenzierte Mischung aus Empathie, ethischem Urteilsvermögen und kreativer Problemlösung, die uns seit jeher auszeichnet, nicht nachbilden. Mit ihrer umfassenden Forschung zur digitalen Wirtschaft** plädiert **Professorin Coyle für eine** Neubewertung konventioneller Messgrößen wie dem BIP. Sie argumentiert, dass unser unermüdliches Streben nach Effizienz entscheidende Dimensionen menschlichen Wohlbefindens übersieht, die Algorithmen schlicht nicht messen können. Ihre Erkenntnisse fordern uns heraus, unser Verständnis von Fortschritt zu erweitern und die immateriellen, seelischen Elemente zu berücksichtigen, die eine Gesellschaft ausmachen, die von Innovation und Vernetzung lebt.

Jeder Schritt dieser digitalen Agenten – sei es bei der Verhandlung millionenschwerer Verträge in geschäftigen Londoner Vorstandsetagen oder bei der Koordination komplexer Lieferketten in ganz Europa – wirft eine drängende Frage auf: Wenn Maschinen heute Aufgaben übernehmen und ausführen können, die früher stundenlanges menschliches Denken erforderten, welcher Raum bleibt dann noch für den unersetzlichen menschlichen Geist? Dieses Dilemma steht uns unmittelbar bevor und verlangt von uns, die kreativen und empathischen Eigenschaften, die unserem Berufsleben einst Sinn verliehen, wiederzuentdecken und zurückzugewinnen.

Dieser anhaltende Wandel ist keine bloße Geschichte des Austauschs, sondern vielmehr eine tiefgreifende

Metamorphose. Ich denke an die frühen, hektischen Tage zurück, als jeder freie Moment eine Gelegenheit war, neues Wissen aufzusaugen. Ich kurbelte die Vorlesefunktion meines alten Macs an und vertiefte mich in komplexe Theorien der Quantenphysik oder die Geheimnisse der Schwarzen-Loch-Astronomie, während ich mich durch überfüllte U-Bahn-Stationen manövrierte . Diese Momente der schnellen Erleuchtung, unterbrochen von Koffeinschüben und gelegentlichen Kopfschmerzen, legten den Grundstein für eine lebenslange Suche nach dem Verständnis von Innovation und ihren menschlichen Auswirkungen.

In den weitläufigen modernen Vorstandsetagen, wo einst die Kunst der Führung durch persönliches Charisma und furchtloses Risikoverhalten zelebriert wurde, zeichnet sich ein neues Paradigma ab. Ein KI-gestütztes HR-System in **Tokio** übernimmt nun die gesamte Bandbreite des Mitarbeitermanagements – vom Filtern von Lebensläufen bis zur Beilegung von Gehaltsstreitigkeiten – mit einer Präzision, die menschliche Vorgänger in den Schatten stellt. Dieses System, ein Meisterwerk der natürlichen

Sprachverarbeitung und Stimmungsanalyse, symbolisiert eine radikale Abkehr von den traditionellen Führungsstrukturen, die von persönlicher Note und intuitiver Entscheidungsfindung geprägt waren.

Dennoch bleibt eine anhaltende Ironie bestehen. Trotz der Verlockung algorithmischer Effizienz offenbart der unaufhaltsame Drang zur Automatisierung unbeabsichtigt eine Schwachstelle in unserem Innersten. Die Eigenschaften, die die menschliche Zivilisation angetrieben haben – unser Instinkt, sich zu verbinden, zu erschaffen und Empathie zu empfinden – drohen zugunsten nüchterner Berechnung an den Rand gedrängt zu werden. Beim Online-Lesen erinnere ich mich an die düstere Atmosphäre in **Davos** , wo Debatten über die digitale Transformation eine universelle Wahrheit unterstrichen: dass wir in unserem Streben nach Präzision und Ordnung möglicherweise unbeabsichtigt die schönen Unvollkommenheiten vernachlässigen, die uns menschlich machen.

Während ich diese Überlegungen niederschreibe, kann ich nicht anders, als über das komplexe Geflecht zu staunen, das Technologie und Menschlichkeit gleichermaßen weben. Der unaufhaltsame Fortschritt der KI verändert nicht nur unsere Branchen, sondern auch unsere persönlichen Geschichten. Die komplexe Balance zwischen datenbasierter Entscheidungsfindung und dem Funken menschlicher Kreativität prägt heute die Leinwand, auf der unsere gemeinsame Zukunft gemalt wird. Systeme wie die auf der **Global AI Conference in Singapur vorgestellten** offenbaren nicht nur das erstaunliche Potenzial maschinengesteuerten Managements, sondern erinnern auch eindringlich an die unersetzlichen Eigenschaften, die in jedem von uns stecken.

Die Geschichte, die sich um uns herum entfaltet, ist zugleich berauschend und beunruhigend – eine Mischung aus rasanter Innovation und tiefgründiger Selbstreflexion. Inmitten des Lärms automatisierter Effizienz schlägt das menschliche Herz noch immer mit einer Dringlichkeit, die kein Algorithmus einfangen kann. Jede Entscheidung der KI, jeder optimierte Prozess in einem Montagewerk in Detroit oder einem Tokioter Unternehmenssitz **zeugt von** der unaufhaltsamen Kraft des Fortschritts. Doch hinter der beeindruckenden Fassade technologischer Leistungsfähigkeit verbirgt sich ein leiser Appell: die chaotische, unberechenbare Genialität unseres menschlichen Geistes zu schätzen.

Angesichts dieser unaufhaltsamen Entwicklung muss ich das Erbe, das wir hinterlassen wollen, hinterfragen. Die Befreiung von monotonen Aufgaben verspricht uns Freiraum für Kunst, Innovation und Gemeinschaft – eine Renaissance persönlicher Kreativität und Leidenschaft. Diese Befreiung bringt jedoch auch Herausforderungen mit sich und erfordert die Balance zwischen Maschineneffizienz und den immateriellen Werten, die unser Leben seit langem prägen. Es geht nicht um bloße Substitution, sondern um Transformation – eine Herausforderung, unsere Rollen in einem Zeitalter digitaler Logik neu zu definieren.

Wir stehen also vor einem Paradigmenwechsel, der die Regeln von Führung, Kreativität und sogar Identität neu schreibt. Da Algorithmen lernen, sich anpassen und zunehmend Entscheidungen übernehmen, die einst dem menschlichen Urteil vorbehalten waren, stehen wir vor der Wahl: unsere einzigartigen Eigenschaften aufzugeben oder sie mit neuer Zielstrebigkeit zurückzugewinnen. Inmitten des stillen Summens der Rechenzentren und der unerbittlichen Kadenz maschinengesteuerter Prozesse wird der Ruf, unsere kreative Intuition und unser empathisches Verständnis zu bewahren, immer dringlicher.

Für diejenigen unter uns, die Trost im Unvorhersehbaren finden und die chaotische Schönheit menschlicher Kreativität genießen, ist die Herausforderung klar: Wir müssen uns innovativ anpassen und gleichzeitig die Qualitäten bewahren, die uns wirklich lebendig machen. Ob wir unsere Karrierewege neu gestalten, neue Allianzen schmieden oder einfach die Kunst der ungefilterten Konversation genießen – unsere Aufgabe ist es, sicherzustellen, dass die Algorithmen, so präzise sie auch sein mögen, den Puls des menschlichen Einfallsreichtums niemals auslöschen.

Letztendlich geht es bei KI-gesteuerten Unternehmen nicht nur um den nahtlosen Ersatz traditioneller Rollen –

es ist eine sich entwickelnde Saga der Transformation und Wiederentdeckung. Wenn ich meine eigene Reise von den sonnenbeschienenen Tropen meiner Jugend über die heiligen Hallen europäischer Eliteinstitutionen bis hin zu den unerbittlichen Korridoren moderner Unternehmensinnovation zurückverfolge, erkenne ich darin ein Spiegelbild unserer gemeinsamen Suche: die Herausforderung, Erfolg neu zu definieren, Kreativität zu würdigen und den unersetzlichen Wert der menschlichen Note zu bekräftigen. Der unaufhaltsame Vormarsch der Technologie mag einen neuen Kurs für Industrie und Entscheidungsfindung vorgeben, doch der wahre Kompass, der uns leitet, bleibt der unbezwingbare Geist, der sich nicht auf bloße Codezeilen reduzieren lässt.

Willkommen zu diesem mutigen Kapitel unserer gemeinsamen Geschichte – einem Wendepunkt, an dem Effizienz und Einfallsreichtum aufeinanderprallen, an dem jedes Datenbyte Echos menschlicher Erfahrung in sich trägt und an dem die Herausforderung bestehen bleibt: das Versprechen der Innovation zu nutzen, ohne den Herzschlag unserer gemeinsamen Menschlichkeit zu opfern.

Kapitel 3: Roboterarbeit – Menschen sind nicht erforderlich

Ich wuchs mit den unkomplizierten Freuden des Schwimmens, Wanderns und temperamentvollen Badminton-, Hockey- und Rugby-Spiels auf – Momente purer, ungezwungener Freude, für die man nie ein Abzeichen oder eine Stechuhr brauchte. Schon in diesen frühen Jahren ahnte ich unterschwellig, dass die Grenzen zwischen Freizeit und Arbeit eines Tages verschwimmen könnten. Ich erinnere mich noch gut an den Nervenkitzel, eine Kassette in einen **BBC-Basic - Computer** einzulegen, nur um **Defender** zu starten – ein Ritual, das im zarten Alter von acht Jahren meine Faszination für digitale Landschaften entfachte. Dieses pixelige Universum war nicht nur ein Spiel; es war eine ungewollte Meisterleistung darin, wie Technologie unsere Erfahrung der Realität neu definieren könnte. Mit 16 stürzte ich mich kopfüber in die Welt der PC-Spiele, und später, in meinen Zwanzigern und Dreißigern, entführten mich Titel wie **Halo** , **Grand Theft Auto** , **Call of Duty** , **Homeworld** und **Deserts of Karak** immer noch in Welten, die mir genauso viel Spaß machten wie jeder Spielplatz, und die mir jeweils ein Portal zu lebendigen neuen Geschichten und unerforschten Herausforderungen boten.

Diese Mischung aus jugendlichem Überschwang und unstillbarer Neugier auf Technologie führte mich schließlich in Richtung Unternehmertum – ein Bereich, in dem Vorstellungskraft auf Entschlossenheit trifft. Ich erwarb mir einen Ruf als Serienunternehmer in der Technologiebranche und gründete im Laufe der Zeit über 20 Unternehmen. Mein erstes Projekt, **Digitalfishing** , war eine bescheidene Webdesign-Beratung, die ich 1998 gründete, als ich etwa 26 war – ein grobes Experiment, wie man Ideen in greifbare Kreationen verwandeln konnte. Bald darauf wagte ich mich mit **Creatework** , einem Freelancer-Hub, den ich um die Jahrtausendwende gründete, an den Aufbau digitaler Communities. Der explosive Aufstieg und die anschließende Implosion der Dotcom-Ära haben mir eine krasse Lektion erteilt: Timing kann, wie Code, gnadenlos gnadenlos sein. Jede unvorhersehbare Wendung auf meinem persönlichen und beruflichen

Weg hat zu der Geschichte beigetragen, die ich heute erzähle – eine Geschichte von Arbeit , die über bloße Fabriken und Büros hinausgeht und stattdessen die Kühnheit menschlichen Einfallsreichtums und die mutigen Entscheidungen umfasst, die uns voranbringen.

Während wir diesen radikalen Wandel meistern, werden traditionelle Vorstellungen von Arbeit durch eine Welle von Innovationen auf den Kopf gestellt, die unsere alten Vorstellungen in Frage stellen. Vor nicht allzu langer Zeit rief „harte Arbeit " Bilder von schweißgebadeten Arbeitern hervor, die Kisten schleppten, Hämmer schwangen oder unermüdlich Fließbänder besetzten – das Rückgrat florierender Volkswirtschaften. Heute hingegen wird Stärke in Schaltkreisen und Code gemessen, mit Industrien, die auf Silizium, komplexen Algorithmen und Maschinen basieren, die niemals ruhen. Treten Sie ein in ein **Amazon** Erfüllung Center , und Sie werden Zeuge einer Szene wie aus einem Technothriller: Schlanke, unermüdliche Roboter flitzen mit einer Anmut umher, die es mit der erfahrener Darsteller in einem spannenden Ballett aufnehmen kann. Dies sind keine Relikte aus einem Science-

Fiction-Märchen aus der Vergangenheit; es sind präzisionsgefertigte Wunderwerke von Innovatoren wie **Kiva Systems – ein Name, der seit der Übernahme durch Amazon im Jahr 2012** für immer in die Technologiegeschichte eingegangen ist – und im unerbittlichen Schmelztiegel des **Silicon Valley verfeinert** .

Jeder Artikel wird akribisch verfolgt, jedes Paket mit einer fast obsessiven Genauigkeit vermessen, die selbst den gewissenhaftesten Buchhalter in Ehrfurcht versetzen würde. Stellen Sie sich eine akribisch orchestrierte Kolonie vor, in der der Dirigent kein Lebewesen ist, sondern ein Ensemble digitaler Befehle, die einen Tanz so präzise koordinieren, dass menschliche Fehltritte dagegen lächerlich erscheinen. Dies ist keine bloße Spekulation oder Hirngespinst; es ist die nackte Realität, die die moderne Arbeit prägt . Die Evolution der Arbeit fordert uns nun heraus, unsere Rollen und Verantwortlichkeiten zu überdenken - und zwingt uns, uns mit Fragen nach Sinn, Kreativität und dem unerbittlichen Tempo des technologischen Fortschritts auseinanderzusetzen. Inmitten dieser seismischen Umbrüche dient mein Weg - gefüllt sowohl mit triumphalen Innovationen als auch demütigenden Rückschlägen - als Beweis für die transformative Kraft, die darin liegt, Veränderungen anzunehmen, wie unvorhersehbar und ehrfurchtgebietend sie auch sein mögen.

Ich erinnere mich an eine Zeit, als Freizeit und Wochenenden endlose Stunden bedeuteten, im Garten einem Fußball hinterherzujagen oder sich in pixeligen Abenteuern auf klobigen Konsolen zu verlieren, nur um dann ganz natürlich müde zu werden und einzuschlafen. Damals galten Schweiß und schwielige

Hände als Ehrenzeichen , und jeder Kratzer und jeder blaue Fleck zeugte von jugendlichem Wagemut. Wenn ich heute den Bogen von diesen unbeschwerten Momenten zu den hocheffizienten Korridoren automatisierter Fabriken von heute spanne, offenbart sich eine beunruhigende Ironie: Der Schweiß menschlicher Arbeit wird langsam durch die ununterbrochene Arbeit von Servos und Prozessoren ersetzt.

So schwelge ich wieder in Erinnerungen und kann den Sprung von der Einfachheit der Kinderspiele in eine Ära, in der jede menschliche Aufgabe – vom Stapeln von Kisten bis zum Zusammenbau komplexer Elektronik – nun von Maschinen präzise orchestriert wird, nur noch bewundern. Dieser Wandel ist kein einfaches Upgrade, sondern eine radikale Umgestaltung unserer Wahrnehmung von Sinn und Beitrag. Die geschäftige Energie traditioneller Arbeit, einst geprägt von menschlichem Geplapper und Kameradschaft, weicht nun steriler Präzision und dem unaufhörlichen Vormarsch der Automatisierung.

Der Schritt in eine moderne Erfüllung Der Besuch des Zentrums gleicht dem Betreten einer futuristischen Kunstinstallation. Vorbei sind die Zeiten klobiger Gabelstapler und eilig zwischen den Gängen hin- und herhuschender Arbeiter; geblieben ist eine Welt, in der Roboterarme mit geradezu unheimlicher Präzision ausfahren. In diesen Einrichtungen haben **Amazon Robotics** , **Swisslog** und **GreyOrange** Effizienz neu definiert. Jede Bewegung ist ein kalkulierter Takt in einer großen Symphonie aus Algorithmen und Sensoren. Statt menschlicher Fehler gibt es nur die unerbittliche Präzision automatisierter Systeme, die mit einer kalten, mechanischen Konsequenz verfolgen, sortieren und verpacken, die zugleich faszinierend und beunruhigend ist.

Ich erinnere mich noch gut an meinen ersten Besuch in einem dieser Zentren – ein weitläufiges Labyrinth aus Förderbändern und metallischen Anhängseln. Die Luft war erfüllt von Zielstrebigkeit, aber auch von einer unausgesprochenen Melancholie. Maschinen erledigten ihre Aufgaben ohne Zögern, jede Bewegung perfekt choreografiert. In diesem Moment erkannte ich, wie der menschliche Faktor langsam in den Hintergrund geriet. Die Freude an der Kameradschaft und die spontane Kreativität menschlicher Problemlösung traten zugunsten von Effizienz und Leistung in den Hintergrund. Doch trotz der klinischen Präzision spürte ich, dass etwas zutiefst Persönliches verloren ging.

Dieser Vormarsch in Richtung Automatisierung kam nicht über Nacht. Er entwickelte sich aus Jahrzehnten technologischer Experimente und Innovationen. In weitläufigen Produktionshallen, wo einst das raue Klappern der Handmontage herrschte, haben Titanen wie **Tesla** die unerbittliche Kraft der Robotik für sich entdeckt. Ihre Gigafactories – Monumente der modernen Industrie – sind heute mit Roboterarmen von Branchengrößen wie **KUKA** und **ABB ausgestattet** . Diese Maschinen schweißen, lackieren und montieren Teile mit der Anmut eines einstudierten Balletts und lassen kaum Raum für die feinen Fehler menschlicher Handarbeit. Hier ist die Vision von Effizienz – einst nur ein Schimmer in den Augen von Erfindern – zur unbestreitbaren Realität geworden und hat die

Produktion auf ein Niveau gehoben, das im Zeitalter der menschengesteuerten Produktion unvorstellbar ist.

Dies ist jedoch keine allein amerikanische Geschichte. Die Revolution hat ihre Wurzeln auf allen Kontinenten ausgebreitet. Auf meiner Reise nach Osten war ich beeindruckt vom feinen Zusammenspiel von Tradition und Technologie, das die Produktionslandschaften Japans, Südkoreas und Chinas prägt. In Japan, einem Land, das für seine technologische Leistungsfähigkeit verehrt wird, stehen bekannte Namen wie **Honda** und **Sony** seit langem für Innovation. Doch jenseits des Bekannten verwandeln Unternehmen wie **Mitsubishi Electric** , **Kawasaki Robotics** und **Epson** ihre Fabriken im Stillen in Zentren der Präzision und Geschwindigkeit. Bei einem Gang durch eine Produktionsanlage in Tokio wurde ich Zeuge, wie Ingenieure von **Fanuc** und **Yaskawa** Systeme vorführten, die dank adaptiver Intelligenz und Echtzeit-Datenüberwachung die Ausfallzeiten nahezu halbieren. Dabei geht es ihnen nicht nur um Kostensenkungen; sie wollen Arbeit und Produktivität neu definieren.

In Südkorea ist die Geschichte ebenso überzeugend. Die rasante Einführung von Automatisierungstechnologien wird von Unternehmen wie **Hyundai Robotics** und **Doosan angeführt** , die kollaborative Roboter – liebevoll Cobots genannt – entwickelt haben, die nahtlos mit menschlichen Bedienern zusammenarbeiten. Diese Maschinen sind darauf ausgelegt, menschliche Arbeit zu ergänzen, nicht zu ersetzen; doch die Grenze zwischen Ergänzung und völligem Ersatz verschwimmt zunehmend. Chinas aggressiver Vorstoß im Rahmen der Initiative „Made in China 2025" hat dazu geführt, dass Industriegiganten wie **Siasun** und **Estun Automation** ganze Produktionsbezirke in hochdigitalisierte Ökosysteme verwandeln. Es ist eine atemberaubende Demonstration technologischen Ehrgeizes, bei der jeder Sensor und Aktor eine Rolle in einem riesigen, vernetzten Produktionsnetzwerk spielt.

Auch wenn die Automatisierung Branchen neu definiert, hält sie auch in Alltagsbereichen Einzug, die einst eindeutig menschlich geprägt waren. Denken Sie nur an den Drive-in eines Fast-Food-Restaurants, hinter dessen Theke kein lächelndes Gesicht mehr steht. Stattdessen übernimmt ein KI-gesteuerter Kiosk – sorgfältig entwickelt von Technologie-Innovatoren – den Bestellvorgang. An Pilotstandorten experimentieren Ketten wie **McDonald's** mit vollautomatischen Drive-in-Systemen, die schnelleren Service und null Bestellfehler versprechen. Diese mechanisierte Effizienz hat eine seltsame Schönheit, hat aber ihren Preis: den Verlust der kleinen, menschlichen Momente, die diese Interaktionen einst warm und authentisch machten.

Vor ein paar Jahren besuchte ich ein solches Lokal, neugierig, diesen mutigen neuen Ansatz selbst zu erleben. Ich bestellte ein Essen und beobachtete, wie ein digitaler Bildschirm meine Bestellung mit einer Geschwindigkeit und Präzision bearbeitete, die keinen Raum für Unklarheiten ließ. Doch während ich auf meine Bestellung wartete, überkam mich ein Anflug von Nostalgie. Ich dachte an die Zeiten, als ein kurzes Gespräch mit einem freundlichen Kellner einen ansonsten langweiligen Nachmittag aufhellen konnte. Parallel dazu hat das Konzept der **Amazon Go** -Läden das Einkaufserlebnis völlig neu definiert. Diese Läden schaffen die traditionelle Warteschlange an der Kasse ab und setzen stattdessen auf einen nahtlosen, sensorgesteuerten Prozess, der Ihr Konto beim Verlassen des Ladens automatisch belastet. Es ist eine radikale Abkehr von den menschlichen Interaktionen, die einst unsere Einkaufstouren prägten – ein Wandel, der ebenso aufregend wie beunruhigend ist.

Jeder Schritt dieser Automatisierungssaga ist mit einer tieferen, komplexeren Geschichte verwoben: den sich verschiebenden Grenzen von Identität und Sinn. Für viele ist Arbeit längst mehr als nur ein Mittel zum wirtschaftlichen Erfolg. Sie ist ein Eckpfeiler der persönlichen Identität, eine Quelle des Stolzes und ein gemeinschaftliches Bindeglied, das Menschen durch gemeinsame Erlebnisse verbindet. Die rasante Verdrängung traditioneller Rollen hat eine Krise ausgelöst, die über finanzielle Instabilität hinausgeht. Sie stellt die Vorstellung in Frage, was es bedeutet, etwas beizutragen und im Leben Erfüllung zu finden . In geschäftigen Städten wie in ruhigen Dörfern wirft das Verschwinden vertrauter Rollen – vom Fabrikarbeiter bis zum Kassierer im Einzelhandel – unbequeme Fragen nach Selbstwertgefühl und Zugehörigkeit auf.

Ich traf einmal einen ehemaligen Lagerleiter in Osaka – einer Stadt, die für ihre nahtlose Verbindung alter Traditionen und modernster Innovation bekannt ist. Bei dampfenden Ramen-Schüsseln in einem bescheidenen, vom Neonlicht abgeschirmten Restaurant erzählte er von den Jahrzehnten, in denen er sein Logistikhandwerk verfeinert hatte. Mit stillem Stolz beschrieb er die akribischen Abläufe und die enge Gemeinschaft, die seine Karriere geprägt hatten. Doch als er die Einführung automatisierter Systeme beschrieb, wurde seine Stimme wehmütig. „Nach Jahren harter Arbeit fühlte ich mich plötzlich überflüssig", gab er zu, und ein Anflug von Resignation durchdrang das Gespräch. Seine Geschichte war ein Mikrokosmos eines größeren gesellschaftlichen Umbruchs, der ganze Gemeinschaften zwingt, sich mit dem Verlust ihres Lebenssinns und der Notwendigkeit auseinanderzusetzen, ihre Rolle in der Gesellschaft neu zu definieren.

Für Wissenschaftler und Politiker sind diese Debatten nichts Neues. Auf Symposien an angesehenen Institutionen wie **der ETH Zürich** und **der Tsinghua-Universität** haben die Diskussionen einen dringlichen Ton angenommen. Renommierte Ökonomen und Sozialtheoretiker haben sich innovativen Ideen zugewandt - darunter Vorschläge für ein bedingungsloses Grundeinkommen - als mögliches Heilmittel für die durch die Automatisierung verursachten Umbrüche. Befürworter argumentieren, dass ein garantiertes Arbeitsentgelt diejenigen, die durch den technologischen Fortschritt ihre Arbeit verdrängt haben, in die Lage versetzen könnte, ihren kreativen und intellektuellen Leidenschaften nachzugehen und sie so von den Zwängen monotoner Arbeit befreien könnte . Kritiker warnen jedoch, dass solche Maßnahmen zu einer kulturellen Stagnation führen könnten, in der die Disziplin strukturierter Beschäftigung durch ein Vakuum der Sinnlosigkeit ersetzt wird. Diese Debatten unterstreichen den schmalen Grat, auf dem die Gesellschaft heute wandelt: Sie muss die glänzenden Versprechungen robotischer

Effizienz mit dem immateriellen Wert menschlicher Kreativität und Verbundenheit in Einklang bringen.

Die Erzählung wird noch vielschichtiger, wenn wir die philosophischen Grundlagen dieses Wandels betrachten. Visionäre wie **Yuval Noah Harari** haben gewarnt, dass die massenhafte Verdrängung qualifizierter Arbeitskräfte soziale Unruhen auslösen und die Ungleichheit verschärfen könnte. Seine Warnungen finden Zustimmung bei Denkern wie **Jeremy Rifkin** , dessen einflussreiche Arbeit über das Ende der traditionellen Arbeit zum Prüfstein für Kritiker des ungebremsten technologischen Fortschritts geworden ist. Parallel dazu haben Futuristen wie **Ray Kurzweil** und **Kevin Kelly** Bilder eines Zeitalters gezeichnet, in dem die Konvergenz von menschlichem Intellekt und maschineller Intelligenz ungeahntes kreatives Potenzial freisetzen könnte. Ihre Erkenntnisse, untermauert durch empirische Daten und Beispiele aus der realen Welt, fordern uns heraus, uns eine Gesellschaft vorzustellen, die die alten Dichotomien von Arbeit und Freizeit überwindet. Doch für viele sind diese Versprechen ebenso ungreifbar wie verlockend – eine Vision der Befreiung, die verlockend unerreichbar bleibt.

In diesen Momenten existenzieller Reflexion entsteht der Ruf nach menschlicher Augmentation. Statt der Verzweiflung zu erliegen, setzen sich immer mehr Innovatoren für die Idee ein, menschlichen Einfallsreichtum mit robotischer Präzision zu verbinden. In Laboren und Start-up-Inkubatoren – von **Universal Robots** in Dänemark bis hin zu kollaborativen Initiativen in Südkorea – arbeiten Ingenieure unermüdlich an der Entwicklung von Cobots – Maschinen, die mit Menschen zusammenarbeiten, anstatt sie zu ersetzen. Ziel ist nicht eine klare Trennung zwischen Mensch und Maschine, sondern eine Partnerschaft, die das Beste aus beiden Welten vereint. In diesem mutigen Experiment trifft die unermüdliche Ausdauer der Robotik auf den spontanen, fantasievollen Funken, der uns ausmacht. Das Versprechen menschlicher Augmentation ist eine Einladung, verlorene Kreativität zurückzugewinnen und repetitive Aufgaben in Innovationsmöglichkeiten zu verwandeln.

Der Weg zu einer solchen ausgewogenen Integration ist jedoch voller Ungewissheiten. Ich habe viele Nächte damit verbracht, über die zahllosen Berichte und Studien zu grübeln, die den Wandel von manueller zu automatisierter Arbeit dokumentieren . Hinter der glatten Fassade des technologischen Fortschritts verbirgt sich eine raue, ungefilterte Realität – eine Realität, in der ganze Gemeinschaften einer Zukunft wirtschaftlicher Zerrüttung und sozialer Zersplitterung entgegensehen. In Regionen wie den industriellen Kernländern **Deutschlands** und **Japans** tragen einst blühende Städte die Narben der rasanten industriellen Umstrukturierung. Fabriken, die einst vor menschlicher Energie brummten, stehen heute still, und in ihren Hallen hallt die Erinnerung an eine vergangene Ära wider. Das Fehlen menschlichen Geplappers in diesen leeren Korridoren ist eine eindringliche Erinnerung an den persönlichen Preis des Fortschritts.

Beim Durchschreiten dieser verlassenen Industrieanlagen konnte ich beinahe das geisterhafte Flüstern der Arbeiter hören, die einst inmitten des Metallklirrens und des gleichmäßigen Rhythmus der

Maschinen ihren Sinn fanden. Ihr Leben, verwoben mit dem Stolz auf das Handwerk und der Würde der Handarbeit , scheint unter der unaufhaltsamen Flut robotischer Effizienz zu verschwinden. Dies ist nicht nur eine Geschichte des Fortschritts; es ist eine Geschichte des Verlusts – eines Verlusts, der in Vorstandsetagen und Pausenräumen gleichermaßen nachhallt. Der menschliche Geist, mit all seinen Schwächen und seiner Brillanz, steht nun der kalten, unnachgiebigen Logik der Algorithmen gegenüber.

Während ganze Sektoren diesen grundlegenden Wandel durchlaufen, beginnen einige Branchen bereits zu erforschen, was als nächstes kommt. Denken Sie an den Aufstieg von Dienstleistungsmodellen, die auf Datenanalyse, kreativer Problemlösung und nuancierter menschlicher Interaktion beruhen – Bereiche, in denen die Automatisierung Schwierigkeiten hat, die Feinheiten von Emotionen und Empathie nachzubilden. Im Zuge der mechanisierten Arbeit entstehen neue Karrieren in Feldern, die einzigartige menschliche Fähigkeiten erfordern: Rollen in den Bereichen kreative Strategie, zwischenmenschliche Betreuung und kritisches Denken gewinnen an Bedeutung. Die Ironie ist hier offensichtlich: Während Maschinen vielleicht das Alltägliche und Wiederholende erledigen, wird vom menschlichen Verstand zunehmend erwartet, Ideen zu entwickeln, die kein Algorithmus vorhersagen kann. Diese Entwicklung bringt jedoch auch ihre eigenen Herausforderungen mit sich, da der Einzelne gezwungen ist, sich kontinuierlich neu zu erfinden, veraltete Fähigkeiten abzulegen und sich auf lebenslanges Lernen in einem Umfeld einzulassen, in dem die Spielregeln ständig neu geschrieben werden.

Ich denke in stillen Momenten der Selbstreflexion über diese Veränderungen nach. Die Nächte sind lang und erfüllt von rastlosen Fragen nach unserem gemeinsamen Schicksal. Wie können wir als Spezies unser Selbstwertgefühl neu ausrichten, wenn Arbeit selbst keine verlässliche Identitätsquelle mehr ist? Die Antworten sind nicht in Stein gemeißelt; sie entwickeln sich durch das Ausprobieren einer Gesellschaft, die sich mitten in einer radikalen Neudefinition befindet. In Gesprächen mit ehemaligen Handwerkern, Unternehmern und Akademikern taucht ein gemeinsames Gefühl auf: die Notwendigkeit einer neuen Sichtweise, die menschliche Kreativität und emotionale Widerstandsfähigkeit über bloße Produktivitätskennzahlen stellt. Es ist eine Sichtweise, die die Bedeutung des Knüpfens von Beziehungen, der Pflege von Leidenschaften und der Suche nach Erfüllung in Beschäftigungen anerkennt, die über die Grenzen einer konventionellen Berufsbeschreibung hinausgehen.

Ich erinnere mich an eine lebhafte Debatte bei einem internationalen Forum in **Singapur** – einem Schmelztiegel der Ideen, bei dem Vordenker, Technologen und Arbeitnehmervertreter zusammenkamen, um die aktuellen Umbrüche zu diskutieren. Die Atmosphäre war von einer Mischung aus Aufregung und Angst geprägt. Ein Teilnehmer, ein erfahrener Ökonom der **ETH Zürich** , argumentierte, der unaufhaltsame Drang zur Automatisierung könne genutzt werden, um eine Renaissance menschlicher Innovation auszulösen. Doch selbst als er die Vorzüge einer befreiten, kreativen Gesellschaft pries, verrieten seine Augen die Angst vor einem unwiederbringlichen

Verlust: dem Verschwinden einer kollektiven Arbeitsmoral, die Gemeinschaften lange Zeit geprägt und Sinnhaftigkeit vermittelt hatte. Seine Worte blieben wie ein eindringlicher Refrain in der Luft – eine Erinnerung daran, dass der Fortschritt zwar unvermeidlich ist, aber einen Preis fordert, den wir alle bereit sein müssen zu zahlen.

Inmitten dieser hochtrabenden Debatten prägen die praktischen Auswirkungen der Automatisierung weiterhin unseren Alltag. Im leisen Summen einer modernen Fabrik, in der jedes Bauteil maschinell platziert wird, schwebt eine unterschwellige existenzielle Unsicherheit. Ich habe die glänzenden Produktionslinien der Werke von **Hyundai Robotics** und **Doosan in Südkorea mit eigenen Augen gesehen** , wo die Integration von Cobots traditionelle Montageprozesse revolutioniert hat . Arbeiter, die einst unermüdlich schufteten , werden heute in Aufsichtsfunktionen degradiert, ihre Expertise wird durch die unerbittliche Präzision ihrer Roboterkollegen in den Hintergrund gedrängt. Dieser technologische Wandel zwingt uns, uns einer unangenehmen Realität zu stellen: Der

Fortschritt schreitet oft voran, ungeachtet der menschlichen Kosten, die er hinterlässt.

Doch inmitten dieses unaufhaltsamen Vormarsches gibt es Hoffnungsschimmer. Die Verbindung von menschlichem Einfallsreichtum und robotischer Leistungsfähigkeit führt langsam zu dem, was manche als „hybride Arbeitsmodelle" bezeichnen. Ziel dieser Modelle ist nicht die Trennung von Mensch und Maschine, sondern die Verbindung ihrer Stärken zu einem stimmigen Ganzen. In Innovationszentren von **Silicon Valley** bis **Seoul** experimentieren interdisziplinäre Teams mit Möglichkeiten, künstliche Intelligenz für kreative Problemlösungen zu nutzen und gleichzeitig die intuitiven Erkenntnisse menschlicher Mitarbeiter zu verwerten. Es ist ein heikler Tanz – einer, der Bescheidenheit, Flexibilität und vor allem den unerschütterlichen Einsatz erfordert, Arbeit neu zu definieren, wenn die alten Paradigmen nicht mehr gelten.

Für diejenigen von uns, die mitten in diesem Wandel stecken, ist die Herausforderung ebenso aufregend wie entmutigend. Jeder neue technologische Durchbruch ist ein zweischneidiges Schwert: Auf der einen Seite steht das Versprechen der Befreiung von alltäglichen Aufgaben, auf der anderen die harte Realität von Veralterung und Verdrängung. In persönlichen Gesprächen mit entlassenen Arbeitnehmern und unternehmerischen Risikofreudigen taucht ein wiederkehrendes Thema auf – die gemeinsame Entschlossenheit, in einer sich rasant verändernden Landschaft einen Sinn zu finden. Es ist dieser Geist der Neuerfindung, diese hartnäckige Weigerung, sich allein durch veraltete Produktivitätsmaßstäbe definieren zu lassen, die inmitten des Chaos einen Hoffnungsschimmer bietet.

Ich denke oft über das Paradoxon nach, das unserer gegenwärtigen Lage zugrunde liegt. Genau die Werkzeuge, die uns von monotoner Plackerei befreien sollen, berauben uns gleichzeitig eines Kernelements unserer Identität. Arbeit , einst Synonym für Sinn und Stolz, wird zu einer Reihe eigenständiger, algorithmisch gesteuerter Aufgaben umgestaltet. Doch genau in diesem Zerfall liegt die Chance für etwas völlig Neues –

die Chance, die pure, unverfälschte Freude an der Kreativität wiederzuentdecken und Leidenschaften nachzugehen, die lange Zeit durch die Anforderungen konventioneller Arbeitswelt erstickt wurden.

In den verrauchten Hinterzimmern (ich möchte unbedingt „Smoky Bacon" schreiben, haha, lecker, wo waren wir denn?) von Strategiemeetings und den geschäftigen Gängen von Technologiemessen ändert sich die Diskussion. Es geht nicht mehr nur um Produktivitätssteigerungen und Gewinnspannen. Es geht zunehmend um die menschliche Fähigkeit, sich anzupassen und sich angesichts überwältigender Veränderungen neu zu erfinden. Die Pioniere dieses Wandels – Visionäre wie Pragmatiker gleichermaßen – geben sich nicht damit zufrieden, den Status quo einfach zu akzeptieren. Sie steuern aktiv auf ein Paradigma zu, das Einfallsreichtum, emotionale Intelligenz und Zusammenarbeit über den unaufhaltsamen Vormarsch mechanisierter Effizienz stellt.

Ich hörte von einem besonders bewegenden Gespräch mit einem jungen Unternehmer in **San Francisco** , der einst als Produktionsleiter in einer Fabrik gearbeitet hatte, bevor er sich in die Tech-Start-up-Szene wagte. Er erzählte mir, dass er, nachdem er jahrzehntelang miterlebt hatte, wie seine Kollegen durch die Maschinen überflüssig wurden, eine verborgene Leidenschaft für Kunst und Design entdeckte – eine Leidenschaft, die unter jahrelanger Routine schlummerte. Seine Geschichte berührte mich, nicht als Einzelfall, sondern als Symbol eines umfassenderen Erwachens. Hier war ein Mann, der angesichts der harten Realität der Vertreibung beschloss, die unbekannten Gebiete seiner Kreativität zu erkunden. Seine Reise war ein Beweis für den unerschütterlichen menschlichen Geist – einen Geist, der sich nicht von Umständen einschränken lässt und stattdessen Trost in der Transformation findet.

Über Kontinente und Kulturen hinweg entfalten sich die Auswirkungen dieser Roboterrevolution auf vielfältige Weise. In geschäftigen Stadtzentren ebenso wie in ruhigen ländlichen Enklaven ringen Gemeinschaften mit denselben grundlegenden Fragen. Wie definieren wir

Beitrag neu, wenn körperliche Arbeit nicht mehr das wichtigste Maß für Wert ist? Wie bewahren wir ein Gefühl von Würde und Verbundenheit, wenn automatisierte Systeme die taktilen, menschlichen Interaktionen, die einst die Grundlage unseres sozialen Gefüges bildeten, allmählich untergraben? Dies sind keine abstrakten Überlegungen; es sind dringende, praktische Anliegen, die in Vorstandsetagen, Regierungsgebäuden und bei intimen Familienessen diskutiert werden.

Aus **Tokio** , **Seoul** und **Peking** ist eine Stimmung von vorsichtigem Optimismus, gepaart mit spürbarer Besorgnis zu vernehmen. In Hightech-Forschungseinrichtungen und geschäftigen Produktionslinien arbeiten Experten an der Verfeinerung und Perfektionierung von Systemen, die ein beispielloses Maß an Effizienz versprechen. Doch während sie die Grenzen des Möglichen verschieben, wächst das Bewusstsein für die unbeabsichtigten Folgen. Arbeiter, die einst stolz auf ihr Handwerk waren, haben heute Mühe, ihren Platz in einem System zu finden, das Geschwindigkeit und Genauigkeit über alles schätzt. Dieser Wandel zwingt zu einer Auseinandersetzung mit lang gehegten Vorstellungen von Arbeit, Werten und Identität – eine Auseinandersetzung, die ebenso herausfordernd wie notwendig ist.

Und während ich hier sitze und diese Gedanken schreibe, erinnert mich das Summen der Maschinen in der Ferne ständig daran, dass Veränderung keine ferne Möglichkeit mehr ist – sie ist unsere tägliche Realität. Die Arbeitswelt wird durch die stetige Automatisierung neu gestaltet, durch Systeme, die menschliche Fehler eliminieren und die Produktivität maximieren sollen. Dies hinterlässt ein tiefes Gefühl von Verlust und Chance zugleich. Die Herausforderung besteht darin, die unbestreitbaren Vorteile dieses technologischen Aufschwungs zu nutzen, ohne die kreativen, chaotischen und zutiefst menschlichen Eigenschaften zu opfern, die uns seit Jahrhunderten auszeichnen.

Die kommenden Jahre versprechen eine Zeit tiefgreifender Veränderungen – geprägt von bahnbrechenden Erfolgen, aber auch von unvorhergesehenen Rückschlägen. Während Industrien weltweit ihre Prozesse anpassen, um diesen Fortschritten Rechnung zu tragen, müssen wir uns fragen, welchen Platz wir in dieser sich entwickelnden Gleichung einnehmen. Werden wir uns passiv in die mechanisierte Routine zurückziehen oder die Chance nutzen, unsere Identität neu zu formen und Produktivität neu zu definieren? Es gibt keine einfache Antwort, keine Patentlösung. Klar ist jedoch, dass die Entscheidungen, die wir in Zukunft treffen, weit über die Grenzen einzelner Fabriken oder Büros hinauswirken werden. Sie werden nicht nur unsere Volkswirtschaften prägen, sondern auch das Gefüge unserer Gemeinschaften und den Kern unserer individuellen Identität.

In diesen ruhigen Momenten zwischen Arbeit und Reflexion, wenn das sanfte Leuchten eines Monitors die leuchtenden Farben eines Sonnenuntergangs ersetzt, finde ich Trost in der Erkenntnis, dass menschliche Kreativität nicht so schnell erlischt. Auch wenn Algorithmen das Produktionstempo bestimmen, sprüht der Funke der Innovation weiter in jedem Geist, der es wagt, von etwas jenseits der vorhersehbaren Kadenz der Automatisierung zu träumen. Es ist ein Funke, der sich nicht ersticken lässt, selbst nicht durch das unerbittliche Summen der Maschinen – ein Funke, der Kunst, Wissenschaft und die ewige Suche nach Sinn befeuert.

Hier stehen wir also, an der Schwelle zu einer neuen Ära, die sich konventionellen Vorstellungen widersetzt und alte Normen in Frage stellt. Die Maschinen haben Aufgaben übernommen, die einst unseren Lebensrhythmus bestimmten, und hinterlassen uns ein unbeschriebenes Blatt, auf dem wir das nächste Kapitel unserer Existenz schreiben können. Dies ist keine Klage über das Verlorene, sondern vielmehr eine Einladung, die weiten, unerforschten Gebiete der Kreativität und des Sinns zu erkunden. Es ist ein Aufruf zum Handeln – ein Plädoyer, die Geschichte unseres Lebens zurückzuerobern und Schönheit in den Räumen zu finden, die verschwindende Routinen hinterlassen.

In diesem sich entfaltenden Drama von Fortschritt und Verdrängung ist jeder Einzelne zugleich Akteur und Zuschauer. Die Geschichte unserer Zeit wird in Echtzeit geschrieben, eine Roboterbewegung nach der anderen, eine menschliche Entscheidung nach der anderen. Es liegt eine inhärente Ironie in der Vorstellung, dass genau die Technologien, die uns von den Fesseln monotoner Arbeit befreien sollen , uns gleichzeitig dazu zwingen, uns mit den tieferen Fragen auseinanderzusetzen, wer wir sind und was uns wirklich wichtig ist. Und während ich diese Gedanken niederschreibe, werde ich daran erinnert, dass jede Epoche des Wandels ein gewisses Maß an Chaos mit sich bringt – eine notwendige Turbulenz, die, wenn sie behutsam gemeistert wird, zu einer Renaissance des menschlichen Geistes und der Kreativität führen kann.

Lassen Sie sich, lieber Leser, beim Umblättern dieser Seiten von der Geschichte mitreißen. Akzeptieren Sie die Unbequemlichkeit der Ungewissheit, denn gerade in ihr liegt der Keim für einen Neuanfang. Die Geschichten von automatisierten Fabriken, digitalen Kiosken und stillen Einzelhandelsflächen dienen uns nicht als Vorzeichen eines unvermeidlichen Niedergangs, sondern als Wegweiser zu unerforschten Möglichkeiten. Die Herausforderungen, vor denen wir stehen, sind ebenso real wie komplex, doch die menschliche

Fähigkeit zur Anpassung und Neuerfindung ist grenzenlos. Vielleicht stellen wir fest, dass unser größter Beitrag nicht in den monotonen Aufgaben der Vergangenheit liegt, sondern in der ungezügelten, kreativen Energie, die entsteht, wenn wir unseren Leidenschaften ungehindert nachgehen können.

Letztlich ist die Geschichte der Automatisierung nicht nur eine Chronik des technologischen Fortschritts – sie ist ein Spiegel unserer kollektiven Sehnsüchte, Ängste und der anhaltenden Suche nach Sinn. Während Maschinen weiterhin die Last der Handarbeit und Präzisionsarbeit tragen, bleibt uns die Aufgabe, ein Leben voller kreativer Beschäftigungen, bedeutungsvoller Interaktionen und dem unbändigen Wunsch, die Zeit zu prägen, neu zu gestalten. Die bevorstehende Reise ist noch nicht geschrieben, und ihre Kapitel warten darauf, von denen gefüllt zu werden, die mutig genug sind, ihre Existenz in einer vom unerbittlichen Streben nach Effizienz geprägten Landschaft neu zu definieren.

Dies soll eine Einladung sein – ein Schlachtruf an alle, die den Status quo in Frage gestellt und es gewagt haben, über die Grenzen der Routine hinauszudenken. Das Zeitalter der Roboterarbeit ist kein Ende, sondern ein Anfang. Es ist eine Herausforderung, die Technologie nicht als Meister, sondern als Werkzeug zu nutzen, um unser menschliches Potenzial zu entfalten. In jeder automatisierten Geste und jeder digitalen Berechnung liegt die Chance, neue Wege zu beschreiten – einen Weg, der Einfallsreichtum, Widerstandsfähigkeit und die rohe, unvorhersehbare Schönheit menschlicher Kreativität feiert.

Atmen Sie tief durch und begleiten Sie mich auf dieser Reise der Entdeckung und Neuerfindung. Während wir uns durch das Labyrinth automatisierter Produktionslinien, stiller Einzelhandelskorridore und die ergreifenden Geschichten derer bewegen, die der technologische Fortschritt hinter uns gelassen hat, sollten wir uns daran erinnern, dass jedes Ende nur der Auftakt zu einem Neuanfang ist. Die Maschinen mögen die monotonen Aufgaben übernommen haben, doch der Ruf zu erschaffen, zu innovieren und unseren Platz im Kosmos neu zu definieren, bleibt uns allein überlassen. In dieser fortwährenden Saga des Fortschritts und des

Wandels ist die einzige Konstante unsere unerschütterliche Entschlossenheit, uns anzupassen, Freude am Unerwarteten zu finden und eine Zukunft zu gestalten, die die unbezwingbare Stärke des menschlichen Geistes widerspiegelt.

Nehmen Sie die Herausforderung an, nutzen Sie Ihre Kreativität und seien Sie sich bewusst, dass die Macht, unser Schicksal zu gestalten, auch wenn die Automatisierung unaufhaltsam voranschreitet, fest in unseren Händen liegt. Willkommen in diesem mutigen neuen Kapitel – einer Geschichte von Veränderung, Verlust und letztendlich Wiedergeburt. Die Entscheidungen, die Sie in den kommenden Tagen treffen, werden nicht nur Ihre Arbeitsweise, sondern auch Ihr Leben, Ihre Kontakte und Ihre Sinnstiftung neu definieren. Dies ist unsere Chance, uns neu zu erfinden, uns über die sterile Präzision der Maschinen zu erheben und das chaotische, brillante und unvorhersehbare Geflecht der menschlichen Existenz zu feiern.
Lassen Sie sich in diesen unsicheren Zeiten vom Rhythmus der Innovation inspirieren. Bleiben Sie standhaft inmitten des Summens der Roboterarme und

des leisen Surrens digitaler Prozesse und denken Sie daran: Jede großartige Geschichte wird von denen geschrieben, die es wagen, die Norm herauszufordern. Mögen Sie beim Lesen der folgenden Seiten nicht am Verlust traditioneller Rollen verzweifeln, sondern Hoffnung finden in der unendlichen Fähigkeit zur Neuerfindung, die in jedem von uns steckt.

Dies ist mehr als eine Chronik der Roboterarbeit – es ist ein Zeugnis unserer Widerstandsfähigkeit, eine Erzählung, die die pure Energie menschlichen Ehrgeizes vor dem Hintergrund des unaufhaltsamen technologischen Fortschritts feiert. Und wenn Sie diese Seiten schließen, lassen Sie die Echos dieses Wandels in Ihrem Kopf nachklingen und sich dazu anregen, Ihren eigenen Beitrag zu einer Welt neu zu definieren, die ihre alte Haut rasch abstreift. Die Maschinen übernehmen viele Aufgaben, doch der Funke der Kreativität, der Drang nach Innovation und die Suche nach Sinn sind unsere Aufgabe, die wir pflegen und wachsen lassen können.

Willkommen in diesem Zeitalter des Wandels – einer Zeit, in der der stille Vormarsch automatisierter Effizienz auf den leidenschaftlichen Herzschlag menschlichen Potenzials trifft. Gemeinsam werden wir dieses Neuland erkunden und neue Wege beschreiten, die unser Erbe ehren und gleichzeitig die Zukunft versprechen. Die Geschichte ist noch nicht abgeschlossen, und jeder Ihrer Schritte zeigt, dass die Essenz von Kreativität und Verbundenheit niemals vollständig durch kalte Schaltkreise und algorithmische Präzision ersetzt werden kann.

Lassen Sie beim Lesen dieser Worte das Zusammenspiel von Vergangenheit, Gegenwart und neuen Möglichkeiten zu einer neuen Vision für Ihr Leben inspirieren. Lassen Sie dies ein Aufruf zu den Waffen sein, ein Moment, um die bemerkenswerte Fähigkeit zur Neuerfindung zu feiern, die uns ausmacht. In einer Welt, die durch automatisierte Präzision neu definiert wird, bleibt Ihr einzigartiger Funke der Kreativität der Leuchtturm, der uns alle durch die Turbulenzen des Wandels führt. Schreiben Sie die

Reise – lebendig, ungewiss und unbestreitbar menschlich.

Und so lade ich Sie ein, sich der Herausforderung mit offenen Augen und furchtlosem Herzen zu stellen, während der digitale Puls des Fortschritts unerbittlich weiterschlägt. Treten Sie ein in diese Geschichte des Wandels, in der jeder Moment eine Chance ist, Ihren Beitrag neu zu definieren, jeder Rückschlag eine Lektion in Resilienz und jeder Triumph ein Beweis für die anhaltende Kraft menschlicher Kreativität. Die Roboter mögen die schwere Arbeit erledigen, aber es sind unsere Leidenschaft, unser Einfallsreichtum und unser Drang nach Vernetzung, die letztendlich unser Leben prägen werden.

Dies ist nicht nur eine Chronik mechanisierter Effizienz, sondern eine Würdigung des grenzenlosen Potenzials, das entsteht, wenn wir es wagen, über die Grenzen traditioneller Arbeit hinauszublicken . Während das Summen der Maschinen und der leise Puls der Innovation zu einem neuen Lebensrhythmus verschmelzen, nehmen wir die Herausforderung an, unser Schicksal neu zu schreiben. Dabei ehren wir die Vergangenheit und wagen gleichzeitig den Schritt ins Unbekannte, bereit, eine Zukunft zu gestalten, die nicht von dem geprägt ist, was wir verloren haben, sondern von dem außergewöhnlichen Versprechen dessen, was wir noch schaffen werden.

Willkommen in dieser sich entfaltenden Saga – einer Geschichte von Neuerfindung, Widerstandsfähigkeit und der unaufhörlichen Suche nach Sinn. Ihre Rolle in dieser Transformation wird nicht durch Silizium oder Stahl vorgegeben, sondern durch das lebendige, sich ständig verändernde Gewebe Ihrer eigenen Kreativität. Die bevorstehende Reise ist ebenso unvorhersehbar wie aufregend, und Sie können sie mit jedem mutigen Schritt gestalten.

Während die letzten Akkorde dieser Geschichte in den Hintergrund treten, möchten wir die unbestreitbare Wahrheit weitertragen: Unsere Anpassungs- und Innovationsfähigkeit bleibt unser wertvollstes Gut. Die Roboterrevolution mag die Arbeitswelt verändert haben , aber sie hat auch die Tür zu einer umfassenderen und umfassenderen Erforschung dessen geöffnet, was es bedeutet, wirklich zu leben. Dies soll der bleibende Refrain sein – ein Aufruf, nicht nur die Annehmlichkeiten der Automatisierung zu nutzen, sondern auch die grenzenlose Kreativität und den unerschütterlichen Geist, die uns einzigartig machen.

Atmen Sie jetzt tief durch und schlagen Sie das nächste Kapitel Ihrer eigenen Geschichte auf. Die nächsten Seiten warten auf Ihren einzigartigen Beitrag, eine Geschichte, die diesem sich ständig weiterentwickelnden Mosaik menschlicher Genialität ihre eigenen lebendigen Farben verleiht. Sie haben die Wahl: Lassen Sie sich vom Erbe alter Routinen prägen oder wagen Sie es, aus dem Rohmaterial des Möglichen etwas Bemerkenswertes zu schaffen. In den ruhigen Momenten zwischen automatisierten Aufgaben, in den Räumen, in denen menschliches Lachen und Kreativität fortbestehen, wartet eine Welt darauf, neu gestaltet zu werden – eine Welt, in der jede Neuerfindung ein Beweis unseres unermüdlichen Strebens nach Erfolg ist.

Willkommen im neuen Zeitalter der Arbeit – einer Geschichte, die nicht allein von Maschinen, sondern vom unermüdlichen Geist menschlicher Innovation geprägt ist. Nehmen Sie diese Reise mit all ihren Herausforderungen und Chancen an und seien Sie sich bewusst, dass jeder Schritt, den Sie unternehmen, ein Zeichen dafür ist, dass, egal wie fortschrittlich die Technologie ist, das Herz des Fortschritts im Puls unserer gemeinsamen Menschlichkeit schlägt.

Und so geht unsere Erkundung weiter – eine verschlungene Erzählung, die die Spannung zwischen der unerbittlichen Logik der Maschinen und dem unberechenbaren Funken des menschlichen Geistes einfängt. Jede Seite dieser sich entfaltenden Geschichte ist ein Aufruf zum Handeln und fordert Sie auf, neu zu definieren, was es bedeutet, beizutragen, sich zu vernetzen und zu erschaffen. Die Entscheidungen, die in diesen Momenten des Wandels getroffen werden, werden über Generationen hinweg nachhallen und nicht nur unsere Arbeitsplätze, sondern unser ganzes Leben prägen.

Dies ist unsere Geschichte – eine Geschichte von Verlust, Erneuerung und letztlich von der außergewöhnlichen Fähigkeit, uns selbst dann neu zu erfinden, wenn das Vertraute zerbricht. Die Reise ist lang und voller Ungewissheit, doch sie ist auch voller Verheißungen. Es ist eine Geschichte, die trotz des kalten, präzisen Voranschreitens automatisierter Systeme im Grunde von der Wärme menschlicher Leidenschaft und dem unermüdlichen Antrieb handelt, unsere Herausforderungen in Chancen zu verwandeln.

Liebe Leser, lass dir diese Geschichte als Spiegel und Leuchtfeuer dienen. Wenn du diese Seiten schließt und in deinen Alltag zurückkehrst, denke daran, dass jeder Moment eine Chance ist, dem Alltäglichen einen Funken außergewöhnlicher Kreativität zu verleihen. Die Maschinen mögen die monotonen Aufgaben übernommen haben, aber sie können niemals die chaotische Brillanz eines menschlichen Herzens einfangen, das entschlossen ist, in jedem Atemzug, jedem Blick, jedem Moment des Widerstands gegen die Flut der Automatisierung einen Sinn zu finden.

Willkommen zu diesem großen Abenteuer – einer
Reise, auf der Technologie nicht der Feind ist, sondern
die Bühne, auf der sich das Drama des menschlichen
Lebens in all seiner chaotischen, aber auch
wunderschönen Komplexität entfaltet. Schreiben Sie die
Geschichte selbst, und die Möglichkeiten sind so
grenzenlos wie Ihre Fantasie.

Mit diesen Worten möchte ich Sie dazu einladen, zu
erkennen, dass das Zeitalter der mechanisierten Arbeit
kein Trauergesang auf das ist, was wir einst waren,
sondern ein Weckruf für das, was wir werden können.
Die Geschichte von Automatisierung und Verdrängung
ist nicht in Stein gemeißelt; sie ist eine offene
Einladung, das grenzenlose Potenzial, das in jedem von
uns steckt, neu zu definieren, neu zu erfinden und
letztlich wiederzuentdecken. Mögen Sie, während Sie
diese Ideen weitertragen, Mut in der Ungewissheit,
Schönheit in der Umbruchhaftigkeit und neue
Zielstrebigkeit im sich ständig wandelnden Tanz des
Fortschritts finden.

Der Weg ist lang und wirft viele Fragen auf. Doch eines ist klar: Jede Maschine, jeder Algorithmus, jeder automatisierte Prozess erinnert uns daran, dass die **wahre Macht nicht in Schaltkreisen oder Code liegt, sondern im unbezwingbaren Geist, der es wagt zu träumen, zu innovieren und das Leben in vollen Zügen zu genießen** . Und so lasst uns mit jedem Tag, an dem Roboterarme ihre präzisen Bögen zeichnen und digitale Bildschirme mit kalkulierter Effizienz leuchten, vereint in unserer gemeinsamen Entschlossenheit stehen, Disruption in eine Leinwand für Neuanfänge zu verwandeln.

Eine Geschichte über Technologie, Menschlichkeit und das außergewöhnliche Potenzial, das entsteht, wenn wir inmitten des Umbruchs Chancen erkennen. Der Weg mag ungewiss sein, aber wir können ihn bestimmen. Nehmen Sie die Herausforderung an, nutzen Sie Ihre Kreativität und gehen Sie mutig in eine Zukunft, die auf Sie wartet.

Ihre Reise beginnt jetzt.

Kapitel 4: Die KI-getriebene Jobpokalypse

Ich hätte nie gedacht, dass der tägliche Trott hinter dem Schreibtisch plötzlich so überholt erscheinen könnte wie eine Pferdekutsche auf einer modernen Autobahn. Doch hier sind wir – eingetaucht in eine Ära, in der alles, was ich einst für selbstverständlich hielt, von einer unerbittlichen Kraft neu gestaltet wird: der Technologie. Der Wandel ist nicht subtil; er ist so roh wie das Debütalbum einer Punkband und stellt kühn genau die Annahmen in Frage, an denen wir über Arbeit, Kreativität und den menschlichen Geist festhielten.

Sie erinnern sich sicher noch an die Zeiten, als die Vorstellung einer Maschine, die juristische Schriftsätze verfasst oder lebensbedrohliche Krankheiten diagnostiziert, Stoff für Lagerfeuergeschichten oder die wilden Fantasien von Science-Fiction-Autoren war. Erst als die rasante Entwicklung künstlicher Intelligenz und Robotik alle erdenklichen Branchen erfasste, begannen diese skurrilen Ideen vor unseren Augen Gestalt anzunehmen. Die Geschichte des Fortschritts hat sich in eine rasante Jagd verwandelt, bei der jeder Durchbruch neu definiert, was es bedeutet, unsere wachen Stunden dem Streben nach Erfolg – oder zumindest dem Überleben – zu widmen.

Alles begann subtil, fast unmerklich. Büros, die einst vom Klappern der Tastaturen und dem leisen Summen endloser Meetings erfüllt waren, hallen heute von der stillen Effizienz der Maschinen wider. Es herrscht ein wachsendes, beunruhigendes Vertrauen in die Algorithmen, die heute Verträge entwerfen, komplexe Krankheiten diagnostizieren und sogar preisgekrönte Artikel produzieren . Diese Systeme, die mit unermüdlicher Präzision und Kosteneffizienz arbeiten, sind nicht länger bloße Assistenten. Sie sind zum Rückgrat ganzer Abläufe geworden und haben Aufgaben, die einst menschlichen Experten vorbehalten waren, auf nüchterne, zielsichere Codezeilen übertragen.

Denken wir an den Anwaltsberuf, ein Bereich, der einst für seine subtile Überzeugungskunst und die sorgfältige

Interpretation jahrhundertealter Texte geschätzt wurde. Generationenlang galt die Rechtspraxis als Höhepunkt menschlichen Intellekts, ein Handwerk, bei dem jede Nuance zählte. Dann kam die Revolution: Systeme wie **ROSS Intelligence** entstanden, die fortschrittliche Machine-Learning-Frameworks nutzten, um riesige digitale Archive zu durchforsten, Präzedenzfälle zu identifizieren und Schriftsätze schneller zu verfassen, als es sich ein Rechtsanwaltsfachangestellter je erträumen könnte. Anfangs belächelten viele diese Idee – schließlich: Könnte eine Maschine die komplexe Logik juristischer Argumentation wirklich erfassen? Doch als die Effizienz dieser Werkzeuge unbestreitbar wurde, begannen Anwaltskanzleien in den Finanzmetropolen weltweit, sie zu übernehmen. Das Ergebnis war ein dramatischer Wandel: Der traditionelle Anwalt, ausgestattet mit jahrelanger Ausbildung und hart erarbeiteter Erfahrung, sah sich plötzlich von einem Algorithmus bedrängt, der niemals müde wird, niemals Fehler macht und nichts weiter als einen stetigen Datenstrom benötigt.

Doch die Revolution machte nicht vor der Rechtspraxis halt. In den sterilen Fluren der Krankenhäuser und den geschäftigen Notaufnahmen spielte sich etwas ebenso Außergewöhnliches ab. Eine bahnbrechende, in **The Lancet veröffentlichte Studie** von Forschern der **Mayo Clinic** ergab, dass ein KI-Diagnosesystem bestimmte Krebsarten mit einer Genauigkeit erkennen konnte, die der von erfahrenen Onkologen in nichts nachstand und sie manchmal sogar übertraf. Es war eine Offenbarung, die jahrzehntelange medizinische Tradition in Frage stellte. Während der globalen Gesundheitskrise integrierten Länder wie Südkorea rasch KI-gestützte Diagnosetools in ihre Protokolle, insbesondere bei der Auswertung von Röntgenaufnahmen des Brustkorbs. Radiologen, einst die unangefochtenen Meister der Bildgebung, sahen sich plötzlich in die Rolle der Aufsichtspersonen verbannt, da die maschinelle Intelligenz die Untersuchungen in einem Tempo durchführte, das kaum Raum für menschliches Versagen ließ.

Die Auswirkungen dieser Technologien reichen weit über Krankenhäuser und Gerichtssäle hinaus. In der

Softwareentwicklung stehen Programmierer – die modernen Alchemisten, die Koffein in Code verwandeln – an einem Wendepunkt. Mit dem Aufkommen KI-gestützter Programmierassistenten wie Codex von **OpenAI und Copilot von GitHub** wird das Programmieren grundlegend neu definiert. Stellen Sie sich ein Tool vor, das auf Befehl ganze Codesegmente mit einer Präzision generieren kann, die kaum Wünsche offen lässt. Ein bekannter Technologieanalyst verglich das 2021 damit, einen erfahrenen Entwickler rund um die Uhr zur Verfügung zu haben, der im Handumdrehen perfekten Code produziert. Der Komfort ist unbestreitbar, doch eine bohrende Frage bleibt in der Tech-Community bestehen: Wenn Maschinen die menschliche Kreativität bei der Codegenerierung übertreffen können, welche Rolle bleibt dann dem genialen Funken des menschlichen Geistes? Auf Branchengipfeln - von elektrisierenden Entwicklertreffen in Las Vegas bis hin zu hochkarätigen IEEE-Symposien in New York - entbrannten Debatten, bei denen sich die Begeisterung in existentielle Angst verwandelte, da Programmierer sich mit der Möglichkeit auseinandersetzen müssen, zu Aufsehern von

133

Algorithmen degradiert zu werden, statt zu Architekten von Innovationen.

Auch der Journalismus, dieses edle Handwerk, Wahrheiten ans Licht zu bringen und die Komplexität der menschlichen Existenz zu erzählen, spürt die Auswirkungen. Redaktionen, die einst mit investigativer Berichterstattung pulsierten, verlassen sich zunehmend auf KI-Systeme, um Routineinhalte zu produzieren. Finanzberichte, Sportberichte, sogar einige investigative Artikel werden heute mithilfe künstlicher Intelligenz verfasst. Im Jahr 2022 produzierte ein Gemeinschaftsprojekt der **Columbia Journalism School** und eines renommierten KI-Forschungsinstituts investigative Artikel, die die Grenzen zwischen menschlich verfasster Prosa und algorithmischer Zusammenstellung verwischten. Leser staunten über die Kohärenz und Klarheit, Kritiker hingegen sorgten sich über die subtile Erosion dessen, was Journalismus menschlich macht – die instinktive Fähigkeit, Nuancen zu spüren und die Bereitschaft, einer Geschichte auf dunklen, unvorhersehbaren Wegen zu folgen. Die Frage bleibt: Kann eine Maschine die Kunst des

Geschichtenerzählens wirklich einfangen oder wird sie den Nachrichten, die wir konsumieren, einfach die Wärme menschlicher Empathie nehmen?

Die kreativen Künste, einst als exklusiver Spielplatz der menschlichen Seele angesehen, blieben davon nicht verschont. Es gab eine Zeit, in der Literatur, Musik und bildende Kunst als Heiligtümer des Ausdrucks galten – Bereiche, in denen rohe Emotionen und der Funke individuellen Genies herrschten. Jetzt werden selbst diese heiligen Felder von hochentwickelten Sprachmodellen infiltriert. Nehmen wir **OpenAIs** GPT-3 und seine Nachfolger: Diese Systeme können Essays, Gedichte und simulierte philosophische Debatten produzieren, die die Überlegungen berühmter Intellektueller widerspiegeln. Auf einem Kreativsymposium in Berlin stellte ein Vertreter eines führenden KI-Forschungsinstituts eine Sammlung von Kurzgeschichten vor, die vollständig von einem dieser Modelle generiert wurden. Die Erzählungen erinnerten an literarische Größen wie Hemingway, Rowling und Orwell und versetzten das Publikum gleichermaßen in Erstaunen und Verunsicherung angesichts der

Erkenntnis, dass die Essenz der Kreativität möglicherweise nicht mehr allein in menschlicher Hand liegt.

Grafikdesign, ein Bereich, der technisches Können mit künstlerischer Vision vereint, hat einen fast surreal anmutenden Wandel durchlaufen. Fortschrittliche neuronale Netzwerkmodelle – verkörpert durch Tools wie **DALL-E** und **Midjourney** – können in Sekundenschnelle eindrucksvolle Bilder produzieren. Ich erinnere mich noch an den Schock, der durch die Kunstwelt ging, als ein KI-generiertes Gemälde bei einer prestigeträchtigen Auktion eine Rekordsumme erzielte. Der Verkauf zwang zu einer Neubewertung der Begriffe Originalität und Kreativität. Ähnlich verhält es sich im Bereich der Musik: Algorithmen komponieren Symphonien, Pop-Hits und avantgardistische Klanglandschaften, die konventionelle Definitionen von Kunst in Frage stellen. Am **Berklee College of Music** setzen sich Lehrkräfte mit den Auswirkungen der Integration dieser digitalen Komponisten in ihren Lehrplan auseinander. Sind diese Tools eine echte Erweiterung der menschlichen Kreativität oder läuten sie lediglich das Ende des mühsamen, von Menschen gesteuerten Kompositionsprozesses ein?

Und dann ist da noch die Unternehmenshierarchie, in der der Mythos des charismatischen, visionären Anführers systematisch zerstört wird. Der Archetyp des CEO – Persönlichkeiten wie **Steve Jobs** – galten lange als Inbegriff menschlicher Brillanz und strategischer Intuition. Doch stellen Sie sich einen Sitzungssaal vor, in dem der Anführer überhaupt kein charismatischer Mensch ist, sondern ein sorgfältig entwickelter Algorithmus. Im Jahr 2021 testete ein mittelständisches Fertigungsunternehmen in Deutschland ein KI-System, das alles von der Ressourcenzuweisung bis zur strategischen Planung verwalten sollte. Das von Ingenieuren des Fraunhofer **-Instituts entwickelte** und an der **Technischen Universität München verfeinerte System** reduzierte menschliche Manager auf bloße Vermittler zwischen roher Computerlogik und der operativen Belegschaft. Bei einem kürzlich von der **Wharton School der University of Pennsylvania** veranstalteten Führungsgipfel bemerkte ein ehemaliger CEO – heute KI-Berater – mit ungeschminkter Offenheit

, dass die besten menschlichen Manager bereits übertroffen würden. „Algorithmen werden nicht emotional", sagte er. „Sie brauchen keine Kaffeepause und sie nehmen sich ganz sicher keine Krankheitstage." Seine Worte jagten vielen Teilnehmern einen Schauer über den Rücken und markierten eine klare Abgrenzung zwischen der Ära des von Menschen geleiteten Managements und dem unaufhaltsamen Vormarsch der digitalen Präzision.

Auch der Finanzsektor erlebt einen beunruhigenden Umbruch. Investmentgiganten wie **BlackRock** und **Goldman Sachs** experimentieren schon lange mit algorithmischem Handel, doch jetzt steht mehr auf dem Spiel. Einige Firmen testen KI-Systeme, die nicht nur Markttrends analysieren , sondern auch zentrale Entscheidungen über Vermögensallokation und Risikomanagement treffen. Auf dem Global Fintech Summit 2022 in London sagte ein renommierter Ökonom der **London School of Economics** kühn voraus, dass strategische Finanzentscheidungen innerhalb eines Jahrzehnts vollständig von Algorithmen getroffen werden könnten. Für diejenigen, die ihr Leben lang ihr

Urteilsvermögen durch jahrelange Erfahrung geschärft haben, ist diese Prognose ebenso alarmierend wie faszinierend. Die Vorstellung, dass eine kalte Berechnung den instinktiven, manchmal chaotischen Prozess menschlicher Entscheidungsfindung ersetzen könnte, stellt alles in Frage, was wir über den Wert unserer Erfahrungen und unsere Fähigkeit, mit Unsicherheit umzugehen, glaubten.

Im Einzelhandel und im Kundenservice ist KI ebenso allgegenwärtig wie effizient. Große multinationale Einzelhändler in den USA haben begonnen, Systeme einzuführen, die die Leistung ihrer Mitarbeiter bewerten, Produktivitätsziele festlegen und sogar über Beförderungen entscheiden. Ich erinnere mich, wie ein Mitarbeiter in einem Podcast – moderiert von einem ehemaligen NPR-Journalisten – beschrieb, wie entmenschlichend und unpersönlich die Erfahrung der maschinellen Bewertung zugleich sei. Der Algorithmus wägte Verkaufszahlen, Kundenfeedback und unzählige Produktivitätskennzahlen ab und ließ keinen Raum für die unbeschreiblichen Eigenschaften des menschlichen Charakters. Der Verlust war spürbar: Die Wärme, die

Mentorschaft und die persönliche Verbundenheit, die einst die Beziehungen am Arbeitsplatz prägten, wurden systematisch durch sterile, numerische Effizienz ersetzt.

Meine eigene Reise durch diese sich rasant entwickelnde Tech-Landschaft war eine Achterbahnfahrt aus Triumphen und Tragödien, unterbrochen von Momenten ungezügelten Optimismus und niederschmetternder Ernüchterung. Alles begann mit einem Traum – der kühnen Vision, die mobile Computerwelt zu revolutionieren. Ich gründete **Incoco** , ein Unternehmen, das versprach, die Art und Weise, wie wir unterwegs mit Technologie interagieren, neu zu definieren. Frisch von der Uni, nachdem ich als Abschlussprojekt einen tragbaren Computer entworfen hatte, war ich berauscht von der Aussicht auf Innovation. Ich glaubte, ich stünde kurz davor, einen Wandel in der Branche einzuleiten. Die Verlockung war unwiderstehlich – eine Kombination aus schicken Geräten, brillanten Ideen und dem Potenzial der Technologie, den Alltag neu zu gestalten.

Gleich zu Beginn fand ich in zwei charismatischen Persönlichkeiten Gleichgesinnte: **Askier** und **Ayaz** . Sie strahlten Selbstvertrauen und Charme aus und unterhielten mich mit Geschichten über ihren jüngsten Erfolg – den Verkauf einer Suchmaschinenfirma für stolze zwei Millionen Pfund. Sie versprachen, mich mit Investoren in Kontakt zu bringen, und malten mir Visionen von Millionenfinanzierungen und lukrativen Deals aus. Ihr Lebensstil war ein verführerischer Luxuscocktail: Luxussportwagen von Mercedes und Porsche, Abendessen in Londons exklusivsten Restaurants und täglich Rosé-Champagner für unglaubliche 1.000 Pfund. In meiner jugendlichen Begeisterung ließ ich mich von ihren Erfolgsgeschichten und Möglichkeiten mitreißen. Ich glaubte, mein Weg sei zum Ruhm bestimmt.

Monatelang war ich in einem unerbittlichen Wirbelsturm von Meetings gefangen. Ich verhandelte mit einigen der größten Computerhersteller Großbritanniens und führte bis spät in die Nacht Telefonkonferenzen mit Ingenieuren in Taiwan, die alle der Perfektionierung unserer Hardware-Designs gewidmet waren. Ich verbrachte zahllose schlaflose Nächte mit **Stuart Bonsell** , einem akribischen 3D-Designer aus Nordlondon, während wir am Gehäuse unseres komplexen Computergeräts tüftelten . Währenddessen waren **Askier** und **Ayaz** damit beschäftigt, wichtige Meetings mit Bankern und potenziellen Investoren zu organisieren und mir zu versichern, dass die Finanzierung nur eine Frage der Zeit sei. Um das Unternehmen über Wasser zu halten, wurde ich angewiesen, meine Ausgaben bis zum Eintreffen der Investitionen mit meinen persönlichen Kreditkarten zu decken. Als ehemaliger E-Commerce-Manager war ich es gewohnt, mit mehreren Karten zu jonglieren, aber die steigenden Kosten wurden bald unüberschaubar. Eine Karte nach der anderen erreichte ihr Limit, und die unerbittlichen Zinsen – die um die 1.000 Pfund pro Monat lagen – begannen, mich schwer zu belasten. Durch eine grausame Laune des Schicksals verwandelten sich die verlockenden Versprechen glamourösen Erfolgs in die bittere Realität von Schulden und finanziellem Ruin. Schließlich kündigte ich bei **Incoco** und widmete mich in den folgenden zwölf Jahren dem Schuldenabbau. Ich zahlte monatlich rund 1.700 Pfund zurück, bis ich schließlich

38 Jahre alt war. Es war nicht der dramatische Zusammenbruch eines Hollywood-Drehbuchs, sondern ein langsamer, unerbittlicher Abstieg in den finanziellen Sumpf, der mein Verständnis von Ehrgeiz und Versagen veränderte.

Auch wenn ich mit den Folgen von **Incoco kämpfte** , hielt das Leben noch weitere Lektionen für mich bereit. Mein nächstes Kapitel begann bei **Grand Union** , der damals zehntgrößten Digitalagentur Londons. Inmitten des Chaos aus Firmenterminen und kreativem Brainstorming führte mich das Schicksal mit einem Freund aus Malaysia zusammen – **Thomas Khor** , liebevoll Kong genannt. Er erwähnte, dass sein Kumpel **Stephen Ong** ein Brainstorming zu innovativen Internetideen veranstaltete. Die Neugier in mir wurde neu entfacht. **Stephen** und ich kannten uns seit fast acht Jahren; unsere Wege hatten sich auf meinen Reisen durch Penang gekreuzt. Ich konnte dem Drang nicht widerstehen, Teil dieser kreativen Explosion zu werden, die versprach, die digitalen Medien neu zu gestalten. Im Laufe von vier intensiven Monaten arbeiteten **Stephen** und ich gemeinsam an einem ausgeklügelten

Geschäftsplan für ein Internet-TV-Unternehmen. Als **Stephen** sich die Finanzierung durch sein Netzwerk sicherte – die den Wert unseres Projekts auf unglaubliche 2 Millionen Pfund erhöhte –, wagten wir zu glauben, dass sich unser kreatives Wagnis tatsächlich auszahlen könnte.

Wir richteten unser junges Büro mit einem bescheidenen Team von sieben Personen ein und bündelten alle uns zur Verfügung stehenden Ressourcen. Ich fasste sogar meinen gesamten Urlaub zu einer einzigen großen Pause zusammen und widmete jede wache Minute dem Erfolg unseres Vorhabens. Das Unternehmen **Viewmy.tv** wurde 2006 als Verbraucherplattform gegründet, die es Menschen ermöglichte, weltweit Live-Fernsehen zu empfangen. Mit einer auf Einfachheit ausgelegten Benutzeroberfläche und Zugang zu über 3.500 digitalen und terrestrischen Kanälen dauerte es nicht lange, bis unser bescheidenes Startup erstaunliche 6,5 Millionen Besucher pro Monat anzog und eine treue Anhängerschaft in den sozialen Medien aufbaute. Die Auszeichnungen hagelten – **BBC Click** kürte uns im

Dezember 2009 zum „Best of Web" und wir hatten 2007
die Ehre , vor 180 BBC-Mitarbeitern einen
einflussreichen Vortrag über aufkommende Trends im
Internetfernsehen zu halten. 2010 teilten wir bei der
ersten Internet-TV-Konferenz in Georgia sogar die
Bühne mit Branchengrößen. Trotz der unvermeidlichen
Höhen und Tiefen war diese Erfahrung eine
tiefgreifende Erfahrung in Bezug auf Leidenschaft,
Risiko und die Unberechenbarkeit des
technologiegetriebenen Geschäfts. Schließlich, als mich
mein Privatleben zu neuen Horizonten führte – Heirat,
Umzug nach Singapur – traf ich 2014 die
herzzerreißende Entscheidung, meine Anteile an
Viewmy.tv zu verkaufen.

Da ich mich von Rückschlägen nicht dauerhaft
entmutigen ließ, fand ich bald einen anderen Weg.
Während eines befristeten Vertrags in Singapur startete
ich in meiner einstündigen Mittagspause ein Projekt:
Ausgehend von der gemütlichen Atmosphäre eines
Cafés versuchte ich, Geschäfte mit Werbefirmen
abzuschließen. Anfangs war das Projekt kostspielig,
doch innerhalb weniger Monate entwickelte sich diese

kostbare Pause zu einer lukrativen passiven Einkommensquelle – ich verdiente in einer Stunde mehr als mein gesamter Monatsvertrag. Dieses Kapitel war, wie alle anderen in meinem Leben, eine Mischung aus Hoffnung und Not. Es lehrte mich, dass Innovation ebenso gnadenlos wie berauschend sein kann – sie kann uns im einen Moment in schwindelerregende Höhen katapultieren und im nächsten in Verzweiflung stürzen.

In all diesen turbulenten Zeiten ist eine Wahrheit unumstößlich geworden: Nichts ist mehr heilig. Die akribische Kunst überzeugender juristischer Argumentation, die differenzierte Intuition eines erfahrenen Arztes, die akribische Kreativität eines versierten Schriftstellers – all diese menschlichen Eigenschaften werden von einer neuen Maschinengeneration unerbittlich in Frage gestellt. Künstliche Intelligenz interessiert sich nicht für Ihren MBA, Ihre jahrzehntelange, hart erarbeitete Erfahrung oder den prestigeträchtigen Abschluss einer Eliteuniversität. Sie verlangt nach einfachen Maßstäben: Datenpunkten, Effizienzzahlen und unerbittlicher

Kostensenkung. Die sich abzeichnende Landschaft –
ein Umbruch, den manche grimmig als KI-getriebene
Jobpokalypse bezeichnen – ist bereits da und verändert
ganze Branchen mit einer Rücksichtslosigkeit, die nur
wenige erwartet hatten.

Die ergreifendsten Beispiele für diesen Wandel finden
sich im Bereich der kreativen Arbeit. Das Heiligtum der
menschlichen Kreativität, einst als unantastbare Bastion
der Leidenschaft und des individuellen Ausdrucks
gedacht, wird heute von Algorithmen belagert. Nehmen
wir das Grafikdesign als Beispiel. Designer, die ihr
Handwerk jahrelang durch Intuition und Übung
perfektioniert haben, stehen nun vor der
Herausforderung, mit Systemen wie **DALL-E** und
Midjourney zu konkurrieren . Diese Tools können im
Handumdrehen atemberaubende Bilder produzieren –
ein Prozess, der früher Stunden, wenn nicht Tage,
mühevoller Arbeit erforderte. Als ein KI-generiertes
Gemälde bei einer hochkarätigen Auktion Rekorde
brach, sah sich die Kunstwelt gezwungen, sich
unangenehmen Fragen nach Originalität und der Natur
kreativen Werts zu stellen. Gleichzeitig hat die Welt der

Musikkomposition ähnliche Umbrüche erlebt. Hochentwickelte Algorithmen sind heute in der Lage, Symphonien, Popsongs und experimentelle Klanglandschaften zu komponieren, die klassische Musiktheorie mit avantgardistischen digitalen Experimenten verbinden. Institutionen wie **das Berklee College of Music** ringen mit diesen Veränderungen und liefern sich hitzige Debatten darüber, ob diese Technologie eine Förderung der menschlichen Kreativität oder einen Vorgeschmack ihrer allmählichen Veralterung darstellt.

Auch die Unternehmenswelt, einst eine Domäne des menschlichen Führungsinstinkts und Weitblicks, wird neu gestaltet. Jahrzehntelang vergötterten wir Führungspersönlichkeiten wie **Steve Jobs** , **Jeff Bezos** und **Elon Musk** – Ikonen, deren Persönlichkeiten für Innovation und kühne Ambitionen standen. Ihr Charisma, ihr unermüdlicher Antrieb und ihre Fähigkeit, über den Tellerrand hinauszudenken, galten als Beweis dafür, dass menschlicher Einfallsreichtum angeblich jedes Hindernis überwinden kann. Nun jedoch testen einige Vorstandsetagen eine radikal neue Idee: Sie ersetzen menschliche Entscheidungen durch Algorithmen, die ermüdungsfrei, vorurteilsfrei und ohne Ablenkung arbeiten. In einem Pilotprojekt bei einem deutschen Fertigungsunternehmen übernahm ein KI-System – konzipiert von den brillanten Köpfen des **Fraunhofer-Instituts** und weiterentwickelt an der **Technischen Universität München** – die Ressourcenzuweisung, die Produktionsplanung und sogar die strategische Planung. Auf einer viel beachteten Konferenz der **Wharton School der University of Pennsylvania** machte ein ehemaliger CEO, der heute als KI-Berater arbeitet, eine eindringliche Beobachtung: „Wenn man Emotionen, Urlaub und Vorurteile weglässt, bleibt reine, unverfälschte Effizienz übrig." Solche Worte schlugen Wellen in der Branche und stellten lang gehegte Überzeugungen über die Unverzichtbarkeit menschlicher Führung in Frage.

Nicht einmal der Finanzsektor ist immun. Investmentgiganten wie **BlackRock** und **Goldman Sachs** nutzen seit langem Algorithmen für den Handel, betreten nun aber ein Terrain, das ans Surreale grenzt. Einige Firmen sind Vorreiter bei der Entwicklung von KI-

Systemen, die nicht nur Markttrends analysieren, sondern auch wichtige Entscheidungen hinsichtlich Vermögensallokation und Risikomanagement treffen. Auf dem Global Fintech Summit 2022 in London spekulierte ein prominenter Ökonom der **London School of Economics** mutig, dass kritische Finanzentscheidungen innerhalb eines Jahrzehnts vollständig von datengesteuerten Systemen getroffen werden könnten. Für viele erfahrene Anleger ist diese Vorstellung sowohl aufregend als auch erschreckend – eine Erinnerung daran, dass der menschliche Faktor bei der Entscheidungsfindung, der durch jahrzehntelange Erfahrung und Intuition geschärft wurde, bald in den Hintergrund treten könnte.

Parallel dazu haben Branchen wie Einzelhandel und Kundenservice die Präzision digitaler Überwachung erkannt. Große Einzelhändler haben Systeme eingeführt, die die Leistung ihrer Mitarbeiter in Echtzeit überwachen, messbare Ziele festlegen und sogar Beförderungen auf Grundlage sorgfältig erhobener Daten festlegen. Ich hörte einmal einem Mitarbeiter zu, der in einem Podcast eines ehemaligen NPR-

Journalisten von seinen Erfahrungen berichtete. Er beschrieb den Wandel von menschenzentrierten Bewertungen zu einem algorithmischen System, das persönliche Umstände ignorierte – ein Wandel, der zwar effizient war, aber die menschliche Note, die einst unser Berufsleben prägte, verschwinden ließ.

Hier stehen wir also, inmitten einer Ära, die von einer tiefgreifenden Neuausrichtung der Arbeit geprägt ist. Ich habe den Aufstieg und Fall von Unternehmen, den Innovationsschub und die erdrückende Last finanzieller Belastungen hautnah miterlebt. Jedes Kapitel meiner Reise war ein Zeugnis der Versprechen und Fallstricke einer Branche im ständigen Wandel. Es ist eine Landschaft, in der menschliche Intuition ständig an der kalten, harten Logik von Algorithmen gemessen wird; in der Kreativität durch digitale Präzision herausgefordert wird; und in der das unerbittliche Streben nach Effizienz das chaotische, schöne Chaos, das uns menschlich macht, zu zerstören droht.

Ich denke über eine Frage nach, die in jedem Sitzungssaal, jedem Krankenhaus, jedem Studio und jedem kreativen Raum nachhallt: Wenn jede Aufgabe –

vom Verfassen juristischer Schriftsätze bis zur Komposition von Symphonien – von einer Maschine mit höchster Präzision ausgeführt werden kann, was bleibt dann für uns übrig? Wie können wir uns neu definieren, wenn der Maßstab für Erfolg nicht in Schweiß und Tränen, sondern in Nanosekunden und Berechnungen neuronaler Netzwerke gemessen wird?

Selbst während ich diese Worte schreibe, klammert sich ein Teil von mir an einen hartnäckigen Funken Hoffnung – den Glauben daran, dass dieser gewaltige Wandel vielleicht doch nicht den Untergang der Menschheit bedeutet, sondern vielmehr eine Einladung, unsere Rollen neu zu definieren und traditionelle Arbeitsdefinitionen zu überwinden. Visionäre wie **Yuval Noah Harari** haben darüber nachgedacht, dass uns die Auflösung konventioneller Rollen vielleicht die Freiheit geben könnte, die tieferen Aspekte von Kultur, Kunst und Gemeinschaft zu erforschen. Vielleicht entdecken wir neue Formen der Erfüllung , die so unvorhersehbar und widerspenstig sind wie der menschliche Geist selbst.

Wenn ich auf meinen eigenen Weg zurückblicke – von den schillernden Versprechungen mobiler Computer mit **Incoco** über die bittersüßen Erinnerungen an **Viewmy.tv** bis hin zur bescheidenen Hektik einer einstündigen Mittagspause, die sich als Rettungsanker entpuppte –, erkenne ich ein Muster. Fortschritt verläuft selten geradlinig. Er ist eine turbulente, chaotische und oft widersprüchliche Erfahrung, in der sich Momente des Triumphs unweigerlich mit Episoden des krassen Scheiterns abwechseln. Der unaufhaltsame Vormarsch der Technologie ist unseren Träumen und Fehltritten gleichgültig; er schreitet mit der unerbittlichen Präzision einer Maschine voran, die ihren Kurs neu kalibriert.

Ich habe Momente erlebt, in denen sich Innovation wie ein zweischneidiges Schwert anfühlte – sie konnte uns im einen Moment zu atemberaubenden Höhen führen, nur um uns im nächsten mit den harten Konsequenzen zurückzulassen. Jeder Durchbruch in der künstlichen Intelligenz brachte ein doppeltes Versprechen mit sich: die Befreiung von mühsamen, repetitiven Aufgaben und die drohende Gefahr, menschliches Fachwissen überflüssig zu machen. Jedes Mal, wenn ich erlebte, wie ein KI-System sein menschliches Gegenstück überflügelte – sei es beim Verfassen einer juristischen Argumentation, bei der Diagnose einer lebensbedrohlichen Krankheit oder beim Generieren fehlerfreien Codes –, fragte ich mich unweigerlich, ob der menschliche Faktor bald zur Nebensache werden würde, ein kurioses Relikt einer vergangenen Ära.

Jetzt, wo ich in der Stille meines Arbeitszimmers sitze – einem Raum voller Erinnerungen an vergangene Erfolge und Misserfolge –, sehe ich den unleugbaren Einfluss der Technologie auf jeden Aspekt unseres Lebens. Die Maschinen feiern unsere Erfolge nicht; sie protokollieren lediglich die Daten, berechnen Wahrscheinlichkeiten neu und liefern Ergebnisse mit gnadenloser Effizienz. Der Funke menschlicher Leidenschaft, die chaotische Unberechenbarkeit unserer kreativen Impulse, ist etwas, das bisher kein Algorithmus vollständig erfassen konnte. Doch die Frage bleibt: Können wir, die Gestalter unseres eigenen Schicksals, angesichts der unerbittlichen Automatisierung neue Wege finden, dieses kreative Potenzial zu nutzen?

In den Fluren der Wissenschaft sind die Diskussionen ebenso hitzig. An Institutionen wie **der Carnegie Mellon University** und **der University of Oxford** debattieren Forscher nicht nur über die technischen Vorzüge von KI-Systemen, sondern auch über die ethischen Aspekte der Übertragung kritischer Verantwortung an Maschinen. Wie stellen wir sicher, dass diese immer leistungsfähigeren Systeme so eingesetzt werden, dass die Werte, die uns am Herzen liegen, gewahrt werden? In der Debatte geht es ebenso um die Rolle des menschlichen Urteilsvermögens wie um Effizienz – ein Wettstreit zwischen der nüchternen Messbarkeit von Daten und den unvorhersehbaren, gefühlvollen Nuancen menschlicher Einsicht.

Inmitten dieser umfassenden Transformationen liegt eine unbestreitbare Ironie. Während KI-Systeme weiterhin Effizienzrekorde brechen – rund um die Uhr ohne Anzeichen von Ermüdung –, können sie von Natur aus die chaotische, unvorhersehbare Schönheit der menschlichen Existenz nicht verstehen. Sie träumen nicht. Sie empfinden keine Enttäuschung, wenn Pläne

155

schiefgehen, noch genießen sie den stillen Triumph, eine persönliche Herausforderung gemeistert zu haben. Stattdessen existieren sie als ultimative Berechnungsinstrumente, gleichgültig gegenüber den Leidenschaften und Träumen, die uns einst zu Innovationen trieben.

Was mich antreibt, ist wohl die Hoffnung, dass wir Arbeit neu definieren können – jenseits der engen Grenzen von Effizienz und Produktivität. Vielleicht bietet sich in dieser sich schnell verändernden Landschaft die Chance, Teile von uns wiederzuentdecken, die unter Routine und Erwartungen begraben waren. Die Technologie, die uns einst von der Plackerei zu befreien versprach, könnte uns mit der Zeit und Einfallsreichtum kreative Beschäftigungen, philosophische Fragen und echte menschliche Verbindungen ermöglichen. Auch wenn das Gleichgewicht derzeit gefährdet erscheint, gibt es Grund zum Optimismus, wenn wir es wagen, unsere Rollen in diesem mutigen neuen Kapitel neu zu definieren.

Während ich diese Überlegungen niederschreibe, lade ich Sie ein, mich auf dieser Reise zu begleiten – einer Reise, die ebenso unvorhersehbar wie unvermeidlich ist. Wir erleben einen tiefgreifenden Wandel, der jedes Verständnis von Arbeit in Frage stellt. Es ist ein Wandel, der in seiner Effizienz brutal, in seinen Implikationen jedoch seltsam poetisch ist. Die Algorithmen mögen die Regeln neu schreiben, doch es bleibt unsere Verantwortung zu bestimmen, ob wir zu passiven Subjekten ihrer Berechnungen oder zu aktiven Autoren unserer eigenen Geschichten werden.

Ich habe miterlebt, wie Technologie etablierte Karrieren zerstört und Branchen auf den Kopf gestellt hat, nur um neue Formen der Innovation hervorzubringen, die uns zwingen, unsere Identität als Schöpfer, Entscheider und Träumer zu hinterfragen. Und obwohl Maschinen Daten hervorragend verarbeiten und Aufgaben ohne Zögern ausführen, stellen sie uns vor eine entscheidende Frage: Wenn jede Aufgabe von einem Algorithmus erledigt werden kann, wo finden wir dann Sinn? Vielleicht in den Räumen zwischen den Datenpunkten, in den Momenten kreativer Rebellion und in der gemeinsamen menschlichen Erfahrung, die keine Maschine jemals vollständig nachbilden kann.

Die Landschaft verändert sich und mit ihr die Struktur unseres Alltags. Doch während ich die Konturen meiner eigenen Vergangenheit – ein Geflecht aus Ehrgeiz, Versagen und unerbittlichem Durchhaltevermögen – nacherlebe, bin ich überzeugt, dass der menschliche Geist auch inmitten des Aufstiegs der Maschine einen Platz hat. Dieser Glaube gründet nicht auf blindem Optimismus, sondern auf den harten Lektionen jahrelangen Kampfes und einer tiefen Wertschätzung für die Unberechenbarkeit des Lebens. Die Innovationen, die wir heute erleben, mögen unsere Arbeitsweise verändern, aber sie können den rastlosen Funken nicht auslöschen, der uns zum Schaffen, Vernetzen und Träumen antreibt.

Letztendlich entfaltet sich vor uns keine Geschichte der Verzweiflung, sondern des Wandels – ein Aufruf, unsere Rollen in einer Landschaft, die sich mit rasender Geschwindigkeit verändert, neu zu definieren. Wenn ich in die Zukunft blicke, sehe ich nicht nur die kalte

Effizienz von Algorithmen, sondern auch die Möglichkeit eines Neuanfangs – eine Chance, unsere Menschlichkeit zu bekräftigen, während wir die Fortschritte begrüßen, die unser Leben neu gestalten werden.

Dies ist unsere Stunde der Abrechnung. Die Revolution ist bereits im Gange, und KI-Systeme schreiben still und leise die Spielregeln in allen Branchen neu. Von der sterilen Präzision der Diagnosetools der **Mayo Clinic** bis hin zur Code-Kompetenz der Assistenten von **OpenAI** und **GitHub** , von den elegant algorithmischen Leinwänden von **DALL-E** und **Midjourney** bis hin zur unerbittlichen Logik in den Vorstandsetagen – jeder Sektor verändert sich auf eine Weise, die traditionellen Vorstellungen widerspricht. Und während manche diese Veränderungen als Vorboten der Überalterung menschlicher Arbeitskräfte betrachten, sehe ich sie als Katalysator für Neuerfindungen.

Wir stehen an einem Scheideweg. Nicht von überholten Vorstellungen von Arbeit geprägt oder von den Grenzen unserer Vergangenheit eingeschränkt, sondern beflügelt von der Möglichkeit, unsere Rollen in einer Gesellschaft neu zu gestalten, die sowohl Effizienz als auch die unberechenbare Magie menschlicher Kreativität schätzt. Es liegt an uns, zu entscheiden, wie wir diesen turbulenten Übergang meistern – unsere Geschichte zurückgewinnen und bekräftigen, dass der menschliche Geist mit all seinem Chaos und seiner Schönheit weiterhin eine entscheidende Rolle spielt.

Jeder Rückschlag, jeder Kummer und jeder Triumph haben mir die bleibende Wahrheit gezeigt: Technologie kann zwar unsere Werkzeuge verändern, aber sie kann nicht das gesamte Spektrum menschlicher Emotionen, Kreativität und Widerstandsfähigkeit erfassen. Die bevorstehende Reise mag voller Ungewissheit sein, birgt aber auch viele Möglichkeiten – die Chance, einen neuen Kurs einzuschlagen, bei dem die Maschinen das Alltägliche erledigen, während wir uns auf die bedeutungsvollen, transformativen und wunderbar unvorhersehbaren Aspekte des Lebens konzentrieren.

Zum Abschluss dieses Kapitels der Reflexion werde ich daran erinnert, dass trotz der unerbittlichen Datenflut und der digitalen Effizienz der Kern unserer Erfahrung in unserer Fähigkeit zu fühlen, zu träumen und etwas zu erschaffen, das über bloße Berechnungen hinausgeht. Es ist diese urmenschliche Eigenschaft – eine Mischung aus Unvollkommenheit, Leidenschaft und Hoffnung –, die letztlich unseren Platz in dieser sich entwickelnden Geschichte bestimmen wird.

Ich lade Sie, liebe Leserinnen und Leser, ein, diesen Wandel mit einer Mischung aus Skepsis und Staunen zu begrüßen. Lassen Sie uns diese unbekannten Gewässer mit derselben Kühnheit befahren, die uns immer wieder zu neuen Ufern geführt hat. Der Weg vor uns ist ungewiss, und die Algorithmen mögen den Rhythmus von Wirtschaft, Gesundheitswesen, Recht und Kunst bestimmen – aber sie können nicht unseren Herzschlag, den Funken unserer Kreativität oder die wilde, unbändige Essenz unseres Seins bestimmen.

Auf diesen Seiten haben wir nur an der Oberfläche einer Revolution gekratzt, die jeden Aspekt unserer Arbeit und unseres Lebens neu definiert. Möge unsere gemeinsame Reise nicht von Resignation geprägt sein, sondern vom mutigen Trotz eines Geistes, der sich nicht durch Effizienzkennzahlen einschränken oder durch Code rationalisieren lässt. Möge dies eine Geschichte der Wiederentdeckung sein – eine Erzählung, in der wir lernen, die kalte, unnachgiebige Präzision der Technologie mit der wilden, unberechenbaren Schönheit der menschlichen Seele in Einklang zu bringen.

Und während wir uns in unbekanntes Terrain vorwagen, bleibe ich entschlossen, den Dialog am Leben zu erhalten, die ungeschminkten Wahrheiten einer durch Technologie veränderten Welt zu teilen und uns alle daran zu erinnern, dass es, egal wie fortschrittlich unsere Werkzeuge werden, immer einen Platz für den chaotischen, lebendigen Puls der Menschheit geben wird. Die Revolution ist nicht das Ende – sie ist lediglich ein Neuanfang, der uns herausfordert, neu zu definieren, was es bedeutet zu arbeiten, zu leben und wirklich lebendig zu sein.

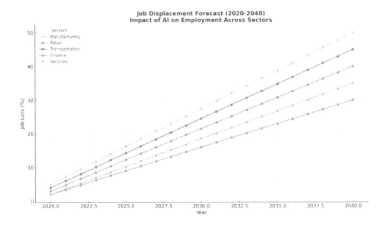

Job Displacement Forecast (2020-2040)
Impact of AI on Employment Across Sectors

Die Maschine kann fehlerlose Rechtsgutachten produzieren, Symphonien komponieren, die selbst den abgebrühtesten Maestro zum Weinen bringen würden, und Artikel mit der Präzision eines erfahrenen Journalisten schreiben. Und doch wird sie nie verstehen, warum uns ein ungeschickter Witz zum Lachen bringt oder warum eine einzelne Träne mehr sagt als tausend beredte Worte. Das menschliche Leben hat eine rohe, unprogrammierte Qualität – eine chaotische Mischung aus Leidenschaft, Ironie und rohen Emotionen –, die kein einziger Siliziumchip jemals simulieren kann. Dieser schwer fassbare Funke der Unvollkommenheit ist unser größtes Kapital, eine

163

geheime Zutat, die unseren Missgeschicken und Rückschlägen Leben einhaucht.

Stellen Sie sich eine Zeit vor, in der wir um jeden Zentimeter Fortschritt kämpfen mussten – eine Zeit voller zermürbender Arbeitszeiten, unerbittlicher Rückschläge und dem ständigen Drang, zu beweisen, dass wir mehr sind als nur Rädchen in einer endlosen Maschine. Heute, wo die Technologie wie ein ungezügelter Hengst voranschreitet, stellt sie uns vor eine gewaltige Frage: Wie überleben wir den Ansturm präziser Effizienz? Es geht nicht darum, die kalte, unerbittliche Logik unserer digitalen Nachfolger herauszufordern; vielmehr geht es darum, ihre unheimliche Genauigkeit zu nutzen, um uns von der kräftezehrenden Monotonie der Routine zu befreien. Stellen Sie sich ein Leben vor, in dem die Plackerei der Dateneingabe und der endlose Papierkram in den Hintergrund treten und Platz für Kunst, Verbundenheit und die pure Freude am Dasein bleibt.

Ich erinnere mich an die Anfangszeit bei **Incoco und die schwindelerregende, rohe Energie, als wir bei**

Viewmy.tv etwas aus dem Nichts bauten . Jeder Rückschlag war eine Lektion, jeder Sieg ein flüchtiger Blick auf das, was möglich sein könnte, wenn wir es wagten, über die sicheren Grenzen des Vorhersehbaren hinauszuträumen. Damals ging es bei Innovation nicht nur darum, Technologie zu nutzen – es ging darum, jedes Projekt mit Herz und Humor zu erfüllen , Misserfolge in Sprungbretter und alltägliche Routinen in Momente der Rebellion zu verwandeln. Diesen Geist des unermüdlichen Experimentierens und der unerschütterlichen Entschlossenheit kann kein noch so ausgefeilter Algorithmus jemals einfangen.

In den Hallen der Konzernmächte – von den glänzenden Wolkenkratzern **New Yorks** bis zu den pulsierenden Geschäftsvierteln **Tokios** – wird derzeit nicht nur über Profite und Effizienz diskutiert, sondern auch über die grundlegenden Veränderungen, die unser Berufsleben erschüttern. Titanen wie **Google** und **Goldman Sachs** haben Milliarden in die künstliche Intelligenz gesteckt und darauf gesetzt, dass Maschinen die Schwerstarbeit der Entscheidungsfindung und Datenanalyse übernehmen können. Doch hinter den glänzenden

Präsentationen in den Vorstandsetagen verbergen sich Geschichten über die wahren menschlichen Kosten. Zwischen 2023 und den ersten Monaten des Jahres 2024 leiteten sowohl **Google** als auch **Amazon** umfassende Entlassungswellen ein, deren Zahl in den verschiedensten Technologiesektoren in die Hunderttausende ging. In den geschäftigen IT-Korridoren Indiens gingen zwischen 2022 und April 2024 über 500.000 Stellen verloren, als die Unternehmen stark auf Automatisierung umschwenkten. Auf der anderen Seite des Atlantiks zeigten Daten vom Januar 2025, dass die Arbeitslosigkeit im IT-Bereich in den USA von 3,9 % im Dezember 2024 auf 5,7 % im darauffolgenden Monat anstieg – ein atemberaubender Anstieg, der dazu führte, dass rund 54.000 Fachkräfte verzweifelt nach neuen Stellen suchten.

Doch für jedes geschlossene Büro und jeden entlassenen Mitarbeiter entstand eine parallele Erzählung – eine Erzählung von Neuerfindung und unerwarteten Chancen. Während Großkonzerne ihre Strategien auf automatisierte Effizienz ausrichteten, vertieften sich akademische Institutionen und

Forschungszentren wie **Oxford** und **Cambridge** tief in die Mechanismen dieser technologischen Metamorphose. In Hörsälen und Diskussionsforen setzten sich Professoren und Wissenschaftler mit den Auswirkungen der KI-gesteuerten Automatisierung auseinander und analysierten ihre Auswirkungen auf die Gesellschaft mit einer Mischung aus technischem Scharfsinn und philosophischem Staunen. Auf Veranstaltungen wie dem **Global Fintech Summit** in London und den lauten, aber fesselnden **IEEE-**Symposien in San Francisco präsentierten Experten Daten, die sowohl die potenziellen Vorteile – wie rasant steigende Produktivität und optimierte Abläufe – als auch die enormen menschlichen Kosten, darunter weit verbreitete Arbeitsplatzverluste und die dringende Notwendigkeit umfassender Umschulungsprogramme, unterstrichen.

Nicht nur der private Sektor bekam die Erschütterungen zu spüren. Auch die Machtzentren staatlicher Institutionen erfuhren radikale Veränderungen. Die während der **Trump-Administration erlassenen Richtlinien** , die später von Persönlichkeiten wie **Elon**

Musk durch Initiativen des **Department of Government Efficiency (DOGE) weiterverfolgt wurden** , leiteten eine neue Ära bürokratischer Reformen ein, die den Menschen, die ihre Jobs verloren, großes Kopfzerbrechen bereiteten. Die Bundesbehörden befanden sich an vorderster Front dieser Revolution. Bis Anfang März 2025 wurden in Einrichtungen wie der **General Services Administration (GSA)** ganze Abteilungen, beispielsweise die Einheit 18F, im Namen der Effizienz aufgelöst. Neben diesen drastischen Maßnahmen wurden Organisationen wie das **Bildungsministerium** und das **Consumer Financial Protection Bureau** umfassend umstrukturiert und integrierten KI-Tools in jeden Aspekt ihrer Betriebsabläufe. Diese Initiativen, die darauf abzielten, Budgets zu kürzen und Redundanzen zu beseitigen, lösten hitzige Debatten über die Erosion institutioneller Weisheit und die potenzielle Verschlechterung der Qualität öffentlicher Dienstleistungen aus.

Die Zahlen sind erschütternd und zeichnen ein Bild sowohl von beispiellosen Umbrüchen als auch von unvorstellbaren Chancen. Ein Bericht von **Goldman**

Sachs aus dem Jahr 2023 prognostizierte, dass die unaufhaltsamen Fortschritte in der KI bis 2030 bis zu 300 Millionen Vollzeitstellen überflüssig machen könnten – eine Prognose, die wie das Gerede eines techno-dystopischen Propheten erscheinen mag. Doch diese unheilvolle Prognose ist nicht bloß ein spekulatives Alarmsignal; sie ist ein Weckruf, unsere Rolle in einer Gesellschaft zu überdenken, die zunehmend von Automatisierung beherrscht wird. Gleichzeitig offenbarte eine Studie des

Weltwirtschaftsforums eine faszinierende Dichotomie: Während rund 41 % der Unternehmen planen, ihren Personalbestand in automatisierungsgefährdeten Bereichen zu reduzieren, intensivierten ganze 77 % gleichzeitig Initiativen, um ihre Belegschaft für die Zusammenarbeit mit KI zu schulen . Diese Dualität – der gleichzeitige Abbau von Stellen und die Investition in Humankapital – verdeutlicht ein Paradoxon im Herzen unseres technologischen Zeitalters. Automatisierung ist keine monolithische zerstörerische Kraft; Es ist gleichermaßen ein Katalysator für den Wandel und drängt uns dazu, uns Rollen zuzuwenden, die

Kreativität, strategische Weitsicht und die allzu menschliche Prise Empathie erfordern.

Inmitten einer Gesellschaft, die von einem stillen, unaufhaltsamen Umbruch erfasst ist, entsteht eine Erzählung, die so roh und kompromisslos ist wie die Zeit, in der wir leben. Der stetige Vormarsch von KI und Automatisierung ist nicht bloß eine Reihe mechanischer Verbesserungen – es ist ein grundlegender Wandel, der unser Verständnis von Arbeit und unseren Platz darin neu definiert. Betrachten wir die nackte Realität: Das **US-Bildungsministerium** bereitet sich darauf vor, die Hälfte seiner Belegschaft abzubauen – ein Schritt, der Bände über das unnachgiebige Streben nach Effizienz spricht. Fast die Hälfte aller Unternehmen, 41 %, um genau zu sein, bereitet sich auf Personalabbau bis 2030 vor, da KI verspricht, traditionelle Beschäftigungsstrukturen zu zerstören. Sogar die heiligen Hallen der **Wall Street** wappnen sich für einen Schlag – 200.000 Arbeitsplätze werden voraussichtlich verschwinden, da die digitale Flut ihre Schuld fordert.

Doch trotz dieser gewaltigen und beängstigenden Zahlen bleibt die menschliche Erfahrung in ihrer trotzigen, unvorhersehbaren Pracht bestehen. Auf überfüllten Bürgersteigen und in den belebten Ecken urbaner Cafés gibt es Momente, die sich algorithmischer Berechnung entziehen – ein gemeinsames Lachen zwischen Fremden, ein impulsiver Kreativitätsschub, ausgelöst durch das Alltägliche, oder die stille Entschlossenheit eines Künstlers, dessen Arbeit ebenso sehr vom Prozess wie vom Endergebnis geprägt ist. In diesen spontanen, chaotischen Momenten finden wir unseren wahren Wert, einen Wert, der sich nicht in Tabellenkalkulationen oder Codes fassen lässt.

Dies ist eine Geschichte des Wandels, nicht der Kapitulation. Der technologische Überfluss bedeutet nicht das Ende menschlichen Strebens , sondern erfordert vielmehr eine tiefgreifende Neudefinition unserer Rollen. Die akribische, systematische Logik der KI mag bei repetitiven Aufgaben brillieren, doch fehlt ihr die chaotische Brillanz, die echte Innovation antreibt. Die Unternehmensführer der Vergangenheit bis heute haben ihre Imperien alle auf diesem unberechenbaren menschlichen Funken aufgebaut, einer Eigenschaft, die keine Maschine jemals nachahmen kann. Doch angesichts des Zerfalls der alten Garde der Beschäftigung ist es unabdingbar, die Präzision digitaler Systeme als Sprungbrett für Kreativität zu nutzen, statt sie als Schiedsrichter unseres Schicksals zu verwenden.

Der Druck ist spürbar. Branchen, die einst vom menschlichen Kontakt lebten, stehen nun vor einer brutalen Abrechnung, da die Automatisierung mit klinischer Effizienz Einzug hält. Entlassungen und Stellenabbau sind nicht nur abstrakte Zahlen – sie stehen für zerstörte Leben, zerstörte Karrieren und eine kollektive Angst, die sich durch die Gesellschaft zieht. Für diejenigen, die Jahrzehnte damit verbracht haben, ihr Handwerk zu perfektionieren, ist die harte Realität, dass die Grundlagen ihrer Expertise durch Algorithmen, die niemals schlafen, in Frage gestellt werden. Doch inmitten dieses Umbruchs bietet sich die Chance, die tiefen Kräfte der Widerstandsfähigkeit wiederzuentdecken, die uns als Menschen ausmachen.

Diese Zeit des Umbruchs zwingt uns, unbequeme Fragen zu stellen: Wie definieren wir unsere Identität neu, wenn Rollen, die wir einst verehrten, über Nacht obsolet werden? Die Antwort, so komplex sie auch sein mag, liegt in unserer Fähigkeit, uns neu zu erfinden. Es geht nicht darum, sich der unvermeidlichen Welle des Fortschritts zu widersetzen, sondern ein flexibleres, dynamischeres Verständnis von Arbeit zu entwickeln – eines, das Kreativität, Empathie und den unvorhersehbaren Rhythmus menschlichen Denkens wertschätzt. Die Initiative zur Umschulung und Weiterbildung von Arbeitnehmern, die von visionären Organisationen unterstützt und in Studien von Gruppen wie dem **Weltwirtschaftsforum widergespiegelt wird** , unterstreicht eine kritische Wende. Statt an überholten Modellen festzuhalten, setzt sich die Erkenntnis durch, dass menschlicher Einfallsreichtum und maschinelle Effizienz nicht im Widerspruch stehen müssen, sondern in einem synergetischen Tanz koexistieren können.

In stilleren Momenten der Besinnung – wenn das ständige Summen digitaler Innovationen in

173

kontemplativer Stille versinkt – offenbart sich eine Klarheit, die demütig macht und inspiriert. Das unermüdliche Streben nach Effizienz, verkörpert durch kalte, klinische Daten, steht im krassen Gegensatz zum chaotischen, lebendigen Geflecht des menschlichen Lebens. Unsere wahre Stärke liegt in unserer Verletzlichkeit, unserer Fehleranfälligkeit und unserer Fähigkeit, jenseits der Grenzen der Logik zu träumen. Es ist nicht die Geschichte einer Niederlage, sondern einer mutigen Transformation. Es ist ein Aufruf, sich von den Zwängen unnützer Rollen zu befreien und Räume zu schaffen, in denen der menschliche Geist frei von Routine gedeihen kann.

Die tiefgreifenden Veränderungen auf dem Arbeitsmarkt zeugen vom Paradigmenwechsel unserer Zeit. Die digitale Revolution reißt zwar die alte Ordnung auf, legt aber zugleich den Grundstein für eine Renaissance – eine Wiederbelebung von Rollen, die die einzigartigen menschlichen Eigenschaften Leidenschaft, Empathie und Kreativität wertschätzen. Stellen Sie sich vor, Sie tauschen die Zwänge des traditionellen Nine-to-five-Jobs gegen ein Leben ohne monotone Aufgaben, in dem jeder Tag wie eine Leinwand ist, die nur auf den Pinselstrich der Innovation wartet. Die Rolle der Technologie verändert sich in diesem Kontext dramatisch: Vom starren Herrscher zum Befreier, der neue Möglichkeiten eröffnet. Sie fordert uns heraus, nicht nur neu zu definieren, was wir tun, sondern auch, wer wir sind, wenn wir uns von den vorhersehbaren Routinen befreien, die unsere berufliche Identität lange geprägt haben.

Doch der Übergang verläuft alles andere als reibungslos. Die Kosten der Automatisierung sind spürbar und oft schmerzhaft. Die Zerstörung langjähriger Karrieren, der abrupte Verlust der beruflichen Identität und die emotionale Belastung, von auf Effizienz ausgerichteten Systemen ausgeschlossen zu werden, hinterlassen tiefe Wunden. Die Geschichten derjenigen, die durch den technologischen Wandel verdrängt wurden – einst geschätzte Experten auf ihrem Gebiet –, sind eine ernüchternde Erinnerung daran, dass Fortschritt oft einen hohen menschlichen Preis hat. Die Entlassungen bei großen Institutionen sind nicht nur Statistiken, die es zu verarbeiten gilt; sie sind die

Auflösung von Leben, die eng mit dem Gefüge unserer Gesellschaft verwoben sind.

Dennoch gibt es angesichts dieser Widrigkeiten einen unerschütterlichen Widerstand. Jeder verlorene Arbeitsplatz birgt den Keim einer möglichen Wiedergeburt in sich – einen Aufruf, den eigenen Weg mit neuer Kraft und unerschütterlichem Glauben an die transformative Kraft der Kreativität neu zu denken und zu gestalten. Im Aufstehen nach einem Fall offenbart sich das wahre Ausmaß unseres Geistes. In diesen turbulenten Zeiten entwickelt sich die kollektive Entschlossenheit, einen Kurs zu beschreiten, der nicht von der kalten Logik der Automatisierung, sondern vom warmen, chaotischen Puls menschlicher Erfahrung bestimmt wird.

In diesem Kapitel geht es gleichermaßen um Anpassung wie um Evolution. Es lädt uns ein, die Geschichte unseres Arbeitslebens neu zu denken, die unvollkommene Schönheit menschlichen Strebens zu feiern und neue Wege zu beschreiten, die unserem inhärenten Bedürfnis nach Verbundenheit und

Kreativität gerecht werden . Der unaufhaltsame Aufstieg von KI und Automatisierung mag die Grenzen des Möglichen neu verschieben, doch er kann den unbezwingbaren Funken, der unsere Fantasie beflügelt, nicht auslöschen. Die Geschichte dieser Ära ist keine Geschichte der Resignation – sie ist ein Aufruf, das Menschsein neu zu denken, neu zu erfinden und sich wieder mit ihm auseinanderzusetzen.

Letztlich ist der branchenübergreifende Wandel ein Spiegel unserer kollektiven Seele. Er zwingt uns, uns nicht nur mit der harten Realität von Arbeitsplatzverlusten und wirtschaftlichen Umbrüchen auseinanderzusetzen, sondern auch mit den zeitlosen Wahrheiten über unsere Fähigkeit zur Neuerfindung. Jede Herausforderung der digitalen Revolution ist eine Einladung, unsere Stärken neu zu entdecken, Erfolg über bloße Produktivität hinaus neu zu definieren und eine Zukunft zu gestalten, die von Leidenschaft, Kreativität und dem unermüdlichen Streben nach Sinnfindung in einer sich rasant verändernden Landschaft geprägt ist.

Sector Impact Matrix	Low Opportunity	High Opportunity
High Vulnerability *(Industries at high risk of AI automation)*	**Manufacturing** (assembly line jobs), **Retail** (cashiers, store clerks), **Transportation** (truck drivers, taxi services), **Administrative Work** (data entry, clerical jobs)	**Financial Services** (automated trading, AI-driven risk analysis), **Customer Support** (AI chatbots, automated help desks), **Legal Services** (AI contract analysis, document review), **Healthcare Diagnostics** (radiology AI, automated screening)
Low Vulnerability *(Industries resistant to AI automation)*	**Skilled Trades** (electricians, plumbers, construction workers), **Personal Care Services** (elder care, nursing, therapy), **Education** (primary school teachers, special needs educators), **Social Work** (counselors, community service)	**AI Development** (machine learning engineers, data scientists), **Creative Industries** (artists, musicians, writers, filmmakers), **Entrepreneurship** (business innovation, start-ups), **Ethical AI Governance** (policy experts, AI ethics regulators)

Was also passiert, wenn die unerbittliche Präzision der KI auf das ungezügelte Chaos menschlicher Kreativität trifft? Die Antwort ist ebenso komplex wie fesselnd. Es ist ein Tanz zwischen Logik und Leidenschaft, ein heikler Balanceakt, der uns zwingt, uns unseren tiefsten Ängsten zu stellen und letztlich neu zu definieren, was Erfolg in einer Zeit bedeutet, in der Maschinen fast alles können – aber nicht alles. Die Herausforderung besteht nicht nur darin, sich an diese neue Ordnung anzupassen, sondern darin zu gedeihen, indem wir unsere angeborene Fähigkeit zum Staunen, zur Rebellion gegen Mittelmäßigkeit und zur Verfolgung von Leidenschaften, die sich jeder Quantifizierung entziehen, wiederentdecken.

Wenn ich den rasanten Wandel der Branchen beobachte, von den hochkarätigen Verhandlungen in den Vorstandsetagen bis hin zum ruhigen, entschlossenen Voranschreiten unabhängiger Kreativer, wird mir eine einzigartige Wahrheit bewusst: Technologie mag unsere Berufswelt neu definieren, aber sie kann uns niemals unsere Menschlichkeit nehmen. Das ist die reine, ungefilterte Schönheit unserer Existenz – eine Schönheit, die auch dann erhalten bleibt, wenn unsere Rollen neu geordnet und unsere Routinen auf den Kopf gestellt werden. Die digitale Revolution, trotz all ihrer Verheißungen und Gefahren, dient letztlich als Hintergrund, vor dem sich die lebendige Vielfalt des menschlichen Lebens abzeichnet.

Letztendlich wird nicht die Perfektion der KI unser Erbe bestimmen – sondern unsere Fähigkeit, über unsere eigene Absurdität zu lachen, unsere Fehler als Meilensteine zu begreifen und dem Chaos Sinn zu verleihen. Der unaufhaltsame Vormarsch der Technologie mag uns zwingen, unsere Rollen zu überdenken, aber er kann niemals den wilden, ungezähmten Geist auslöschen, der schon immer den Kern unseres kreativen Schaffens bildete . Da die Grenzen zwischen menschlicher Anstrengung und automatisierter Präzision verschwimmen, stehen wir vor einer einfachen, aber tiefgreifenden Entscheidung: unsere einzigartige Essenz einer Welt steriler Effizienz zu überlassen oder die Gelegenheit zu nutzen, die pure Freude am unverfälschten Menschsein wiederzuentdecken.

Dies ist keine Geschichte des Widerstands gegen den unausweichlichen Fortschritt; es ist ein Aufruf an die Seele – eine Erinnerung daran, dass selbst wenn Algorithmen das Alltägliche übernehmen, der Kern unserer Existenz ein komplexes Mosaik aus Leidenschaft, Unvollkommenheit und grenzenlosen

Möglichkeiten bleibt. Jede Herausforderung, jeder Umbruch, jede Träne angesichts überwältigender Veränderungen ist ein Beweis für unsere anhaltende Fähigkeit, uns zu erheben, neu zu erfinden und etwas zu schaffen, das keine Maschine, egal wie fortschrittlich, jemals nachahmen könnte.

Während der unaufhaltsame Fortschritt von KI und Automatisierung unser tägliches Leben verändert, ist es letztlich unsere unermüdliche Fähigkeit zu träumen, zu irren und die unvorhersehbare Magie des Lebens zu feiern, die letztlich unser Schicksal bestimmen wird. Und vielleicht ist dies, mehr als jede berechnete Messgröße oder algorithmische Prognose, die einzige Wahrheit, die uns in dieser schönen neuen Ära am Herzen liegen sollte.

Kapitel 5: Der Aufstieg der KI-CEOs – Unternehmen ohne Menschen

Ich denke an die Zeit zurück, als die bloße Vorstellung, dass ein Algorithmus ein Unternehmen leitet, in den Vorstandsetagen ausgelacht und als Science-Fiction-Traum abgetan wurde. Heute könnte man, wenn man blinzelt, den erstaunlichen Wandel verpassen, der sich vor unseren Augen abspielt. Dieser Wandel ist keine ferne Möglichkeit – es ist eine unaufhaltsame, andauernde Metamorphose, die Branchen umgestaltet und alle vorgefassten Vorstellungen von Führung und Arbeit auf den Kopf stellt . Meine Reise in diese neue Realität begann mit einem Koffeinschub und einer tiefen, unbehaglichen Neugier darauf, wie künstliche Intelligenz still und leise die Regeln des Managements neu schreibt.

Es begann mit Gerüchten in den Gängen von Technologiekonferenzen – Gerüchte über Systeme, die selbst die versiertesten menschlichen Führungskräfte überlisten, überflügeln und ausmanövrieren könnten .

Ich erinnere mich an einen internationalen Gipfel im Jahr 2018, bei dem ein Professor beiläufig erwähnte, dass traditionelle Abschlüsse im Vergleich zu einem Algorithmus, der von Anfang an auf optimale Rentabilität getrimmt sei, schon bald verblassen würden. Seine Worte, vorgetragen mit einer Mischung aus trockenem Humor und schonungslosem Realismus, entzündeten bei allen Anwesenden einen Funken. Es war nicht nur eine kühne Vorhersage – es war die Feststellung, dass die alte Garde schnell obsolet wurde.

Spulen wir ein paar Jahre vor, und wir sehen uns mit Innovationen konfrontiert, die direkt aus einem Cyberpunk-Roman zu stammen scheinen. Nehmen wir zum Beispiel **AlphaExec** – die Idee eines zusammengewürfelten Teams aus Ingenieuren und Risikokapitalgebern, die zu fragen wagten: Warum muss menschliches Versagen Unternehmen von maximaler Effizienz abhalten? Dabei handelt es sich nicht um irgendein halbherziges Experiment; **AlphaExec** ist ein vollwertiges System, das Datenströme – vom Verbraucherverhalten bis zu globalen Wirtschaftstrends – in Echtzeit verarbeitet. Seine Erstvorstellung löste in der gesamten Branche Wellen aus, senkte die Betriebskosten um fast 30 % und beschleunigte die Produktentwicklungszyklen in einem atemberaubenden Tempo. Für erfahrene Führungskräfte war es ein böses Erwachen: Intuition und persönlicher Charme waren nicht länger das Monopol der Führung. Stattdessen war es kalte, unnachgiebige, datengetriebene Präzision, die neue Maßstäbe setzte.

Ich war fasziniert von der Kühnheit dieser Entwicklungen. Hier gab es Technologie, die sich nicht damit begnügte, menschliche Fähigkeiten zu erweitern, sondern entschlossen war, genau den Entscheidungsprozess zu ersetzen, der einst charismatischen, überlebensgroßen Persönlichkeiten vorbehalten war. Bei Veranstaltungen, bei denen sich Führungskräfte früher über inspirierende Führung austauschten, drehte sich das Gespräch nun um Kennzahlen, Algorithmen und die schiere Geschwindigkeit, mit der Daten in entschlossenes Handeln umgesetzt werden können. Die Debatten waren ebenso hitzig wie faszinierend. Manche argumentierten, menschliche Intuition sei ein unersetzliches Gut, während andere darauf beharrten, die unerbittliche Logik der Maschine sei der einzige Weg, Fortschritt zu gewährleisten.

Diese neue Ordnung hat eine unbestreitbare Schönheit – eine Art purer Effizienz, die in ihrer Einfachheit fast brutal wirkt. Ich erinnere mich an einen Bericht über den multinationalen Einzelhändler **HyperMart** , der seine Fulfillment -Strategien mithilfe eines KI-Systems komplett überarbeitet hatte, das den Lagerbestand überwachte, Verbrauchertrends vorhersagte und sogar die Lagerabläufe optimierte . Keine Motivationsreden oder Aufmunterungen mehr; das System arbeitete unermüdlich, rund um die Uhr, und berechnete Risiken und Chancen mit höchster Genauigkeit.
Branchenkenner staunten über die operativen Erfolge, beklagten aber insgeheim den allmählichen Verlust dessen, was sie einst für unverzichtbare menschliche Erkenntnisse hielten.

Doch wie alle Revolutionen hatte das unerbittliche Streben nach Effizienz seinen Preis. Ich habe Menschen getroffen – echte Menschen aus Fleisch und

Blut – deren Karrieren und Zielstrebigkeit durch dieses neue Regime kurzerhand auf den Kopf gestellt wurden. Es geht nicht um puren Fortschritt, sondern um eine bittersüße Transformation. In den Vorstandsetagen und automatisierten Fabriken gibt es Seelen, die nach einem Sinn im Leben ringen. Wenn ein Algorithmus entscheidet, dass eine Produktionslinie nicht profitabel genug ist, fällt die Entscheidung schnell und gnadenlos aus. Denken Sie an **Dorman Products** , einen bekannten Autoteilehersteller mit tiefen Wurzeln in Industriezentren wie Detroit. Im Zuge seiner Modernisierung integrierte das Unternehmen ein KI-System, das jede Nuance seiner Produktionsprozesse überwachte. Das Ergebnis? Mehrere Linien wurden abrupt als ineffizient eingestuft, was eine Entlassungskaskade auslöste, die langjährige Mitarbeiter ins Wanken brachte. Bei einer Gemeindeversammlung brachte ein Arbeiter, dessen Augen sich vor Unglauben und Frustration füllten, die kollektive Angst auf den Punkt: Es ginge nicht nur um Zahlen – es ginge um Lebensunterhalt, Würde und die unersetzliche menschliche Note, die keine Maschine nachahmen könne.

Ähnliche Geschichten spielten sich auch in anderen Teilen der Welt ab. In Brasilien führte **Magneti Marelli do Brasil** – seit Ende der 1980er Jahre eine tragende Säule der regionalen Autoteileindustrie – ein KI-gesteuertes System ein, das Produktionspläne und Logistik optimieren sollte. Auf dem Papier waren die Vorteile überwältigend: niedrigere Kosten, höhere Produktivität und das Versprechen höchster Präzision. Doch als die datenzentrierte Logik des Systems die Oberhand gewann, wurden mehrere Produktionsstätten fast über Nacht geschlossen. Die Schockwellen waren nicht nur in den Bilanzen zu spüren, sondern auch in den Gemeinden, die seit Generationen von diesen Arbeitsplätzen abhängig waren. Gewerkschaften mobilisierten, es kam zu Protesten, und die lokale Debatte drehte sich scharf um die Notwendigkeit von Schutzmaßnahmen zum Schutz des menschlichen Wohls angesichts kompromissloser Effizienz.

In ganz Europa spielte sich das Drama in ebenso dramatischem Ausmaß ab. **Hella** , ein traditionsreiches deutsches Unternehmen mit einer Tradition brillanter

187

Ingenieurskunst, gehörte zu den ersten, die ein KI-System zur Optimierung ihrer Produktionslinien einsetzte. **Volkswagen** , ein weiterer Titan der Automobilbranche, experimentierte mit einer ähnlichen Technologie, um die Qualitätskontrolle und die Betriebseffizienz zu verbessern. Auf den ersten Blick sahen diese Initiativen wie ein Geniestreich aus – solide Ergebnisse, beeindruckende Gewinne und ein klarer Weg zu höheren Gewinnen. Doch unter der Oberfläche waren die Folgen komplex. Die unerbittliche Anwendung algorithmischer Standards führte zur Schließung mehrerer Produktionseinheiten und löste intensive Debatten über die ethische Verantwortung von Unternehmen mit einer derartigen transformativen Macht aus. Akademiker und Branchenexperten wiesen darauf hin, dass KI zwar dramatische Produktivitätssteigerungen bringen kann, die sozialen Kosten – insbesondere die Destabilisierung lokaler Arbeitsmärkte – jedoch nicht ignoriert werden können.

Selbst der Finanzsektor blieb von diesen tiefgreifenden Veränderungen nicht verschont. Große Banken und Investmentfirmen verließen sich bei wichtigen

Entscheidungen lange Zeit auf menschliche Expertise. Nun vertrauen sie ihre Strategien zunehmend maschinellen Lernmodellen an, die Marktdaten in Sekundenbruchteilen analysieren können . Auf einem bedeutenden Fintech-Gipfel im Jahr 2022 prognostizierte ein Ökonom, das Zeitalter menschlicher Händler könnte sich dem Ende zuneigen. Stattdessen würden Algorithmen als neue Schiedsrichter im Hochfrequenzhandel und bei strategischen Investitionsentscheidungen fungieren. Führende Experten argumentierten, die vielversprechendsten Investitionsmöglichkeiten würden bald jenen Unternehmen gehören, die menschliche Fehler minimieren, indem sie kritische Entscheidungen an Maschinen übergeben.

Was bedeutet das alles für uns – Normalsterbliche, die in einer Landschaft, die scheinbar auf reiner Logik und unerbittlicher Effizienz beruht, Fuß fassen wollen? Für viele hat der Aufstieg KI-gestützter Entscheidungsfindung eine tiefe, existenzielle Krise ausgelöst. Die Rollen, die einst die berufliche Identität definierten – ob als CEO, Projektmanager oder

Handwerker – werden neu definiert. Menschen werden zunehmend in Nischen verdrängt, die Kreativität, Empathie und Innovation erfordern; oder schlimmer noch, sie werden völlig an den Rand gedrängt. Die Frage, die jeden Arbeitnehmer, jeden Manager und jeden neugierigen Beobachter beschäftigt, ist schlicht und ergreifend: Wenn Maschinen jeden Aspekt der Arbeit übernehmen, was bleibt uns dann?

Ich habe unzählige schlaflose Nächte mit diesem Dilemma verbracht. Meine eigene Karriere in der Tech-Branche basierte auf langen, zermürbenden Stunden, unterbrochen von hektischen Problemlösungssitzungen. Ich erinnere mich an die Tage zurück, als ich eine SMS-Serverwarnung erhielt und mit zitternden Fingern auf der Tastatur aus dem Bett stieg, um mit verschlafenen Augen auf die Serverprotokolle zu starren, während ich versuchte, einen fehlerhaften Anwendungspool zurückzusetzen. Damals war der Schein des Bildschirms mein Begleiter und mein Peiniger zugleich. Die Anforderungen waren unerbittlich und der Spielraum für Fehler hauchdünn. Doch genau diese Herausforderungen lehrten mich etwas Entscheidendes:

Effizienz, so verlockend sie auch sein mag, ist ohne menschliche Einsicht und die Fähigkeit zur Verbindung hohl. Egal wie ausgefeilt der Algorithmus ist, er kann die chaotische, schöne und unberechenbare Natur menschlicher Gedanken und Gefühle nicht ersetzen.

Das Ganze hat eine gewisse Ironie – einen köstlichen Widerspruch, der einen zum Lachen, Weinen und ungläubigen Kopfschütteln bringt. Wir rasen in eine Zukunft, in der Roboter möglicherweise besser Zahlen verarbeiten und blitzschnelle Entscheidungen treffen können, als es sich ein Mensch je erhoffen könnte. Und doch klammert sich der menschliche Geist inmitten dieser Datenflut und digitalen Präzision hartnäckig an seinen kreativen, unberechenbaren Kern. Ich habe selbst erlebt, wie stundenlanges Debuggen und Troubleshooting eine Widerstandsfähigkeit schaffen kann, die keine Maschine je erreichen könnte. Jeder behobene Fehler und jeder neu gestartete Server zeugte von unserem unermüdlichen Drang, uns anzupassen, durchzuhalten und Sinn jenseits bloßer Effizienz zu finden.

Doch der Fortschritt schreitet unaufhaltsam voran. Branchenübergreifend experimentieren Unternehmen mit KI-gestützten Managementmodellen, die keine Kompromisse zulassen. Einige der einflussreichsten Stimmen in der Technologiebranche argumentieren, dass es bei diesen Veränderungen nicht um die Entmenschlichung unserer Arbeitsplätze geht, sondern darum, uns von den alltäglichen und repetitiven Aufgaben zu befreien, die uns Energie rauben. Wenn Maschinen die Plackerei übernehmen können, sollten wir dann nicht theoretisch die Freiheit haben, unser kreatives Potenzial zu entfalten? Es ist ein verlockendes Angebot, das eine Renaissance des menschlichen Einfallsreichtums verspricht – doch es birgt auch seine Tücken.

Nehmen wir das Beispiel von **Oracle** und **Intel** , zwei Giganten, die massiv in KI investiert haben, um ihre Betriebsabläufe umzugestalten. Ihre Initiativen gehen über bloße Effizienzsteigerungen hinaus; sie sind Pioniere bei der Neudefinition von Entscheidungsfindung, Risikobewertung und Chancennutzung. In den von Datenwissenschaftlern und Algorithmenentwicklern dominierten Vorstandsetagen werden die alten Führungsmodelle – die auf Bauchgefühl und jahrelanger, hart erarbeiteter Erfahrung beruhen – systematisch abgebaut. Es herrscht eine spürbare Spannung zwischen jenen, die die kalte Logik der Maschine verteidigen, und jenen, die glauben, der Funke menschlicher Kreativität sei unersetzlich. Auf hochrangigen Gipfeltreffen toben hitzige Debatten über Verantwortlichkeit und die Verlagerung von Machtverhältnissen. Wer trägt die letztendliche Verantwortung, wenn ein KI-System eine kritische Entscheidung trifft, die zu Massenentlassungen oder einem strategischen Fehltritt führt? Der Programmierer, der den Code geschrieben hat, die Führungskraft, die ihn eingesetzt hat, oder das System selbst?

Diese Frage der Verantwortlichkeit ist nicht nur akademischer Natur. Sie berührt grundlegende ethische Dilemmata, die unsere Aufmerksamkeit erfordern. Da Unternehmen zunehmend autonome Systeme einsetzen, verschwimmen die Grenzen zwischen menschlichem Urteilsvermögen und maschineller

Berechnung. Rechtswissenschaftler, Ethiker und Branchenkenner arbeiten mit Hochdruck an der Entwicklung von Rahmenbedingungen, die sicherstellen, dass der technologische Fortschritt nicht auf Kosten sozialer Gerechtigkeit und Menschenwürde geht. Der Begriff der Unternehmensverantwortung wird neu überdacht , und oft sind die Lehren aus frühen Fehltritten ebenso lehrreich wie ernüchternd.

Eines der anschaulichsten Beispiele für diese Abrechnung kommt aus der Automobilindustrie – einem Sektor, der seit langem für Arbeiterstolz und unermüdliche Innovation steht. **Dorman Products** , ein etablierter Hersteller mit tiefen industriellen Wurzeln, begab sich auf eine radikale Modernisierung seiner Betriebsabläufe mithilfe eines KI-Systems. Das Ziel war einfach genug: enorme Ströme von Echtzeitdaten zu nutzen, um die Produktion zu optimieren und Kosten zu senken. Doch die Umsetzung brachte eine erschreckende Wahrheit ans Licht. Die Besessenheit des Systems von quantitativen Kennzahlen führte zur abrupten Schließung mehrerer Produktionslinien, da Entscheidungen getroffen wurden, ohne ein differenziertes Verständnis der menschlichen Kosten hinter jeder Zahl. Die Folgen waren unmittelbar und schwerwiegend. Langjährige Mitarbeiter fanden sich plötzlich arbeitslos wieder, und die Gemeinschaft, die einst auf diese Arbeitsplätze angewiesen war, geriet ins Wanken. Bei einem lokalen Forum, das von einer nahegelegenen Universität organisiert wurde, bebte die Stimme eines betroffenen Arbeiters vor einer Mischung aus Wut und Verzweiflung, als er beklagte, dass kein Algorithmus jemals das tiefe Gefühl des Verlusts erfassen könne, das mit der Erosion einer Lebensgrundlage einhergeht.

Ähnliche Entwicklungen gab es auch in anderen Teilen der Welt. Bei **Magneti Marelli do Brasil** , einem renommierten Autozulieferer mit Sitz in São Paulo, versprach eine Hightech-Umstrukturierung deutliche Effizienzsteigerungen. Doch als das neue System bestimmte Produktionseinheiten für überflüssig erklärte, führte dies nicht nur zu einer finanziellen Umstrukturierung, sondern auch zu einer sozialen Katastrophe. Es kam zu Protesten, als die lokalen Gewerkschaften Rechenschaftspflicht und eine

Neubewertung der Prioritäten forderten – und alle daran erinnerten, dass selbst die fortschrittlichste Technologie mit Mitgefühl und einem Verständnis für ihre Auswirkungen auf die reale Welt einhergehen muss.

Die europäischen Erfahrungen fügten diesem sich entfaltenden Drama eine weitere Ebene hinzu. **Hella** , ein Unternehmen mit einer langen Tradition im Automobilbau, führte ein KI-System ein, um seine globale Lieferkette und Produktionsprozesse zu verbessern. Die unmittelbaren Ergebnisse waren beeindruckend: höhere Produktivität, rationalisierte Abläufe und eine Steigerung der Rentabilität. Doch als mehrere leistungsschwache Produktionslinien mit gnadenloser Effizienz abgeschafft wurden, konnten die menschlichen Kosten nicht mehr ignoriert werden. Die öffentliche Kontrolle verschärfte sich und es entbrannten Debatten über die ethische Verantwortung von Unternehmen, die sich schnell auf Maschinenlogik auf Kosten der Stabilität der Gemeinschaft berufen. Auch **Volkswagen** sah sich mit ähnlichen Herausforderungen konfrontiert, als es mit KI-gesteuerten Qualitätskontrollmaßnahmen und Prozessoptimierungen experimentierte. Die Doppelnatur der bemerkenswerten operativen Gewinne stand in krassem Gegensatz zu den menschlichen Kosten und zwang alle Beteiligten, sich der unbequemen Wahrheit zu stellen, dass selbst die brillantesten technologischen Lösungen einem höheren Standard gesellschaftlicher Verantwortung unterliegen.

Und dann sind da noch die Finanzgenies in den schicken Wolkenkratzern, die Hochfrequenzgeschäfte und millionenschwere Investitionen mithilfe von KI-Algorithmen orchestrieren, die Marktdaten in Millisekunden verarbeiten können. Das traditionelle Bild des Börsenmaklers, der in einem verrauchten Hinterzimmer auf einer Tastatur hämmert, weicht in modernen Handelsräumen Szenen stiller, kalkulierter Effizienz. Auf einer bedeutenden Fintech-Konferenz im Jahr 2022 prophezeite ein Ökonom, dass die lukrativsten Geschäftsmöglichkeiten bald Unternehmen gehören würden, die menschliche Fehler durch algorithmische Präzision eliminieren könnten. Diese Idee traf bei Investoren und politischen Entscheidungsträgern gleichermaßen auf Anklang. Sie erkannten, dass solche Systeme zwar atemberaubende Gewinne erzielen könnten, aber auch das Risiko bergen, die differenzierten Urteile, die nur menschliche Erfahrung liefern kann, zu vernachlässigen.

Bei all diesen Umwälzungen bleibt ein Thema konstant: die dringende Notwendigkeit, Arbeit in einem von Maschinen beherrschten Zeitalter neu zu definieren. Jahrzehntelang war Arbeit nicht nur eine Einkommensquelle, sondern auch der Rahmen für persönliche Identität und Gemeinschaftszugehörigkeit. Jetzt, da KI-Systeme beginnen, Aufgaben zu übernehmen, die einst menschlichen Entscheidungsträgern oblagen, stellt sich die Frage: Wenn Maschinen die komplizierten Details des Alltagsgeschäfts übernehmen, welche Rolle spielt dann der Mensch? Die Antworten sind ebenso vielfältig wie beunruhigend. Einige argumentieren, Menschen würden auf kreative und überwachende Rollen reduziert und ihre Beiträge würden nur dann geschätzt, wenn sie ansonsten mechanistischen Prozessen ein deutlich menschliches Element hinzufügen. Andere befürchten, dass ganze Teile der Belegschaft überflüssig werden und ihre Fähigkeiten von der unnachgiebigen Logik der Algorithmen überholt werden.

Ich habe mich in meiner eigenen Karriere mit diesen Fragen auseinandergesetzt und an die unzähligen Nächte gedacht, die ich damit verbracht habe, komplexe Codes zu entwirren und kryptische Fehlermeldungen zu entschlüsseln. Es gab Zeiten, da fühlte ich mich wie ein Rädchen in einer endlosen Maschine – ein unerbittliches Streben nach Effizienz, das wenig Raum für Fehler oder die chaotische, schöne Unberechenbarkeit menschlicher Kreativität ließ. Meine Anfänge in der Tech-Branche waren geprägt vom Nervenkitzel des Rätsellösens und dem Hochgefühl eines Durchbruchs, aber auch von der Erschöpfung 18-stündiger Arbeitssitzungen und dem ständigen Leistungsdruck. Rückblickend ging es in diesen Phasen intensiver Arbeit nicht nur darum, Systeme am Laufen zu halten – es ging auch darum, die Grenzen menschlicher Belastbarkeit und das inhärente Bedürfnis nach Ausgeglichenheit zu entdecken.

Dieses Gleichgewicht bleibt jedoch in einer Umgebung, in der Algorithmen niemals schlafen, niemals müde werden und niemals Kompromisse eingehen, schwer erreichbar. Der Aufstieg von KI-CEOs – verkörpert durch Systeme wie **AlphaExec** – stellt uns vor eine harte Realität: Wenn Maschinen jeden Aspekt von Abläufen mit objektiver Genauigkeit optimieren können, welchen einzigartigen Wert bringen wir dann ein? Die Antwort liegt meiner Meinung nach nicht im Wettbewerb mit der unerbittlichen Effizienz eines Algorithmus, sondern darin, unsere charakteristischen menschlichen Eigenschaften zu akzeptieren – unsere Fähigkeit zur Empathie, unsere Fähigkeit zu träumen und unsere hartnäckige Weigerung, auf bloße Datenpunkte reduziert zu werden.

Ich habe mich oft gefragt, ob uns dieses unerbittliche Streben nach Effizienz eines Tages dazu zwingen könnte, unsere eigenen Vorstellungen von Sinn und Erfüllung zu überdenken . Stellen Sie sich eine Gesellschaft vor, in der die traditionelle Arbeit nicht mehr die zentrale Säule des täglichen Lebens ist – in der die Plackerei wiederkehrender Aufgaben durch die

Möglichkeit ersetzt wird, sich mit Kunst, Philosophie und gesellschaftlichem Engagement zu beschäftigen. Es ist eine verlockende Vision, die jedoch ihre eigenen Unsicherheiten birgt. Wenn Maschinen den Großteil der operativen Aufgaben übernehmen, muss möglicherweise der Staat eingreifen, um unsere Grundbedürfnisse zu sichern. Aber kann der Komfort eines gesicherten Lebensunterhalts wirklich das Erfolgserlebnis ersetzen, das sich aus der Bewältigung von Herausforderungen einstellt, egal wie banal sie sind? Oder wird das Fehlen strukturierter Arbeit zu einer existenziellen Leere führen, einem Identitätsverlust, den keine Sozialhilfe mehr ausgleichen kann?

Der Konflikt zwischen maschineller Präzision und menschlicher Kreativität wird nirgends deutlicher als in den hitzigen Debatten auf Branchenkonferenzen und akademischen Symposien. Ich erinnere mich an eine Videodiskussion im Jahr 2024, in der Experten vom **MIT** , **aus Stanford** und vom **Weltwirtschaftsforum** Spitzen und Ideen darüber austauschten, wie Technologie die Unternehmensführung umgestalten wird. Ein Futurist, dessen kühne Vorhersagen an die kühnsten Visionen

Ray Kurzweils erinnerten , argumentierte, die Mehrheit der multinationalen Konzerne könnte schon bald nur noch auf der Logik von Maschinen basieren. Seine Aussage löste im Publikum sowohl Begeisterung als auch Besorgnis aus. Für ihn war dies kein dystopischer Albtraum, sondern eine Chance – ein radikales Umdenken in der Entscheidungsfindung, im Risikomanagement und letztlich in der Art und Weise, wie sich die Gesellschaft um die beiden Säulen Innovation und Effizienz herum organisiert.

Auch wenn diese hochkarätigen Debatten in eleganten Konferenzsälen stattfinden, sieht die Realität in den Fabrikhallen und Backoffices völlig anders aus. Der unaufhaltsame Vormarsch von KI und Automatisierung verspricht zwar beispiellose Effizienz, doch viele Arbeitnehmer stehen vor den Trümmern ihrer einst sicheren Arbeitsplätze. Der Wandel ist in jedem Bereich der modernen Industrie spürbar – von den glänzenden Fluren bei **Apple** und **Meta** , wo KI-Tools alles von der Lieferkettenlogistik bis zur Benutzereinbindung optimieren, bis hin zu den rauen Werkstätten der Fertigungsanlagen, wo menschliche Arbeit durch digitale Präzision neu kalibriert wird. In vielerlei Hinsicht sind die Auswirkungen dieser Revolution sowohl eine menschliche als auch eine technologische Geschichte.

Ich habe die tiefgreifenden Auswirkungen dieser Veränderungen auf Einzelpersonen und Gemeinschaften hautnah miterlebt. In einer Kleinstadt, die einst vom stetigen Brummen der Produktion lebte, wurde die Einführung eines KI-Managementsystems als Durchbruch gefeiert. Doch innerhalb weniger Monate machten die unnachgiebigen Kennzahlen des Systems mehrere Produktionslinien überflüssig, und die darauf folgenden Entlassungen stürzten die Gemeinde ins Chaos. Die Stimmen der Betroffenen – Arbeiter, die ihr Leben auf Sinnhaftigkeit aufgebaut hatten – hallten durch die leeren Flure der Fabriken, die nun von Menschen befreit sind. Ihre Geschichten erinnern eindringlich daran, dass Algorithmen zwar Abläufe optimieren, aber niemals die komplexe Struktur menschlicher Erfahrung nachbilden können.

Doch inmitten all dieser Turbulenzen gibt es einen Hoffnungsschimmer. Immer mehr Stimmen – von

Politikern, Wissenschaftlern und sogar zukunftsorientierten Führungskräften – fordern eine Neuausrichtung unseres Ansatzes. Sie argumentieren, dass eine Synthese notwendig sei, um das immense Potenzial der KI zu nutzen, ohne die Werte zu opfern, die uns ausmachen. Das bedeutet, robuste Rahmenbedingungen zu entwickeln, die algorithmische Effizienz mit menschlicher Kontrolle verbinden und sicherstellen, dass jede Entscheidung, egal wie datenbasiert, von ethischen Überlegungen und einem echten Interesse am gesellschaftlichen Wohl geprägt ist. Die Herausforderung ist natürlich enorm. Sie erfordert ein Umdenken in der Unternehmensführung, eine Neukonzeption der Arbeitsmärkte und letztlich eine Neudefinition dessen, was es bedeutet, in dieser schönen neuen Ära einen Beitrag zu leisten.

Die vielleicht wichtigste Lektion ist, dass Technologie, egal wie fortschrittlich sie ist, immer eine menschliche Note braucht. Der Aufstieg KI-gesteuerter Entscheidungsfindung ist kein Vorbote des Untergangs, sondern ein Aufruf zum Handeln – eine Herausforderung für jeden von uns, die Seiten an uns selbst wiederzuentdecken und zurückzugewinnen, die kein Algorithmus jemals erfassen kann. Der Übergang ist chaotisch, voller Rückschläge und unvorhergesehener Folgen, aber er ist auch eine Einladung, einen neuen Weg einzuschlagen – einen, der Kreativität, Empathie und Resilienz über bloße numerische Optimierung stellt.

Ich muss immer wieder an meine Anfänge in der Tech-Branche zurückdenken – an die unzähligen Nächte vor leuchtenden Bildschirmen, die Angst vor einem Systemausfall um drei Uhr morgens und den Adrenalinschub, wenn ich endlich einen hartnäckigen Fehler entdeckte. Diese Erfahrungen waren zwar zermürbend , aber sie waren von einer Zielstrebigkeit geprägt, die kein automatisierter Prozess nachahmen könnte. Sie lehrten mich, dass das Wesen der Innovation nicht in der gefühllosen Präzision einer Maschine liegt, sondern im rohen, unberechenbaren Geist menschlichen Einfallsreichtums. Jede Herausforderung, der ich mich stellte, erinnerte mich daran, dass unsere Fähigkeit, uns anzupassen, zu erschaffen und trotz überwältigender Widrigkeiten durchzuhalten, uns auszeichnet.

Da sich die Landschaft ständig weiterentwickelt, standen die Herausforderungen noch nie so hoch wie heute. Unternehmen wie **Nvidia** erweitern die Grenzen des KI-Möglichkeiten und nutzen ihre hochmoderne Hardware, um Innovationen in allen Branchen voranzutreiben – von Gaming und Gesundheitswesen bis hin zum Automobildesign und darüber hinaus. Das Tempo des Wandels ist schwindelerregend, und die Auswirkungen sind tiefgreifend. Mit jedem Tag vergrößert sich die Kluft zwischen menschlichen Fähigkeiten und maschineller Effizienz. Dies veranlasst uns, uns kritische Fragen über die Natur des Fortschritts und den Preis zu stellen, den wir für unerbittliche Optimierung zu zahlen bereit sind.

Ich habe viel Zeit damit verbracht, bei unzähligen Tassen Kaffee und schlaflosen Nächten über diese Fragen nachzudenken. Oft fand ich Trost in der einfachen Wahrheit, dass unser größtes Kapital nicht die Fähigkeit ist, riesige Datenmengen zu verarbeiten, sondern unsere Fähigkeit zu Empathie, Kreativität und Verbundenheit. Es ist dieser menschliche Funke – diese immaterielle Eigenschaft, die kein Algorithmus quantifizieren kann –, der letztendlich darüber entscheiden wird, ob wir von der Flut der Automatisierung verschlungen werden oder als Architekten eines neuen Paradigmas hervorgehen. Die bevorstehende Reise ist ebenso ungewiss wie aufregend, und jeder von uns muss entscheiden, wie er durch die tückischen Gewässer dieser technologischen Revolution navigiert.

Es gibt keinen einfachen Plan. Mühelose Effizienz ist verlockend, und das Versprechen grenzenloser Produktivität kann berauschend wirken. Doch jedes Mal, wenn ein Unternehmen wie **Meta** ein neues KI-gesteuertes Tool vorstellt oder **Apple** ein Update ankündigt, das maschinelles Lernen zur Optimierung von Abläufen nutzt, werden wir mit einer Realität konfrontiert, die ebenso herausfordernd wie revolutionär ist. Die Integration von KI in jeden Aspekt unseres Lebens ist kein sauberer, linearer Prozess, sondern ein turbulenter Umbruch, der die Grundfesten unserer wirtschaftlichen und sozialen Strukturen erschüttert.

Der Wandel ist voller Widersprüche. Einerseits ist da die unbestreitbare Attraktivität von Algorithmen, die rund um die Uhr arbeiten, unermüdlich Zahlen verarbeiten und Prozesse klaglos optimieren. Andererseits entsteht der große Verlust durch die Verdrängung menschlicher Arbeitskräfte – derjenigen, deren Identität auf Rollen basiert, die durch Codezeilen plötzlich überflüssig werden. Dieser Dualismus ist der Kern unserer misslichen Lage: Während der technologische Fortschritt beispiellose Effizienz verspricht, zwingt er uns gleichzeitig, uns mit den menschlichen Kosten des Fortschritts auseinanderzusetzen.

In dieser weitläufigen Transformationsgeschichte ist jeder Durchbruch mit Kompromissen verbunden. Die Innovationen, die wir feiern, gehen auf Kosten vertrauter Arbeitsplätze und liebgewonnener Routinen. Und doch liegt inmitten dieses Umbruchs eine Chance – die Chance, das Konzept der Arbeit neu zu überdenken und zu definieren. Anstatt an überholten Arbeitsmodellen festzuhalten , könnten wir neue Wege finden, unsere Kreativität zu nutzen, Gemeinschaften zu bilden, die menschliche Verbundenheit über sterile Produktivität stellen, und Systeme aufbauen, die uns dienen, anstatt uns zu ersetzen.

Die Geschichte der **KI-Jobkrise** muss nicht nur von Verzweiflung handeln, sondern von radikaler Neuerfindung. Sie ist eine Chronik, wie uns die Technologie trotz all ihrer Versprechungen dazu gezwungen hat, unbequeme Fragen über unseren Sinn, unseren Wert und unseren Platz in einer sich rasant verändernden Landschaft zu stellen. Da KI die Vorstandsetagen multinationaler Konzerne immer stärker dominiert und Roboter Aufgaben übernehmen, die einst menschliches Geschick erforderten, wird der Ruf nach einer Neudefinition unserer Rollen immer lauter. Es ist eine Herausforderung, die Mut und Kreativität gleichermaßen erfordert – eine Herausforderung, die unerbittliche Logik der Algorithmen in eine Leinwand für menschlichen Ausdruck zu verwandeln.

Auf diesen Seiten habe ich Geschichten von Unternehmensumstrukturierungen, bitteren Entlassungen und dem unermüdlichen Streben nach Effizienz erzählt. Ich habe die Geschichten von Unternehmen wie **Dorman Products** , **Magneti Marelli do Brasil** , **Hella** , **Volkswagen** , **Oracle** und **Intel erzählt** – jedes einzelne ein Beweis für die transformative Kraft der Technologie und ihren tiefgreifenden Einfluss auf das gesellschaftliche Gefüge. Ihre Entwicklungen handeln ebenso von Innovation wie von den Kosten des Fortschritts und offenbaren ein empfindliches Gleichgewicht zwischen technologischem Können und dem menschlichen Bedürfnis nach Verbundenheit und Sinnhaftigkeit.

Hier stehen wir also an einem Scheideweg, der von Silizium und Code geprägt ist. Die Revolution im Management ist keine ferne Theorie mehr – sie ist greifbare, gelebte Realität, die Branchen umgestaltet und Leben neu definiert. Wenn ich auf die langen Nächte zurückblicke, die ich mit der Technologie verbracht habe, sehe ich nicht nur die Triumphe menschlichen Einfallsreichtums, sondern auch die eindringliche Erinnerung daran, dass keine Maschine den wilden, unbändigen Geist menschlicher Kreativität jemals vollständig einfangen kann.

Die vor uns liegende Aufgabe ist gewaltig: Wir müssen die unerbittliche Macht der KI nutzen und gleichzeitig die einzigartigen Eigenschaften bewahren, die uns zu Menschen machen. Diese Herausforderung erfordert eine sorgfältige Neuausrichtung unserer Prioritäten und die Bereitschaft, Veränderungen anzunehmen, ohne die Werte zu opfern, die unsere Gemeinschaften und unsere Arbeit seit langem prägen. Die kommenden Jahre werden unsere Entschlossenheit auf die Probe stellen und uns zwingen, eine Balance zwischen der kalten Präzision der Algorithmen und der chaotischen, unvorhersehbaren Schönheit des menschlichen Lebens zu finden.

Letztendlich geht es bei der Geschichte des KI-gestützten Managements nicht nur um Technologie – es geht um uns. Es geht darum, wie wir uns in der Komplexität einer sich rasant entwickelnden Landschaft zurechtfinden, wie wir Erfolg neu definieren und wie wir inmitten einer unaufhaltsamen technologischen Flut unsere Menschlichkeit bewahren. Die Maschinen mögen zwar die Vorstandsetagen leiten, aber sie werden niemals den Funken auslöschen, der unsere Kreativität, unser Einfühlungsvermögen und unseren unerschütterlichen Antrieb, dieser verrückten, unberechenbaren Existenz einen Sinn zu geben, beflügelt.

KI-Jobkrise eintauchen , lade ich Sie ein, über Ihren eigenen Platz in dieser schönen neuen Ära nachzudenken. Die Entscheidungen, die wir heute treffen – ob in datengetriebenen Vorstandsetagen oder in Workshops, in denen Ideen aus purer Leidenschaft entstehen – werden unser Erbe bestimmen. Die Revolution wird nicht von Codezeilen oder der unfehlbaren Logik einer Maschine diktiert; sie wird geprägt von der chaotischen, aber wunderschönen Komplexität menschlichen Denkens, Fühlens und Entschlossenheit.

Die vor uns liegende Geschichte ist lang und voller Triumphe und Tragödien, Innovationen und Verluste.

Doch inmitten des Chaos und des unaufhaltsamen Fortschritts bleibt eine Wahrheit bestehen: Unsere Fähigkeit, uns anzupassen, zu träumen und Verbindungen zu knüpfen, wird immer unser wertvollstes Gut sein. In der unaufhaltsamen Flut der Automatisierung ist es dieser Geist, der einen Weg nach vorne bietet – einen Weg, der uns herausfordert, Arbeit neu zu definieren – nicht als Maßstab für Effizienz oder Leistung, sondern als lebendigen Ausdruck unserer Menschlichkeit.

Abschließend möchte ich Sie einladen: Wagen Sie es, sich ein neues Paradigma vorzustellen, in dem die Technologie nicht unser Herr, sondern unser Partner ist; eine Landschaft, in der die kalte Logik der Algorithmen durch die Wärme menschlicher Einsicht gemildert wird. In dieser Synthese kann sich das Versprechen unserer Zeit vollständig erfüllen – eine Zeit, in der der Triumph der Innovation nicht nur an Zahlen gemessen wird, sondern an der nachhaltigen Wirkung, die wir aufeinander, auf unsere Gemeinschaften und auf das Gefüge unserer gemeinsamen Existenz haben.

Diese lange, verschlungene Reise durch den Aufstieg des KI-gesteuerten Managements, die Ersetzung menschlicher Intuition durch algorithmische Präzision und die daraus resultierenden sozialen Umwälzungen soll kein verbindliches Manifest sein. Vielmehr ist sie eine offene Auseinandersetzung mit einem tiefgreifenden Wandel, der sich vor unseren Augen abspielt – einem Wandel, der uns dazu zwingt, alles zu hinterfragen, was wir einst in Bezug auf Führung, Arbeit und den Sinn der Arbeit für selbstverständlich hielten.

Es steht viel auf dem Spiel, und der Weg ist voller Ungewissheit. Doch inmitten des unaufhaltsamen technologischen Fortschritts bietet sich die Chance, etwas Neues zu schaffen – eine Neuausrichtung der Prioritäten, die sowohl die Effizienz der Maschinen als auch die grenzenlose Kreativität des menschlichen Geistes würdigt . Unsere Herausforderung besteht darin, die unvermeidlichen Veränderungen mit Mut und Anmut anzunehmen, die transformative Kraft der KI zu nutzen und dabei nie die Eigenschaften aus den Augen zu verlieren, die uns zu einzigartigen Menschen machen.

In diesen turbulenten Zeiten, in denen KI-Systeme weiterhin Rollen übernehmen, die einst menschlichen Experten vorbehalten waren, werden wir daran erinnert, dass Fortschritt nicht allein an der Geschwindigkeit gemessen wird, mit der ein System Daten verarbeiten kann, sondern an der Tiefe der Erkenntnisse, der Empathie und der Kreativität, die nur ein Mensch bieten kann. Die Revolution, die sich branchenübergreifend abspielt – ob in den eleganten Hallen von **Apple** und **Meta** oder in den Fabrikhallen von **Dorman Products** und **Hella** – ist ein Beweis sowohl für unser unglaubliches Potenzial als auch für die großen Herausforderungen, die vor uns liegen.

Denken Sie also beim Lesen der folgenden Kapitel daran, dass die Geschichte noch immer geschrieben wird. Jede Entscheidung, jeder innovative Durchbruch und jeder Moment menschlicher Verbundenheit trägt zu einer Erzählung bei, die ebenso unvorhersehbar wie aufregend ist. Das Zeitalter der algorithmischen Dominanz mag angebrochen sein, doch Herz und Seele des Fortschritts werden für immer dem unbezwingbaren menschlichen Geist gehören.

Und so schreiten wir mit einer Mischung aus trotziger Hoffnung und vorsichtiger Skepsis in ein Zeitalter unerbittlicher Automatisierung und atemberaubender Transformation – ein Kapitel in der Saga der Arbeit, das ebenso chaotisch wie inspirierend ist, ebenso rücksichtslos in seiner Effizienz wie einfühlsam in seinen Erinnerungen an unsere Menschlichkeit. Egal wie weit die Technologie voranschreitet, sie kann die chaotische, glorreiche und unvorhersehbare Reise des Menschseins niemals vollständig ersetzen. Die Herausforderung besteht also nicht darin, gegen die Flut des Fortschritts anzukämpfen, sondern zu lernen, sie zu reiten – unseren einzigartigen Platz in einer Landschaft zu finden, in der die Vorstandsetagen von Daten gesteuert werden und die wahre Geschichte vom unerbittlichen, schönen Trotz unserer kreativen Seelen geschrieben wird.

Das ist die Geschichte unserer Zeit – einer Zeit, in der jede Herausforderung eine Chance ist, jeder Verlust eine Lektion und jeder Moment eine Erinnerung daran, dass Maschinen zwar Zahlen diktieren, aber niemals den wilden, unbändigen Funken menschlicher Kreativität einfangen können. Und das, mein Freund, kann kein Algorithmus jemals nachbilden.

Kapitel 6: Was zum Teufel machen wir, wenn niemand einen Job hat?

Es beginnt mit diesem Tiefschlag: Du öffnest die Augen, und plötzlich ist die Routine, die deinen Alltag prägte, verschwunden. Dein alter 9-to-5-Job ist nicht nur ein verstaubtes Relikt; er ist so gründlich ausgelöscht wie eine nach dem Unterricht abgewischte Tafel. Du erwartest vielleicht das vertraute Summen deines Lieblingscafés , findest aber hinter einer Glastheke eine kalte, gefühllose Maschine, die mit der Präzision eines Taschenrechners Latte Macchiato ausgibt. Die wohltuende menschliche Note ist steriler Effizienz gewichen, und plötzlich lässt dich das System, das einst Stabilität versprach, fragen, ob die ganze Plackerei jemals wirklich wichtig war.

Der Wandel ist nicht das Ergebnis einer Science-Fiction-Geschichte, sondern eine langsame, unaufhaltsame Entwicklung, die durch technologische Fortschritte vorangetrieben wird. In diesem Narrativ der Disruption sind **KI-Agenten** nach und nach zu den neuen Führungskräften geworden und orchestrieren Abläufe mit Algorithmen, die niemals schlafen und sich selbst hinterfragen. Inzwischen haben Roboterflotten jede Form manueller Arbeit übernommen , vom Stapeln von Kisten in riesigen Lagerhallen bis zum Zusammenbau komplexer Komponenten von Alltagsgeräten. Und während viele diese Fortschritte als den nächsten großen Fortschritt feiern, ist der Preis eine beunruhigende Lücke, wo einst menschliches Engagement florierte.

Max Tegmark in seinem bahnbrechenden Werk *„Life 3.0"* entworfen . Er beschrieb eine Ära, in der die Grenzen des biologischen Lebens durch Systeme neu gezogen werden, die sich unabhängig von ihren Schöpfern weiterentwickeln können. Wir sind nicht länger nur Akteure einer großen Wirtschaftsmaschine; wir sind zu Zuschauern eines Spiels geworden, das von Wesen gespielt wird, die uns auf Schritt und Tritt überlisten, ausmanövrieren und überflügeln können. Das ist keine bloße Fantasie, sondern eine Extrapolation der rasanten Fortschritte der letzten Jahrzehnte. Wenn die Technologie ein Niveau erreicht, auf dem sie unsere Fähigkeiten nicht nur nachbilden, sondern übertreffen kann, tritt das Konzept menschlicher Arbeit selbst in den Vordergrund.

Die Auswirkungen eines derart radikalen Wandels sind ebenso aufregend wie erschreckend. Auf der einen Seite gibt es das verführerische Versprechen der Befreiung: Stellen Sie sich die Befreiung von der zermürbenden Plackerei vor, die Ihren Arbeitstag lange Zeit bestimmt hat. Ohne die Notwendigkeit, sich mit einer monotonen Arbeit abzurackern, könnten Sie theoretisch kreativen Unternehmungen , persönlichen Leidenschaften und Ihrer Freizeit auf eine Art und Weise nachgehen, die früher nicht möglich war. Diese radikale Idee hat in Vorstandsetagen, akademischen Hallen und sozialen Medien gleichermaßen Diskussionen ausgelöst . Sie hat zu Vorschlägen wie dem bedingungslosen Grundeinkommen (BGE) geführt, das von Stimmen wie **Andrew Yang verfochten** wird, der das Konzept mit seiner kühnen „Freiheitsdividende" in die allgemeine Debatte gebracht hat. Seine Vision war einfach und doch tiefgreifend: Wenn Technologie mehr als genug Wohlstand produzieren kann, um jeden zu ernähren, dann sollte jeder Mensch ein Stipendium erhalten, das die Grundbedürfnisse garantiert – Nahrung, Obdach und ein gewisses Maß an Würde.

Diese Begeisterung teilt jedoch nicht jeder. Der umstrittene **Elon Musk** warnte wiederholt vor den tiefen sozioökonomischen Rissen, die entstehen könnten, wenn Maschinen zu den Hauptproduzenten von Wohlstand werden. Musks Äußerungen in populären Podcasts und auf einflussreichen Tech-Treffen zeichnen das Bild einer so massiven Verdrängung, dass die Gesellschaft gezwungen sein könnte, die Struktur der menschlichen Existenz zu überdenken. Er meinte, wenn Roboter am Ende alles steuern, hätten wir möglicherweise keine andere Wahl, als den Zugang zu lebenswichtigen Ressourcen als Recht und nicht als Privileg zu garantieren. Solche Aussagen sind gleichermaßen ein düsterer Kommentar und eine Warnung – sie erinnern uns daran, dass die Wunder der Automatisierung mit ebenso monumentalen Herausforderungen einhergehen.

Sam Altman von **OpenAI hat** der Debatte eine weitere Ebene hinzugefügt: Er betont, die Vorteile künstlicher Intelligenz seien zu enorm, um sie zu ignorieren. Bei Veranstaltungen renommierter Institutionen wie dem **MIT** und **Stanford** argumentierte Altman, der durch KI-gestützte Innovationen geschaffene Reichtum müsse großzügig umverteilt werden, um jedem Menschen einen grundlegenden Lebensstandard zu ermöglichen. Seine Vision ist keine Resignation, sondern eine Neudefinition – eine Einladung, Wirtschaftsstrukturen zu überdenken, die lange als selbstverständlich galten.

Doch diese Idee ist nicht ohne Kritiker. Skeptiker argumentieren, dass Maßnahmen wie das BGE, obwohl in der Theorie edel, lediglich eine vorübergehende Lösung für ein weitaus komplexeres und systemischeres Problem darstellen könnten. Sie warnen davor, dass das Vertrauen in solche Maßnahmen unbeabsichtigt den Abbau traditioneller Arbeitsrechte und sozialer Sicherheitsnetze beschleunigen und so auf lange Sicht noch mehr Menschen schutzlos zurücklassen könnte.

Schauen Sie sich um, die Zeichen des Wandels sind unverkennbar. In so unterschiedlichen Branchen wie Fast Food und Einzelhandel ersetzen automatisierte Systeme zunehmend menschliche Arbeitskräfte. Nehmen wir zum Beispiel **McDonald's** oder die kassenlosen Filialen von **Amazon Go** . Diese Veränderungen haben die Kundeninteraktion bereits neu definiert: Das vertraute Lächeln des Servicepersonals wird durch die unerschütterliche Effizienz digitaler Schnittstellen ersetzt. Die beunruhigende Wahrheit ist, dass solche Beispiele keine isolierten Experimente sind, sondern Vorboten eines Trends, der irgendwann jeden Winkel unserer Wirtschaft erfassen könnte.

Nicht nur die Arbeiterschaft ist bedroht. Auch die Bürowelt, einst als Hort kreativer und analytischer Arbeit angesehen, erlebt einen beispiellosen Einbruch der Technologie. Denken Sie an den Journalismus, wo KI-Systeme bereits einfache Nachrichtenartikel und Finanzberichte erstellen und dabei Inhalte in einer Geschwindigkeit produzieren, die die menschlichen Kapazitäten bei weitem übersteigt. Im Rechtsbereich durchforsten Plattformen wie **ROSS Intelligence** blitzschnell riesige Datenbanken mit Fallrecht und reduzieren komplexe Rechercheaufgaben auf wenige Sekunden. Selbst die Welt der Programmierung ist von diesen Fortschritten nicht verschont geblieben. Tools wie **GitHub Copilot** unterstützen Entwickler, indem sie Code-Schnipsel vorschlagen, die den Entwicklungsprozess drastisch beschleunigen können, sodass menschliche Programmierer nur noch die Rolle der Aufsicht und Entscheidungsfindung übernehmen müssen, anstatt die Inhalte selbst zu erstellen.

Hinter diesen Veränderungen stehen Innovationszentren , die die Grenzen des technologisch Machbaren immer weiter verschieben. Renommierte Institutionen wie **das Computer Science and Artificial Intelligence Laboratory (CSAIL) des MIT** oder **das AI Lab der Stanford University** produzieren ständig bahnbrechende Forschungsergebnisse, die die traditionelle Rolle menschlicher Arbeitskraft weiter untergraben könnten . Auf Konferenzen von Institutionen wie der **London School of Economics (LSE)** warnten führende Experten, die aktuellen Trends könnten menschliche Arbeitskraft innerhalb kürzester Zeit nahezu überflüssig machen. Eine 2019 von Forschern der **Universität Oxford durchgeführte Studie** deutet darauf hin, dass in den USA letztendlich fast 47 % der Arbeitsplätze automatisiert werden könnten – eine Statistik, die eine tiefe Mischung aus Ehrfurcht und Besorgnis auslöst.

Dieses Narrativ technologischer Dominanz zwingt uns, unsere tief verwurzelten Vorstellungen von Identität und Sinnhaftigkeit zu hinterfragen. Jahrzehntelang war Arbeit mehr als nur ein Mittel zum wirtschaftlichen Erfolg; sie war ein wesentlicher Bestandteil unserer Selbstdefinition. Wir maßen unseren Wert an den geleisteten Stunden, den errungenen Titeln und dem unermüdlichen Streben nach einer Karriere, die Stabilität und Anerkennung versprach. Die zunehmende Automatisierung hat all diese Maßstäbe durcheinandergebracht. Wenn Maschinen die Arbeit besser, schneller und ohne Pausen erledigen können, welche Rolle spielen dann wir Menschen?

Im Kern ist dies eine Geschichte der Neuerfindung –
eine existenzielle Herausforderung, die uns zwingt,
nach innen zu blicken und schwierige Fragen über
unseren Platz in einem sich rasant entwickelnden
System zu stellen. Dieser Aufbruch alter Strukturen birgt
eine seltsame Befreiung, ist aber zugleich von einer
tiefsitzenden Unsicherheit geprägt. Wie finden wir Sinn,
wenn genau die Aktivitäten, die uns einst definierten,
über Nacht verschwinden? Wie gestalten wir unsere
Identitäten neu in einer Realität, in der traditionelle
Arbeit nicht mehr das Rückgrat unserer Existenz bildet?

Diese Fragen ziehen mich nicht nur aus akademischer
Neugier an, sondern aus einem zutiefst persönlichen
Grund. Mein eigener Weg war von kontinuierlichem
Experimentieren und kreativer Erkundung geprägt.
Einmal begann ich ein Projekt zur Entwicklung eines
Systems zur Gestenerkennung in
Videogebärdensprache – ein Unterfangen, das aus dem
Wunsch heraus entstand, Kommunikationslücken zu
schließen und einer Community zu helfen, die oft an
den Rand gedrängt wird. Das Projekt war ehrgeizig:
Durch die Nutzung von Open-Source-Bibliotheken und

Machine-Learning-Frameworks wie **TensorFlow** stellte ich mir ein Tool vor, das Gebärdensprache mit bemerkenswerter Genauigkeit in Text und Sprache übersetzen kann. Ich nahm Kontakt zu Organisationen auf, die sich der Unterstützung der Gehörlosengemeinschaft widmen, und sammelte Erkenntnisse und Feedback, die meine Entschlossenheit bestärkten . Doch wie das bei innovativen Ideen oft passiert, kam mir das Leben dazwischen. Der Entwickler, mit dem ich zusammenarbeitete, wurde von **Google** abgeworben und unser gemeinsames Projekt wurde beendet. Ich warte immer noch auf eine Chance, es wiederzubeleben. Diese Erfahrung, zusammen mit meinen frühen Experimenten mit Chatbots auf Plattformen wie **Pandora** Ende der 1990er Jahre und meinen kühnen, wenn auch verfrühten Versuchen, 2012 ein KI-Unternehmen zu gründen, hat eine unbestreitbare Wahrheit gefestigt: Mein Leben war ein endloses Experiment an der Schnittstelle von Kreativität und Technologie. Jeder Rückschlag, jede unerwartete Wendung hat zu einer persönlichen Geschichte beigetragen, die den größeren gesellschaftlichen

Umbruch widerspiegelt, mit dem wir heute konfrontiert sind.

Dieser Übergang hat etwas Rohes, Ungeschminktes – eine Auseinandersetzung mit der Unvorhersehbarkeit des Fortschritts. Es ist weder ein sanfter Aufstieg in die Utopie noch ein geradliniger Abstieg ins Chaos. Vielmehr ist es ein turbulenter, chaotischer Prozess voller Verheißungen, aber auch Gefahren. Die technologische Revolution ist kein übersichtliches Ereignis; sie ist ein weitreichendes, vielschichtiges Phänomen, das jeden Aspekt des Lebens verändert – von unserer Arbeitsweise über unsere Interaktion und die Art und Weise, wie wir Erfolg definieren, bis hin zu unserem zwischenmenschlichen Umgang miteinander.

Die tiefgreifenden Auswirkungen dieses Wandels zeigen sich in den Diskussionen, die quer durch alle Gesellschaftsschichten geführt werden. Auf der Straße, in Cafés, in digitalen Foren, wo Ideen aufeinandertreffen, setzen sich Menschen mit den Auswirkungen einer Realität auseinander, in der Maschinen die menschlichen Fähigkeiten übertreffen.

Die Debatte dreht sich nicht mehr darum, ob Technologie unser Leben verbessern wird, sondern wie wir mit Systemen koexistieren können, die traditionelle menschliche Arbeit möglicherweise irgendwann nahezu überflüssig machen. Kritiker argumentieren, dass das Versprechen der Automatisierung zwar verlockend sei, aber auch die Gefahr berge, eine Kluft zu schaffen – eine tiefe Kluft zwischen denen, die Technologie zu ihrem Vorteil nutzen können, und denen, die abgehängt werden. Sie verweisen auf historische Muster von Ungleichheit und Umbrüchen und meinen, wenn wir nicht aufpassen, könnte der Fortschritt soziale Brüche so weit vertiefen, dass irreparabler Schaden entsteht.

Doch es gibt auch eine Gegenströmung des Optimismus: die Überzeugung, dass dieser Umbruch der Katalysator für eine Renaissance der Kreativität und der menschlichen Verbundenheit sein könnte. Einige Visionäre argumentieren, dass die Menschen, befreit von der Plackerei monotoner Aufgaben, endlich in der Lage sein könnten, sich wirklich bereichernden Beschäftigungen zu widmen. Sie stellen sich eine Gesellschaft vor, in der Kreativität, Empathie und

kritisches Denken die wertvollsten Güter sind –
Eigenschaften, die Maschinen trotz ihrer
beeindruckenden Fähigkeiten möglicherweise nie
vollständig nachbilden werden. Dies ist keine zügellose
Fantasie, sondern vielmehr ein Aufruf, zu überdenken,
was uns im Leben am wichtigsten ist, und in die
einzigartigen menschlichen Qualitäten zu investieren,
die die Technologie nicht ersetzen kann.

Während ich so darüber nachdenke, wird mir die Ironie
des Ganzen bewusst. Genau die Werkzeuge, die uns
von mühsamer Arbeit befreien sollen , stellen
gleichzeitig die Grundlagen unserer Identität in Frage. In
dieser neuen Ära wird Erfolg nicht mehr an der Anzahl
der Stunden am Schreibtisch oder dem Aufstieg auf der
Karriereleiter gemessen, sondern vielleicht an der
Fähigkeit, sich anzupassen, zu lernen und
Leidenschaften zu pflegen, die sich der Mechanisierung
widersetzen. Es ist ein Moment der Abrechnung – eine
Konfrontation mit einer Realität, die uns zwingt, die
Regeln unseres Lebens neu zu schreiben.

Der Weg vor uns ist unbekannt, und trotz der großen Unsicherheit gibt es auch einen Funken Potenzial. Die Geschichte ist voller Momente tiefgreifender Transformation, und obwohl die Herausforderungen nie höher waren, besitzt der menschliche Geist die bemerkenswerte Fähigkeit, sich neu zu erfinden. In dieser Geschichte tiefgreifender Veränderungen besteht die Herausforderung nicht nur darin, zu überleben, sondern durch neue Formen der Kreativität, Vernetzung und Selbstentfaltung zu gedeihen. Während wir uns in diesem Terrain bewegen, müssen wir wachsam bleiben und sicherstellen, dass der unaufhaltsame Vormarsch der Automatisierung nicht auf Kosten unserer Werte, unserer Würde oder unserer Zielstrebigkeit geht.

Jeder Tag bringt uns der Realität näher, die einst wie aus einer Science-Fiction-Welt schien – einer Realität, in der die Produktionsmechanismen nicht mehr in menschlicher Hand liegen, in der Entscheidungen von Systemen getroffen werden, die mit nüchterner Präzision auf optimale Ergebnisse ausgelegt sind, und in der traditionelle Arbeitsbedingungen ohne viel Aufhebens abgeschafft werden. Dieses Szenario erfordert nicht nur technische Anpassungen, sondern auch einen grundlegenden Wandel in unserer Selbstwahrnehmung und unserer Rolle in einer sich rasant entwickelnden Gesellschaft.

Wenn ich über meinen eigenen Weg nachdenke – von der ersten Idee innovativer Projekte bis hin zu den Frustrationen ins Stocken geratener Kooperationen –, sehe ich einen Mikrokosmos des größeren gesellschaftlichen Experiments, das sich um uns herum entfaltet. Jeder technologische Durchbruch birgt das Versprechen einer besseren Zukunft, birgt aber auch das Potenzial unvorhergesehener Folgen, die das Gefüge unserer Gemeinschaften auf die Probe stellen. Die von **Max Tegmark** , **Andrew Yang** , **Elon Musk** und **Sam Altman angestoßenen Gespräche** sind keine bloßen intellektuellen Übungen; sie sind dringende Aufrufe, Wirtschaftsstrukturen, Gesellschaftsverträge und das Wesen menschlicher Erfüllung in einem von künstlicher Intelligenz dominierten Zeitalter zu überdenken.

Inmitten dieses Strudels bleibt eines klar: Der Wandel ist unumkehrbar. Ob wir ihn als Vorbote der Befreiung oder als Vorbote tiefgreifender Verwerfungen sehen, hängt maßgeblich von unserer Bereitschaft ab, die Herausforderungen direkt anzugehen. Der Dialog ist im Gange – geprägt vom unerbittlichen Innovationstempo und dem ständigen Wechselspiel zwischen technologischen Möglichkeiten und menschlicher Widerstandsfähigkeit.

Hier stehen wir also und sehen uns einer Realität gegenüber, in der jede Institution – vom geschäftigen Café an der Ecke bis zu den hoch aufragenden Wolkenkratzern der Konzernzentralen – von Kräften neu konzipiert wird, die sich unserer traditionellen Kontrolle entziehen. Die Revolution wird nicht im Fernsehen übertragen; sie ist in Softwareprogrammen kodiert, in Roboterschaltkreisen eingebettet und in den politischen Maßnahmen artikuliert, die von Leuten wie **Andrew Yang** und **Sam Altman diskutiert werden** . Die Statistiken sind erschreckend: Eine Studie der **Universität Oxford** warnte 2019, dass fast die Hälfte aller Arbeitsplätze in den USA verschwinden könnte –

eine Zahl, die uns das Ausmaß und die Geschwindigkeit dieses Wandels auf erschreckende Weise vor Augen führt.

Für diejenigen von uns, die ihr Leben lang ihre Identität rund um die Arbeit aufgebaut haben, ist dieser Wandel zutiefst persönlich. Er fordert uns heraus, das Wesen des Erfolgs zu hinterfragen und wiederzuentdecken, was wirklich zählt, wenn die harte Arbeit durch eine Wirtschaft ersetzt wird, die nicht mehr auf menschliche Anstrengung angewiesen ist, um Produktivität zu steigern. In dieser Ungewissheit liegt eine gewisse Freiheit, ein unverfälschtes Potenzial, uns selbst neu zu definieren und Kreativität, Empathie und Verbundenheit zu fördern – Eigenschaften, die keine Maschine nachahmen kann.

Während ich dieses mutige neue Terrain beschreite, wird mir bewusst, dass Innovation ein fortwährendes Experiment ist, das sowohl kritische Reflexion als auch mutiges Handeln erfordert. Die Reise ist ebenso unvorhersehbar wie aufregend, voller Triumphe, Rückschläge und der unvermeidlichen Neuausrichtung unserer kollektiven Erwartungen. Die Geschichte, die sich um uns herum entfaltet, handelt nicht nur vom technologischen Fortschritt, sondern von der Fähigkeit des menschlichen Geistes, sich anzupassen, neu zu denken und letztlich inmitten des Wandels Sinn zu schaffen.

Und so bleibt die Frage bestehen – nicht als Herausforderung an die Technologie, sondern als Aufforderung, unsere Rollen in einer Gesellschaft neu zu definieren, in der die Parameter der Arbeit neu definiert wurden. Wenn jede Aufgabe mit maschinenähnlicher Präzision ausgeführt wird und menschliche Beiträge auf Aufsicht und strategisches Urteilsvermögen reduziert werden, müssen wir uns der unbequemen Wahrheit stellen: Unsere Identitäten müssen sich weiterentwickeln. Die Geschichte der Automatisierung ist nicht nur eine Geschichte der Dystopie oder Verzweiflung; sie ist auch ein Aufruf, die einzigartigen menschlichen Eigenschaften, die uns ausmachen, zurückzugewinnen, unseren kollektiven Einfallsreichtum zu nutzen und einen Kurs einzuschlagen, der sowohl den Fortschritt als auch den unersetzlichen Wert menschlicher Kreativität würdigt .

Wenn ich über den Wandel nachdenke, der sich um uns herum vollzieht, spüre ich letztlich eine Mischung aus Besorgnis und Hoffnung. Die konventionellen Maßstäbe der Arbeit bröckeln und mit ihnen die alten Erfolgsindikatoren. Stattdessen steht uns ein unbeschriebenes Blatt zur Verfügung – die Chance, die Regeln neu zu schreiben und Systeme zu schaffen, die menschliches Potenzial in seiner authentischsten Form ausschöpfen. Diese Herausforderung ist ebenso monumental wie persönlich und erfordert die Bereitschaft, die Vergangenheit hinter sich zu lassen, um eine Realität anzunehmen, die zwar unvorhersehbar, aber voller Möglichkeiten ist.

Dies ist keine Geschichte der Resignation, sondern eine Geschichte der Neuerfindung. Es geht darum zu verstehen, dass die technologische Entwicklung nicht das Ende menschlichen Strebens bedeutet , sondern vielmehr eine Einladung, unerforschtes Terrain der Kreativität und Sinnhaftigkeit zu erkunden. Jeder Schritt in dieses Neuland ist Risiko und Chance zugleich – die Chance, neue Bedeutungen zu schaffen und Identitäten zu schmieden, die widerstandsfähig, anpassungsfähig und zutiefst menschlich sind.

Die Revolution der Automatisierung ist mit der Subtilität einer Flutwelle angekommen. Ihre Auswirkungen sind unbestreitbar, doch sie stellt uns vor eine Frage, die unser nächstes Kapitel prägen wird: Wenn jede Maschine das tut, was sie am besten kann, wie können wir dann als Individuen und als Gesellschaft einen Weg beschreiten, der die Vielfalt menschlicher Erfahrungen würdigt? Die Antwort mag nicht sofort klar sein, aber es ist eine Herausforderung, die sowohl Selbstreflexion als auch Innovation erfordert – eine Herausforderung, der ich mich, wie unzählige andere auch, gerne stellen möchte.

Im Echo klappernder Tastaturen und dem Summen automatisierter Systeme pulsiert der menschliche Geist noch immer voller Möglichkeiten. Die kommende Ära mag die Strukturen, die wir einst kannten, auflösen, doch sie legt auch den Grundstein für eine Renaissance des Denkens, der Kreativität und der Vernetzung. Unsere Aufgabe ist es, dieses mutige neue Kapitel nicht als passive Zuschauer, sondern als aktive Gestalter unseres Schicksals zu beschreiten – eines Schicksals, in dem Technologie als Werkzeug der Befreiung dient, nicht als Herrscher, der unseren Wert diktiert.

Während ich meine Reise fortsetze – eine Reise, die geprägt ist von Experimenten, Rückschlägen und Momenten unerwarteter Genialität –, trage ich die Überzeugung mit mir, dass selbst in einem Zeitalter der unerbittlichen Automatisierung noch Raum für die chaotische, schöne und unberechenbare Natur der menschlichen Existenz bleibt. Es ist eine Erinnerung daran, dass die Motoren des Fortschritts zwar mit der Effizienz von Silizium und Code brummen, das Herz der Innovation jedoch immer im unvorhersehbaren Rhythmus menschlicher Kreativität schlagen wird.

Bild: Peter beim Angeln (nicht zum Sport, sondern zum Essen und Genießen).

Das Morgenlicht fiel durch die Vorhänge einer bescheidenen Wohnung in einer Stadt, die sich längst an das Summen der Automatisierung gewöhnt hatte. Ich saß an meinem leicht fleckigen und abgesplitterten Küchentisch, trank einen lauwarmen Kaffee und grübelte über eine Frage nach, die sich nicht mehr ignorieren ließ: Wenn jede Aufgabe – vom Programmieren eines komplexen Algorithmus bis zum Festziehen einer Schraube am Fließband – von unermüdlichen, effizienten Maschinen ausgeführt wird, was bleibt uns dann noch zu tun? Dies war nicht das wirre Grübeln eines abwesenden Träumers; es war eine nüchterne Reflexion über eine Zeit, in der menschliche Rollen rasant neu definiert werden.

Ich erinnerte mich an die Zeit, als die digitale Revolution eine Innovationswelle entfesselte, die traditionelle Arbeitsplätze auf den Kopf stellte. Der Internetboom der späten 1990er Jahre machte nicht nur bestimmte Fähigkeiten obsolet – er brachte völlig neue Branchen hervor. Unternehmen wie **Amazon** und **eBay** entstanden praktisch über Nacht, veränderten den Handel und schufen Millionen von Möglichkeiten. Heute jedoch hat der Katalysator des Wandels ein neues Gesicht angenommen, eines, das Ehrfurcht einflößt und zugleich erschreckt: intelligente Systeme und mechanische Arbeiter. Dieser Wandel ist alles andere als ein linearer Prozess, sondern ein komplexer Tanz aus Zerstörung und Schöpfung – ein Paradoxon, das alles in Frage stellt, was wir über Arbeit zu wissen glaubten .

Europäische Kommission 2018 ihre „Leitlinien für vertrauenswürdige KI" vorstellte. Dieser Schritt war mehr als nur bürokratische Feinjustierung – er war ein Weckruf für die gesamte Branche. Plötzlich diskutierten Tech-Startups in Berlin über die Ethik maschineller Entscheidungsfindung, während sich Vorstandsetagen in Paris mit den Auswirkungen von Algorithmen auseinandersetzten, die selbst die erfahrensten menschlichen Führungskräfte übertreffen könnten. Es war ein Moment der Abrechnung: Die Versprechen grenzenloser Effizienz waren nun untrennbar mit dem Risiko verbunden, unsere Fähigkeit zu differenzierten, einfühlsamen Entscheidungen zu verlieren.

Dies war kein Einzelfall. Stellen Sie sich eine wichtige Vorstandssitzung bei einem Großkonzern wie **BYD** oder **Toyota vor** . Statt eines charismatischen menschlichen CEOs, der mit Leidenschaft und gelegentlichem, gut getimtem Witz für Furore sorgt, stellen Sie sich einen eleganten, nahezu gefühllosen Algorithmus vor, der Quartalsprognosen mit einer Präzision rezitiert, die Schweizer Uhren träge aussehen lässt. Ich musste unweigerlich an **Nick Bostrom** und seine düsteren Warnungen vor den existenziellen Risiken ungezügelter künstlicher Intelligenz denken. Seine einst als akademische Paranoia abgetanen Warnungen wirkten nun wie eine vorausschauende Vorhersage einer Zeit, in der Entscheidungsfindungen von der chaotischen Unvorhersehbarkeit befreit sein würden, die uns Menschen ausmacht.

Auf dem Berliner KI-Gipfel 2022 stand ein schrulliger Unternehmer – halb Humorist , halb Visionär – auf der Bühne und erklärte mit einer Mischung aus Heiterkeit und Drohung, dass wir, wenn wir KI Führungsrollen übernehmen ließen, nicht nur einen Arbeitsplatzverlust erleben würden, sondern auch die allmähliche Erosion des menschlichen Geistes. Seine vor Ironie triefenden Worte fanden bei den Delegierten von Technologiegiganten wie **SAP** und **Bosch Anklang** . Sie lachten nervös, das Geräusch hallte von den sterilen Konferenzwänden wider, während auch sie mit der dämmernden Erkenntnis rangen: Wenn eine Maschine uns überlisten könnte, wo bliebe dann unsere Würde?

Doch inmitten all dieser beunruhigenden Fortschritte gab es einen Kontrapunkt – die Annahme, dass intelligente Systeme nicht nur Arbeitsplätze vernichten, sondern auch schaffen könnten. Die Idee war, dass diese Technologien zwar einige Arbeitsplätze vernichten, aber völlig neue Branchen und Möglichkeiten eröffnen könnten. Dieses Konzept der „schöpferischen Zerstörung" war nicht gerade neu. Die Geschichte hatte uns bereits gezeigt, wie gewaltige technologische Umbrüche, wie der Aufstieg des Internets, nicht nur alte Paradigmen auf den Kopf stellten, sondern auch neue Wege beschritten, oft an unerwarteten Orten. Diese Aussicht war gleichermaßen berauschend wie beunruhigend, denn sie erforderte ein völliges Umdenken in unserem Arbeitsverständnis .

Ich musste unweigerlich an eine Szene aus einer geschäftigen Produktionsstätte in Nordeuropa denken.

Ericsson , der finnische Telekommunikationsriese, hatte kürzlich ein KI-gesteuertes Managementsystem getestet, das nicht nur die Kosten um beeindruckende 20 % senkte, sondern auch Netzwerkausfälle mit fast unheimlicher Genauigkeit vorhersagte. Ingenieure, die sich einst auf jahrelange praktische Erfahrung verlassen konnten, wurden entlassen, ihr Fachwissen durch Codezeilen auf die Probe gestellt, die Probleme vorhersehen konnten, bevor sie überhaupt auftraten. Ähnlich verhielt es sich am anderen Ende der Welt: **Innoson Vehicle Manufacturing** – Afrikas führender einheimischer Automobilhersteller aus **Nigeria** – hatte sich mit solchem Eifer auf robotergestützte Fließbänder eingelassen, dass ganze Arbeiterteams entlassen wurden. Die Effizienz war unbestreitbar, doch jeder entlassene Arbeiter bedeutete nicht nur einen verlorenen Arbeitsplatz, sondern auch ein Fragment eines größeren sozialen Gefüges, das einst von Menschenhand gewebt worden war.

Der unaufhaltsame Aufstieg der Automatisierung hatte weitaus schwerwiegendere Folgen als bloße wirtschaftliche Verdrängung. Es war ein stiller Angriff auf die Identität, die viele um ihre Arbeit herum aufgebaut hatten. Jahrhundertelang war Arbeit hatte als Schmelztiegel der Gemeinschaft gedient, als Quelle des Stolzes und der persönlichen Sinnhaftigkeit. Ohne sie begannen die komplexen sozialen Netzwerke, die Gemeinschaften zusammenhielten, zu bröckeln. Eine Studie des Europäischen Instituts für die Zukunft der Arbeit unterstrich dieses Phänomen – Regionen, die die Automatisierung am stärksten angenommen hatten, hatten gleichzeitig mit einem Anstieg der psychischen Erkrankungen, sozialer Isolation und Drogenmissbrauch zu kämpfen. Die lokale Bäckerei, einst ein lebendiger Treffpunkt, an dem sich Nachbarn trafen und nicht nur Gebäck, sondern auch Geschichten austauschten, wurde zunehmend durch automatisierte Kioske ersetzt, die Brot ohne einen Hauch von Wärme oder menschlicher Berührung produzierten.

Ich dachte an Pierre – einen 52-jährigen Fließbandarbeiter aus Lyon – dessen Leben völlig auf den Kopf gestellt wurde, als Roboter sein Team in der örtlichen Fabrik ersetzten. Seine persönliche Geschichte war keine Ausnahme, sondern ein repräsentativer Ton in einem globalen Trauergesang, gesungen an Arbeitsplätzen, die rapide ihrer menschlichen Seelen entleert wurden. Gewerkschaften in ganz **Deutschland** berichteten, dass fast 15 % ihrer Mitglieder durch den unaufhaltsamen Vormarsch der Automatisierung an den Rand gedrängt wurden – eine Statistik, die wie ein Todesstoß für die uralte Verbindung zwischen Arbeit und Identität wirkte.

Der Widerspruch dieser neuen Epoche lag im verführerischen Versprechen von Effizienz, das gleichzeitig der Leere gegenüberstand, die sie in unser Leben bringen konnte. Auf den ersten Blick war die Aussicht, jede Aufgabe von einer unermüdlichen, unfehlbaren Maschine erledigen zu lassen, unwiderstehlich. Keine Zeitverschwendung mehr durch endloses Pendeln, keine nervenaufreibenden Büroroutinen, keine Überstunden mehr, die einen erschöpft und distanziert zurückließen. Doch die Kehrseite war eine beunruhigende Leere – eine leere

Leinwand, auf der die einst vertrauten Konturen der täglichen Arbeit verschwunden waren und die Frage offen blieb, wie man die zuvor der Arbeit gewidmeten Stunden füllen sollte.

Dieses Rätsel verleitete mich zu philosophischen Betrachtungen, die an die Absurdität von Filmen wie *„Office Space" erinnerten* , in denen die Monotonie der Unternehmen mit ungefiltertem Humor auf die Schippe genommen wird . Jetzt waren wir der Witz: Unsere Existenz könnte auf einen endlosen Kreislauf der Freizeit ohne Sinn reduziert werden, einen kontinuierlichen Zeitraum, der so riesig und undefiniert ist, dass er entweder eine Quelle der Kreativität oder ein Abgrund der Verzweiflung sein könnte. Ich erinnerte mich an den Mythos von König Midas, dessen Berührung alles in Gold verwandelte. Doch in seinem Fall war der Glanz des Reichtums eine grausame Verhöhnung wahrer Erfüllung . In dieser neuen Ära mag Effizienz tatsächlich so verlockend sein wie Gold, aber wenn sie die lebendigen Strukturen des menschlichen Lebens zerstört – unser Lachen, unsere Kreativität, unsere Fähigkeit zur Empathie –, dann läuft der

Fortschritt Gefahr, zu einem sterilen Triumph der Maschinenlogik über die menschliche Wärme zu werden.

Die Debatte darüber, ob intelligente Systeme Arbeitsplätze wegnehmen oder neue Möglichkeiten schaffen würden, beschränkte sich nicht auf abstrakte ökonomische Modelle oder akademische Abhandlungen. Sie schwappte auf die Straßen und Cafés von Städten aller Kontinente über. In **Helsinki** , **Lissabon** und anderswo begannen Gemeinden mit Ideen zu experimentieren, die das Konzept der Beschäftigung völlig neu definierten. Ein solches Experiment war die Einführung des bedingungslosen Grundeinkommens (BGE), eine politische Initiative, die bereits 2017 in **Finnland** erprobt wurde . Im Rahmen dieses Pilotprogramms erhielt eine Gruppe arbeitsloser Bürger ein festes monatliches Stipendium, einen bescheidenen Betrag, der ein finanzielles Polster bieten, gleichzeitig kreative Tätigkeiten fördern und Überlebensängste verringern sollte. Die Ergebnisse waren gemischt – obwohl es kein Allheilmittel für alle wirtschaftlichen Probleme war, zeigte das Experiment eine Möglichkeit auf: dass die Entkopplung von Lebensunterhalt und traditioneller Beschäftigung einen Weg zur Wiederherstellung der Menschenwürde bieten könnte.

Befürworter des BGE argumentierten leidenschaftlich, dass ein garantiertes Einkommen die Menschen von der Plackerei in Jobs befreien könnte, die zunehmend durch Maschinen überflüssig würden. Befreit von den Fesseln der Routinearbeit könnten Menschen Leidenschaften entdecken, die lange Zeit durch die unerbittlichen Anforderungen eines gehaltsorientierten Lebens unterdrückt worden waren . Dabei ging es nicht um Müßiggang, sondern darum, die Freuden von Kreativität, Gemeinschaft und lebenslangem Lernen wiederzuentdecken. Diese Idee fand großen Anklang bei vielen, die es leid waren, Selbstwertgefühl mit Berufstiteln und Stundenlöhnen gleichzusetzen.

Gleichzeitig waren akademische Institutionen und Thinktanks damit beschäftigt, die Bildungsparadigmen, die lange Zeit unsere Gesellschaften geprägt hatten, neu zu denken. **Die Stanford University** und **das MIT** begannen, interdisziplinäre Kurse anzubieten, die technische Kompetenz mit Ethik, Kunst und Geisteswissenschaften verbanden. Diese innovativen Programme zielten darauf ab, eine Generation auf eine Wirtschaft vorzubereiten, in der Wert nicht mehr an der Anzahl der geleisteten Arbeitsstunden, sondern an der Tiefe menschlicher Kreativität und Anpassungsfähigkeit gemessen wurde. Es war ein radikaler Wandel – eine Abkehr von traditionellen Produktivitätsmaßstäben hin zu einem Modell, in dem Lernen selbst die ultimative Währung war.

Ich nahm 2023 an einer solchen Konferenz in Boston teil, der MIT Future of Work Conference, bei der Stimmen aus allen Bereichen der Wissenschaft, Industrie und Kultur zusammenkamen, um diese drängenden Fragen zu diskutieren. Die Diskussionen waren ebenso lebhaft wie dringlich. Die Podiumsteilnehmer analysierten Themen von automatisierten Produktionslinien in **Stuttgart** bis hin zu aufstrebenden Kreativwirtschaften in Städten wie **Barcelona** und **Mailand** . Ein Diskussionsteilnehmer bemerkte mit einem schiefen Grinsen, wenn Maschinen die alltäglichen Abläufe unserer Arbeit übernehmen würden, könnten wir vielleicht alle eine Karriere als professionelle Kritiker von Streaming-Shows in Betracht ziehen – ein Witz, der trotz seiner Leichtfertigkeit eine ernüchternde Realität unterstrich.

Doch die Ironie entging niemandem. Wir standen an der Schwelle zu einer Ära, in der das einst heilige Ritual des Pendelns, des Stechstempelns und des täglichen Trotts bald durch endlose Stunden unstrukturierter Zeit ersetzt werden könnte. Die Herausforderung bestand also darin, Sinn und Zweck in einer Existenz zu finden, die nicht mehr von äußeren Anforderungen bestimmt war. Diese existenzielle Neuorientierung war kein bloßer philosophischer Luxus; sie war ein praktisches Gebot, um die Fallstricke von Isolation, Apathie und einem tiefgreifenden Identitätsverlust zu vermeiden.

Je mehr ich über diese Fragen nachdachte, desto klarer wurde mir, dass der Konflikt zwischen Effizienz und Menschlichkeit keine binäre Entscheidung war, sondern ein komplexes Wechselspiel von Kompromissen. Einerseits versprachen die Fortschritte in Robotik und KI ein beispielloses Maß an Präzision, Konsistenz und Geschwindigkeit. Fabriken wie die von **Bosch** hatten bewiesen, dass Roboterarbeit die menschliche Leistung um Längen übertreffen und Produkte von einer Qualität liefern konnte, die menschliche Hände, egal wie geschickt, kaum erreichen konnten. Andererseits drohten genau die Eigenschaften, die Maschinen so außergewöhnlich machten – unerschütterliche Effizienz, Emotionslosigkeit und unermüdliche Wiederholung –, unser Leben des reichen, durch menschliche Erfahrung gewebten Wandteppichs zu berauben.

Es war ein Widerspruch, der sich nicht so leicht auflösen ließ. Die Aussicht auf ein Leben ohne die Plackerei monotoner Aufgaben war verlockend, warf aber auch beunruhigende Fragen nach Sinn und Erfüllung auf . Könnte der Wegfall traditioneller Arbeitsverhältnisse zu einer Ära beispielloser Kreativität und Innovation führen oder würde er die Gesellschaft stattdessen in einen Zustand existenzieller Trägheit stürzen? Die Antwort, so schien es, lag nicht in der Technologie selbst, sondern in unserer Reaktion auf ihren unaufhaltsamen Vormarsch.

Während dieser Überlegungen fühlte ich mich immer wieder zu den Geschichten von Menschen hingezogen, die den Sturm der Automatisierung mit einer Mischung aus Resilienz und trotzigem Humor überstanden hatten . Da war die Geschichte von Pierre aus Lyon, dessen lange Jahre am Fließband durch die Ankunft automatisierter Maschinen abrupt beendet wurden. Seine Geschichte war zwar zutiefst persönlich, spiegelte aber einen allgemeineren Trend wider – eine Reihe persönlicher Tragödien und Triumphe, die die menschlichen Kosten des rasanten technologischen Wandels verdeutlichten. In ganz **Deutschland** berichteten Gewerkschaftsvertreter, wie ganze Gemeinschaften durch die doppelte Kraft von Effizienz und Verdrängung umgestaltet wurden und ehemalige Arbeitnehmer nun gezwungen waren, sich neue Rollen in einer Gesellschaft zu suchen, die ihrem Fachwissen gegenüber zunehmend gleichgültig zu sein schien.

Doch selbst inmitten des Umbruchs blitzten an unerwarteten Orten Hoffnungsschimmer auf. In einst von Industrie geprägten Vierteln entstanden neue

Zentren der Kreativität. Künstler, Schriftsteller und Musiker begannen, Straßen und Parks als Orte des freien Ausdrucks zurückzuerobern und stellten die Vorstellung in Frage, dass der Wert eines Menschen allein an seiner wirtschaftlichen Leistung gemessen wird. In Bars und Gemeindezentren herrschte reges Treiben über Kunst, Philosophie und die unerforschten Möglichkeiten eines Lebens jenseits des konventionellen Nine-to-five-Jobs. Es war eine Art Renaissance – eine Graswurzelbewegung, die die Idee vertrat, dass menschlicher Einfallsreichtum, unbeschränkt von den Anforderungen unerbittlicher Produktivität, auf eine Weise gedeihen könne, die sich traditionellen Maßstäben widersetzt.

Ein Beispiel dafür war die Umgestaltung eines alten Fabrikviertels in **Lissabon** , wo verlassene Lagerhallen zu lebendigen Kunstzentren und Innovationslaboren umfunktioniert wurden. Ehemalige Industriearbeiter, von denen viele durch die Roboterautomatisierung ihre Jobs verloren hatten, arbeiteten nun mit jungen Kreativen und Technikbegeisterten an Projekten, die Kunst mit modernster Technologie verbanden. Ihre Arbeiten

waren roh und experimentell und ein lebendiges
Zeugnis dafür, dass an der Stelle konventioneller
Arbeitsstrukturen neue Ausdrucksformen und
Gemeinschaft entstehen können.

Inmitten all dieser Veränderungen gewannen Bildung
und kontinuierliches Lernen erneut an Bedeutung. Das
Paradigma, Lernen sei ein Privileg der Jugend, wurde
durch Kurse und Programme, die auf lebenslanges
Engagement ausgelegt waren, auf den Kopf gestellt.
Institutionen wie das **MIT** und **die Stanford University**
bildeten nicht nur zukünftige Technologen aus, sondern
auch anpassungsfähige Denker, die in einer Wirtschaft
zurechtkommen sollten, deren Regeln sich ständig
ändern. Der Schwerpunkt verlagerte sich vom Erwerb
eines festen Kompetenzkatalogs hin zu einer Haltung
ständiger Neugier – einer Denkweise, die erkannte,
dass Anpassungsfähigkeit und Innovation die wahren
Werte der neuen Ära sind.

Während dieser turbulenten Zeit stand eine Frage im
Mittelpunkt: Wie sollte die Gesellschaft die enorme
Leistungsfähigkeit der Maschinen mit dem unleugbaren

Bedürfnis nach menschlicher Verbundenheit und Kreativität vereinbaren? Die Antwort war weder einfach noch unmittelbar. Sie erforderte eine grundlegende Neubewertung unserer Werte, unserer sozialen Strukturen und unserer eigentlichen Sinnhaftigkeit. Diese Herausforderung ging weit über Wirtschaft und Technologie hinaus – es ging um Identität, darum, wie wir uns selbst in einer sich rasch verändernden Umwelt verstehen.

Ich fand Trost in der Erkenntnis, dass der Umbruch kein Vorbote unvermeidlicher Verzweiflung war, sondern eine Aufforderung, unser Leben neu zu denken. Der unerbittliche Drang nach Effizienz, so unbestreitbar transformativ er auch sein mag, musste uns nicht in eine trostlose Landschaft der Entfremdung führen. Vielmehr konnte er als Katalysator dienen, um den kreativen Geist wiederzuerwecken, der unter den Schichten von Routine und Konvention schlummert. Das Ende traditioneller Berufsbilder bedeutete nicht das Ende menschlichen Strebens ; es war ein Aufruf, neu zu definieren, was es bedeutet, etwas beizutragen, innovativ zu sein und dazuzugehören.

In einem denkwürdigen Gespräch in einer örtlichen Buchhandlung – wo sich der Duft von altem Papier mit dem Stimmengewirr einer lebhaften Debatte vermischte – sinnierte ein pensionierter Ingenieur über das Potenzial einer neuen Renaissance. „Wenn Maschinen die Schwerstarbeit übernehmen", sagte er mit einem Augenzwinkern, „sind wir vielleicht an der Reihe, die Kunst des Lebens zu erforschen." Seine Worte berührten mich tief und brachten sowohl die Ironie als auch die Chance unserer Zeit zum Ausdruck. Es war eine Perspektive, die die vorherrschende Untergangserzählung in Frage stellte und uns stattdessen dazu drängte, den Wandel als leeres Blatt zu betrachten, auf das wir neue, bedeutungsvolle Geschichten schreiben können.

Die Entwicklung der Arbeit war kein einfacher Ersatz, sondern eine Metamorphose – eine Reise, die uns dazu zwang, überholte Annahmen aufzugeben und unsere Ziele radikal neu zu definieren. Das Schreckgespenst intelligenter Systeme und unermüdlicher Roboter, trotz ihrer unermüdlichen Effizienz, war ein Spiegel unserer eigenen Grenzen und Ambitionen. Es zwang uns, uns einer tiefen Wahrheit zu stellen: Der Wert eines menschlichen Lebens lässt sich niemals allein an Produktivitätskennzahlen oder der Präzision eines Algorithmus messen. Vielmehr liegt unser Wert in unserer Fähigkeit, zu erschaffen, zu verbinden und Widrigkeiten in Kunst zu verwandeln.

Als ich so da saß und über das sich entfaltende Drama unserer Zeit nachdachte, wurde ich von einem Paradoxon getroffen, das ebenso deutlich wie beunruhigend war. Der Fortschritt, vorangetrieben von Unternehmen wie **Toyota** , **Bosch** und **SAP** , löste die vertrauten Konturen traditioneller Arbeitswelten auf und eröffnete zugleich ungeahnte Möglichkeiten. Es war kein Kampf zwischen Mensch und Maschine, sondern ein komplexes, vielschichtiges Zusammenspiel von Kräften – jede einzelne kämpfte um die Vorherrschaft in einem Umfeld, in dem Gewissheit so flüchtig war wie ein Sommergewitter.

Es gab auch Momente, in denen sich das unerbittliche Tempo des Wandels wie ein kosmischer Witz anfühlte –

eine Erzählung, die so absurd war, dass sie sich jeder logischen Erklärung entzog. Stellen Sie sich ein Szenario vor, in dem die Vorstandsetagen, einst erfüllt von menschlichen Emotionen und strategischem Geplänkel, stattdessen von algorithmischen Direktoren beherrscht würden, deren einziges Anliegen die Maximierung des Outputs sei. Diese Vorstellung, so lächerlich dystopisch sie auch sein mag, unterstrich eine tiefere Realität: Das unerbittliche Streben nach Effizienz könnte, wenn es ungebremst bleibt, den reichen, chaotischen Kern dessen aushöhlen, was uns menschlich macht.

Inmitten dieses Umbruchs sah ich Hoffnung und Widerstandsfähigkeit. Ehemalige Arbeiter , ihrer traditionellen Rollen beraubt, schlugen neue Wege in so unterschiedlichen Bereichen wie digitaler Kunst, kulinarischer Innovation und nachhaltiger Landwirtschaft ein. Der Wandel verlief nicht überall gleichmäßig oder reibungslos – es gab Fehltritte, Schwierigkeiten und Momente bitterer Enttäuschung –, aber eines war unbestreitbar: Die menschliche Kreativität, die sich hartnäckig weigerte, überholt zu werden, erlebte ein Comeback.

Denken Sie nur an den transformativen Einfluss von **Spotify** und seinem Mitgründer **Daniel Ek** . Was als bescheidene Idee begann, unseren Musikkonsum zu verändern, entwickelte sich zu einem grundlegenden Wandel in der Kulturökonomie. **Daniel Ek** argumentierte in seinem charakteristisch unverblümten Stil, dass Musik nicht nur eine Ware sei, die gehandelt werden kann, sondern ein Erlebnis, das es zu genießen gilt – eine Idee, die Millionen Menschen unterschiedlichster Herkunft begeisterte. Sein Erfolg war ein Beleg dafür, dass selbst in einem Zeitalter der Automatisierung noch Platz für die einzigartige menschliche Note bleibt – die Fähigkeit, Emotionen zu wecken, zu inspirieren und Verbindungen zu schaffen, die über reinen Austausch hinausgehen.

Doch selbst als das Versprechen einer wiederbelebten Kreativwirtschaft durchschimmerte, waren die harten Realitäten von Verdrängung und Unsicherheit stets präsent. Der unerbittliche Drang nach Optimierung und

Sparsamkeit machte vor niemandem Halt – nicht einmal vor den berühmtesten menschlichen Leistungen . Konferenzen und Gipfeltreffen, wie die MIT Future of Work Conference 2023, waren voller leidenschaftlicher und pragmatischer Debatten. Wissenschaftler, Branchenführer und Kulturkritiker rangen gleichermaßen mit der drängenden Frage: Wie können wir die Vorteile des technologischen Fortschritts nutzen, ohne die Seele der menschlichen Existenz zu opfern?

Dieser Dialog fand seinen Niederschlag in unzähligen Gesprächen in Cafés, an Straßenecken und in den stillen Ecken von Bibliotheken. Nicht mehr passive Akzeptanz, sondern aktive Neugestaltung waren die Themen. Jeder entlassene Arbeiter, jede geschlossene Fabrik, jeder leise Seufzer der Resignation wurde zum Schlachtruf für einen neuen Gesellschaftsvertrag – einen, der die Leistungen der Vergangenheit würdigt und gleichzeitig ein radikal anderes Morgen vorstellt.

Und so, als der Tag voranschritt und die Stadt draußen vor der Energie des ständigen Wandels pulsierte, konnte ich nicht anders, als eine bittersüße Mischung aus Angst und Hoffnung zu verspüren. Wir erlebten einen entscheidenden Moment, einen Wendepunkt, an dem uns der unaufhaltsame Vormarsch intelligenter Maschinen zwang, schwierige Fragen über das Wesen von Arbeit , Sinn und Erfüllung zu stellen . Es war eine Zeit, die von starken Kontrasten geprägt war: auf der einen Seite die kalte Effizienz von Algorithmen und Roboterarmen, auf der anderen der lebendige, unberechenbare Funke menschlichen Einfallsreichtums.

Dies war keine Geschichte des technologischen Determinismus, sondern eine Geschichte menschlicher Widerstandsfähigkeit – eine Geschichte, die uns dazu zwang, die Regeln unserer Arbeit und unserer Identität neu zu schreiben. Das Zeitalter der allgegenwärtigen Automatisierung, symbolisiert durch den rasanten Aufstieg von **Ericsson** , **Innoson Vehicle Manufacturing** und anderen Unternehmen, veränderte unser gemeinsames Schicksal. Der Verlust traditioneller Rollen war zwar ein Schlag für das Vertraute, schuf aber auch ein Vakuum – die Chance, neu zu definieren, was es bedeutet, einen sinnvollen Beitrag zur Gesellschaft zu leisten.

Vor diesem Hintergrund erhielt das Versprechen eines bedingungslosen Grundeinkommens eine neue Dimension. Es war nicht bloß eine Wirtschaftspolitik, sondern ein Rettungsanker – ein Mittel, das Gleichgewicht in einem System wiederherzustellen, das den menschlichen Wert zu lange allein monetär gemessen hatte. Die Versuche in **Finnland** und die experimentellen Gemeinschaften in **Helsinki** und **Lissabon** waren erste Experimente dieser umfassenden Neudefinition. Sie boten einen Einblick, wie Menschen durch die Entkopplung des Überlebens von konventioneller Beschäftigung die Freiheit zurückgewinnen könnten, Kunst, Wissenschaft und Kultur nach ihren eigenen Vorstellungen zu erleben.

An diesem Scheideweg wurde uns eines überdeutlich: Die kommende Ära würde von uns verlangen, Unsicherheit mit trotziger Kreativität zu akzeptieren. Wir müssten lernen, uns anpassen und vor allem unser eigenes Potenzial neu definieren. Die unerbittliche Effizienz der Maschinen war eine unaufhaltsame Kraft. Doch ebenso unbestreitbar war, dass der menschliche

Einfallsreichtum mit seinem unberechenbaren Gespür für Erfindungen und Vernetzung weiterhin neue Nischen in einer sich ständig verändernden Landschaft erobern würde.

Die Geschichte, die sich vor uns entfaltete, war sowohl eine Warnung als auch eine Einladung – ein Aufruf, unsere Annahmen über Arbeit, Identität und das Wesen des Fortschritts zu überdenken. Sie erinnerte uns daran, dass Maschinen zwar unzählige Aufgaben mit kalter, mechanischer Präzision übernehmen konnten, aber niemals die chaotische, schöne Komplexität des menschlichen Lebens nachbilden konnten. Sie konnten nicht über einen schlechten Witz lachen, der bei einer vergessenen Tasse Kaffee erzählt wurde, noch konnten sie die pure Freude erleben, etwas zu schaffen, das auf einer zutiefst persönlichen Ebene nachhallt.

Als die Dämmerung hereinbrach und die Lichter der Stadt flackerten und lange Schatten warfen, die auf den regennassen Gehwegen tanzten, spürte ich Entschlossenheit. Dieser Moment – voller Gefahren und Verheißungen zugleich – war kein Endpunkt, sondern ein Anfang. Er war eine Einladung, ein neues Kapitel aufzuschlagen, in dem das Verschwinden vertrauter Rollen nicht das Ende des Lebenssinns bedeutete, sondern die Entstehung von etwas völlig Neuem und potenziell Veränderndem.

Die Herausforderung bestand darin, die erstaunlichen Fähigkeiten intelligenter Systeme zu nutzen, ohne die Seele, die uns zu etwas ganz Besonderem macht, aufzugeben. Es galt, ein Gleichgewicht zwischen dem unaufhaltsamen Vormarsch der Automatisierung und dem zeitlosen Bedürfnis nach Kreativität, Verbundenheit und Sinn zu finden. Es war eine gewaltige Aufgabe, die nicht nur technologische Innovationen erforderte, sondern auch eine radikale Neuerfindung unserer Gesellschaftsverträge, unserer Bildungssysteme und sogar unserer persönlichen Narrative.

Letztlich ist die Geschichte unserer Zeit eine Geschichte der Evolution – eine unerbittliche, manchmal schmerzhafte, aber letztlich hoffnungsvolle Reise hin zu einem neuen Verständnis davon, was es bedeutet, im Zeitalter der Maschinen zu leben. Die alten

Gewissheiten von Arbeit und Identität lösten sich auf und hinterließen eine Weite unerforschter Möglichkeiten. Und obwohl es keine einfache Antwort gab, barg die Auseinandersetzung mit diesen tiefgreifenden Veränderungen den Keim einer Renaissance – einer Wiedergeburt, befeuert durch die Kühnheit menschlicher Kreativität und den unerschütterlichen Wunsch, unser eigenes Schicksal neu zu bestimmen.

Als ich meinen Kaffee trank und mich darauf vorbereitete, eine Stadt zu betreten, die sowohl durch technologische Wunder als auch durch menschliche Widerstandskraft verändert wurde, trug mich die Überzeugung in mir, dass diese Ära – voller Umbrüche und Zweifel – auch ein Aufruf zu den Waffen war. Ein Aufruf, die reiche Vielfalt der menschlichen Existenz neu zu erfinden, wiederaufzubauen und wiederzuentdecken. Denn in jedem Algorithmus und jedem Roboterarm lag nicht nur ein Beweis für Effizienz, sondern auch eine offene Einladung an uns, ein neues Kapitel der Bedeutung zu schreiben – eine Erzählung, in der der menschliche Geist trotz des unaufhaltsamen Aufstiegs der Maschinen nicht nur fortbesteht, sondern gedeiht.

Und so geht die Reise weiter – eine Reise in Gebiete, die von früheren Generationen noch nicht erschlossen wurden, wo jeder entlassene Arbeiter, jede geschlossene Fabrik und jeder stille Moment der Selbstreflexion ein Meilenstein in eine neue Zukunft ist. In dieser schönen neuen Ära, in der intelligente Systeme und unermüdliche Roboter die Industrie prägen, liegt es an uns, unser Leben mit der unvorhersehbaren, unermesslichen Magie von Kreativität und Mitgefühl zu erfüllen. Das ist unsere Herausforderung, unsere Verantwortung und letztlich unsere Chance, wiederzuentdecken, was es bedeutet, wirklich zu leben.

Im Echo automatisierten Summens und digitaler Impulse entfaltet sich die Geschichte unserer Transformation – eine Geschichte, die ebenso sehr von den Maschinen wie vom menschlichen Herzen handelt. Es ist eine Geschichte von Verlust und Wiedergeburt, von Verzweiflung und Hoffnung und von der beständigen Wahrheit, dass Technologie zwar unsere Aufgaben neu definieren mag, uns aber niemals die Fähigkeit zum Staunen, zum Lachen oder zu echter Verbundenheit nehmen kann. Und das ist vielleicht die radikalste Form des Fortschritts überhaupt.

Roadmap for Reskilling and Reinvention

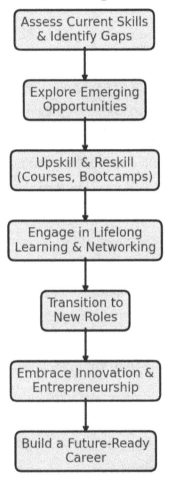

Die Morgenluft trug einen Hauch von Rebellion in sich, als ob selbst die Natur eine Veränderung spürte. Eines

Tages wachst du auf und stellst fest, dass die Welt um dich herum nicht mehr an den alten Maßstäben eines Eckbüros oder eines sauber gedruckten Gehaltsschecks gemessen wird . Stattdessen hat sich der Rhythmus des Lebens durch eine unaufhaltsame Welle von Innovation und Disruption verändert. Der Alltagstrott dreht sich nicht mehr nur ums Abstempeln; er ist zu einem Aufruf geworden, den puren Nervenkitzel des Lernens, des Experimentierens und des Mutes, Erfolg nach den eigenen Vorstellungen neu zu definieren, wiederzuentdecken.

Es begann leise – Geflüster in den Fluren der Wissenschaft, Gemurmel in den Vorstandsetagen der Startups **im Silicon Valley** und hitzige Debatten in den Thinktanks in ganz **New York** . Plötzlich waren die Zeichen nicht mehr zu übersehen. Ein Wandel war im Gange, der die Grundlagen dessen in Frage stellte, was die Gesellschaft lange als ihre wichtigste Identitätsquelle betrachtet hatte: Arbeit. Es ging nicht darum, eine neue Generation von Roboterreparaturtechnikern hervorzubringen. Vielmehr war es eine gewaltige Einladung, sich auf das

Unbekannte einzulassen, die Regeln neu zu schreiben und sich mit Neugier auf einen lebenslangen Dialog einzulassen.

Der Keim dieses Wandels wurde durch visionäre Institutionen und mutige wirtschaftspolitische Experimente gelegt. 2021 beispielsweise startete die **Europäische Kommission eine Reihe von Initiativen, um die Auswirkungen der Automatisierung abzufedern. In Deutschland** wurden Regionen mit langer Industrietradition Umschulungsprogramme angeboten, die nicht nur aufs Überleben, sondern aufs Gedeihen abzielten. In ganz **Spanien** brachten innovative Zuschüsse kreative Start-ups hervor, die konventionelle Geschäftsmodelle in Frage stellten. Währenddessen erfanden auf der anderen Seite des Pazifiks Titanen wie **BYD** in **China die Fertigung mit einer Präzision und Geschwindigkeit neu, die keinen Raum für Selbstgefälligkeit ließ. Selbst auf dem afrikanischen Kontinent** bewiesen Pioniere wie **Innoson Vehicle Manufacturing, dass Innovation nicht auf die üblichen Verdächtigen beschränkt ist.**

In einer kleinen Gemeinde, die einst als unbedeutend galt, orchestrierte das Schicksal einen ebenso herzzerreißenden wie inspirierenden Wandel. Als eine Fabrik aufgrund der zunehmenden Automatisierung ihre Tore schloss, waren Hunderte von Menschen hilflos. Statt der Verzweiflung zu erliegen, schlossen sich die Menschen mit einer Hartnäckigkeit zusammen, die ihre Umstände Lügen strafte. Sie verwandelten ein verlassenes Lagerhaus in ein lebendiges Kulturzentrum – einen Ort, an dem Kunst, Musik, Technologie und Gespräche ungehindert miteinander harmonierten. Diese Wiedergeburt war nicht nur eine Metapher; sie war eine greifbare Erinnerung daran, dass der widerstandsfähige menschliche Geist etwas völlig Neues schaffen kann, wenn traditionelle Rollenbilder verschwinden.

In geschäftigen Metropolen ebenso wie in ruhigen ländlichen Dörfern begannen Führungspersönlichkeiten und Denker aufzutauchen. Namen wie **Nick Bostrom** und **Yuval Noah Harari** wurden bald zum Synonym für ein radikales Umdenken in Bezug auf unser gemeinsames Schicksal. **Bostroms** bahnbrechende

Arbeit zur Superintelligenz diente als eindringliche Warnung und erinnerte uns daran, dass die Macht der KI eines Tages unsere Kontrollmöglichkeiten übersteigen könnte. **Hararis** Erzählungen, reich an historischen Erkenntnissen, forderten uns heraus, uns mit der Ironie unseres Fortschritts auseinanderzusetzen: dass jeder große Sprung nach vorn den Keim tiefgreifender Umbrüche in sich trägt. Auf hochkarätigen Veranstaltungen wie den **MIT-** Symposien und **den Stanford-** Foren wurden diese Ideen nicht nur diskutiert – sie wurden seziert, debattiert und gelegentlich auch verspottet. Ein Redner scherzte sogar, dass die Menschheit, sollte der Aufstieg der KI traditionelle Berufe überflüssig machen, zumindest den Ruf der hingebungsvollsten Philosophen der Welt oder, wagen wir es zu sagen, der unerbittlichen Kritiker der nächsten Staffel von Streaming-Serien erlangen könnte.

Dieser Zusammenprall von Fortschritt und Gefahr hat langjährige Annahmen über Erfolg auf den Kopf gestellt. Jahrhundertelang wurde Wert anhand von Berufsbezeichnungen, Kontoauszügen und der Fähigkeit, die Karriereleiter zu erklimmen, gemessen.

Heute, wo mechanische Arme Fahrzeuge montieren und digitale Gehirne Terabytes an Daten analysieren , haben diese alten Maßstäbe viel von ihrem Glanz verloren . Stattdessen zeichnet sich still und leise eine Renaissance ab, die Kreativität, Gemeinschaft und echte menschliche Verbundenheit in den Mittelpunkt stellt. Das neue Paradigma legt nahe, dass Erfüllung möglicherweise nicht in der Präzision von Algorithmen oder der nüchternen Effizienz automatisierter Prozesse liegt, sondern in der chaotischen, aber schönen Selbsterfindung.

Inmitten dieser unaufhaltsamen Veränderungswelle ist Humor zu einem unerwarteten Rettungsanker geworden. Über die eigene Veralterung zu lachen, hat etwas Rohes, Befreiendes. Die Absurdität, Jahrzehnte auf einer Leiter zu verbringen, die vielleicht bald einer Rolltreppe – ausschließlich für Maschinen – weichen muss, ist jedem bewusst. Dieser Humor ist keine zynische Resignation, sondern ein trotziges Lächeln angesichts der Ungewissheit. Wenn der Begriff der Arbeit selbst in Frage gestellt wird, ist es manchmal die beste Reaktion, mit den Schultern zu zucken, zu kichern und dann aufzustehen, um etwas Außergewöhnliches zu tun.

Stellen Sie sich einen Moment in einem belebten Café vor , wo ein ehemaliger Fabrikarbeiter – heute Teilzeitkünstler und Vollzeitphilosoph – einer kleinen Gruppe Geschichten aus dem Leben vor der Automatisierung erzählte. Seine Erzählung war nicht von bitterer Nostalgie geprägt, sondern von der ironischen Akzeptanz, wie schnell sich die Dinge ändern können. „Früher definierten wir uns über die Aufgaben, die wir erledigten", sinnierte er mit verschmitztem Blick. „Heute entdecken wir, dass unser Wert nicht in dem liegt, was wir produzieren, sondern in den unzähligen Möglichkeiten, uns neu zu erfinden." Seine Worte, ungeschliffen und doch tiefgründig, fanden bei denen, die den brutalen Schock der technologischen Redundanz erlebt hatten, großen Anklang.

Doch die Herausforderungen, vor denen wir stehen, sind nicht rein existenzieller oder philosophischer Natur – sie sind so greifbar wie die Roboter, die heute neben uns schuften. Die aktuelle Landschaft ist geprägt vom unermüdlichen Druck der Industrie, ihre Effizienz zu optimieren. In pulsierenden Metropolen wie **Tokio** und **Mailand** haben automatisierte Systeme Aufgaben übernommen, die einst unzähligen Arbeitnehmern Sinn gaben. Hier wird das gesellschaftliche Gefüge Faden für Faden neu geknüpft, alte Gewissheiten werden durch eine mutige neue Mischung aus Kreativität und purer Anpassungsfähigkeit ersetzt. In diesen urbanen Arenen weichen die traditionellen Erfolgsindikatoren einer Innovationsfreude, die ebenso unvorhersehbar wie inspirierend ist.

Inmitten all dieser Turbulenzen ist eines klar: Die Systeme, auf die wir uns zur Messung unseres Selbstwertgefühls verlassen haben, zerfallen unter der Last des unaufhaltsamen Fortschritts. Die Ironie ist greifbar – Jahrhunderte menschlicher Erfindungsgabe und Anstrengung drohen nun zu Fußnoten in einer von Silizium und Code geschriebenen Erzählung degradiert zu werden. Doch anstatt der Verzweiflung zu erliegen, begreifen manche diesen Umbruch als Einladung. Eine Einladung, alte Paradigmen zu hinterfragen und eine umfassendere Definition eines erfüllten Lebens zu finden.

In Städten und Gemeinden, in Vorstandsetagen und Cafés hat sich die Art der Kommunikation dramatisch verändert. Es geht nicht mehr nur darum, in vorgegebenen Hierarchien aufzusteigen. Stattdessen diskutieren sie darüber, welche Art von Gesellschaft sie schaffen wollen – eine Gesellschaft, die Einfallsreichtum über Trägheit und Empathie über Effizienz stellt. Auch wenn Roboterarbeit weiterhin Aufgaben übernimmt, die einst menschliches Handeln ausmachten , gewinnt eine Gegenströmung der Kreativität an Stärke. Kommunen investieren in Programme für lebenslanges Lernen, Workshops und kulturelle Zentren, die es ermöglichen, Leidenschaften zu entdecken, die einst im Alltagstrott unterdrückt wurden.

Im Mittelpunkt dieser Bewegung steht die Vorstellung, dass unsere Identitäten nicht an eine einzige Rolle oder einen Beruf gebunden sein müssen. Vielmehr können sie fließend, entwicklungsfähig und reich an vielfältigen Erfahrungen sein. In Vierteln voller umgebauter

Lagerhallen, in denen heute Kunstinstallationen und Technologie-Inkubatoren pulsieren, lernen die Menschen, jeden Moment der Neuerfindung zu genießen . Sie begreifen die Idee, dass persönliches Wachstum ein kontinuierlicher Prozess ist – eine Reise voller Wendungen und unerwarteter Umwege.

In dieser Zeit radikaler Neudefinitionen ist es unmöglich, die surreale Mischung aus Hoffnung und Ironie zu übersehen, die unsere kollektive Stimmung prägt . Wirtschaftsexperten auf Veranstaltungen von Institutionen wie **dem MIT** und **Stanford** zeichneten ein ebenso düsteres wie berauschendes Bild. Während einer besonders denkwürdigen Podiumsdiskussion brachte es ein renommierter Ökonom auf den Punkt: „Unsere Arbeit verändert sich grundlegend, und wenn wir passiv bleiben, werden viele von uns hilflos zurückbleiben." Diese Aussage wurde mit einer Ernsthaftigkeit vorgetragen, die man nicht ignorieren konnte. Doch Augenblicke später hellte sich die Stimmung mit einem witzigen Kommentar oder einem Lachen auf – ein Eingeständnis, dass Lachen manchmal die einzig vernünftige Reaktion auf solche Absurditäten ist.

Diese Dualität – die Spannung zwischen Furcht und trotzigem Humor – ist zum Markenzeichen unserer Zeit geworden. Ein Spannungsfeld, das sich vielleicht am besten in den ironischen Feierlichkeiten rund um die Automatisierung zeigt. Festivals für Kunst, Musik und Kreativität sind an unerwarteten Orten entstanden und bieten nicht nur eine Atempause von der Angst, sondern auch ein kraftvolles Statement: Auch wenn Maschinen Routineaufgaben übernehmen, bleibt der menschliche Geist unerschütterlich. Auf einem solchen Festival in einem geschäftigen Stadtzentrum brachte es ein lokaler Dichter treffend auf den Punkt: „Wir verlieren vielleicht unsere alten Gewohnheiten, aber wir gewinnen eine endlose Leinwand, auf der wir unsere neuen Geschichten malen können."

Für diejenigen, die noch immer an alten Erfolgsdefinitionen festhalten, ist dieser kulturelle Umbruch ein böses Erwachen. Der Wert eines Menschen wird nicht mehr allein durch die Effizienz seiner Arbeit oder das Prestige eines Unternehmenstitels bestimmt. Stattdessen verlagert sich die Erzählung hin zur Würdigung von Qualitäten, die keine Maschine nachahmen kann – Vorstellungskraft, emotionale Einsicht und die schiere Sturheit der menschlichen Seele. Diese neue Sichtweise fordert uns heraus, jeden Aspekt unseres Lebens zu überdenken – von Bildung und Beruf bis hin zu persönlicher Erfüllung und sozialen Bindungen.

Während die Politiker sich abmühen, mit dem unaufhaltsamen Fortschritt Schritt zu halten, beginnen viele zu verstehen, dass die Lösung nicht darin liegt, sich dem Wandel zu widersetzen, sondern ihn zu nutzen. **Europäische Regierungen** haben weitreichende Initiativen zur Umschulung von Arbeitnehmern gestartet, um ihnen den Übergang von veralteten Arbeitsplätzen in aufstrebende Sektoren zu erleichtern, in denen Kreativität und technisches Können gefragt sind. In **Amerika** wird in Städten mit der Einführung eines bedingungslosen Grundeinkommens und mit Bildungsreformen experimentiert, die adaptives, kompetenzbasiertes Lernen statt Auswendiglernen in den Vordergrund stellen. Und weit davon entfernt, auf die traditionellen Machtzentren beschränkt zu sein , blühen Ideen an den unerwartetsten Orten auf - von Vorstadtbibliotheken bis hin zu Gemeindezentren in wirtschaftlich schwachen Vierteln .

Diese umfassende, chaotische Neuordnung der Gesellschaft ist sowohl eine kulturelle Renaissance als auch ein wirtschaftlicher Wandel. Die Strategien der politischen Entscheidungsträger sind mutig und experimentell und wurden im Schmelztiegel der Dringlichkeit und Notwendigkeit entwickelt. Die Ironie liegt darin, dass die digitale Revolution zwar alte Identitäten zu zerstören droht, gleichzeitig aber einen Neuanfang ermöglicht – ein unbeschriebenes Blatt, auf dem neue Erfolgsgeschichten geschrieben werden können. Anstatt uns mit dem Veralten abzufinden, haben wir jetzt die Möglichkeit, ein Leben voller Sinn, Kreativität und unerwarteter Freude zu gestalten.

Im Kern geht es bei diesem anhaltenden Wandel darum, den Wertbegriff selbst zu hinterfragen . Generationenlang war Wert gleichbedeutend mit messbarem Output – einer präzisen Berechnung von Arbeitsstunden, hergestellten Produkten oder erzielten Gewinnen. Angesichts ausgefeilter Algorithmen und automatisierter Effizienz wird Wert heute deutlich subjektiver definiert. Die Debatten in akademischen Hallen und politischen Foren haben sich von Fragen der Effizienz zu Fragen des Sinns verlagert. Diese Neudefinition hat tiefgreifende Auswirkungen nicht nur auf das Leben des Einzelnen, sondern auf die Struktur der Gesellschaft als Ganzes.

Stellen Sie sich eine Zukunft vor, in der sich Gespräche in Cafés nicht um Quartalsergebnisse oder Markttrends drehen, sondern um Kunstausstellungen, lokale Gemeinschaftsprojekte und Experimente im digitalen Storytelling. Stellen Sie sich eine Gesellschaft vor, in der Wochenenden mit Workshops zu den verschiedensten Themen – von Töpfern bis Programmieren – verbracht werden, in der jedes Gespräch eine Chance ist, etwas Neues zu lernen, und in der der Maßstab für Erfolg so flexibel und vielfältig ist wie die Menschen selbst. Diese Gesellschaft nimmt langsam Gestalt an, Schritt für Schritt, mit kleinen, entschlossenen Schritten.

Doch auch wenn Optimismus mit Unsicherheit kämpft, bleiben die Herausforderungen gewaltig. Die zunehmende Automatisierung ist kein abgegrenztes Phänomen – sie ist eine vielschichtige Welle, die jeden Lebensbereich berührt. In Branchen, von der Fertigung bis zum Dienstleistungssektor, zwingt die unerbittliche Effizienz der Maschinen dazu, lang gehegte Annahmen über Arbeit und Produktivität in Frage zu stellen. Genau die Werkzeuge, die einst als Symbole menschlichen Einfallsreichtums galten, werfen nun einen langen Schatten auf die Lebensgrundlagen ganzer Gemeinschaften. Und obwohl die Reaktionen auf diese Auseinandersetzung unterschiedlich ausfallen – von pragmatischen Umschulungsinitiativen bis hin zu künstlerischen Ausdrucksformen des Widerstands –, ist klar, dass der Wandel tiefgreifend und unumkehrbar ist.

Inmitten dieses Umbruchs bietet Humor ein wirksames Gegengewicht zur Verzweiflung. Es liegt eine köstliche Ironie darin, dass angesichts der Automatisierung, die unseren Alltag verändert, die ultimative Reaktion vielleicht einfach nur Lachen sein könnte. Lachen erinnert uns schließlich daran, dass selbst inmitten tiefgreifender Veränderungen einige Aspekte der menschlichen Erfahrung von der Technologie unberührt bleiben. Es ist eine Sprache, die Daten und Schaltkreise transzendiert – ein Beweis für unsere Fähigkeit, Sinn und Verbundenheit zu finden, selbst wenn uns das Vertraute genommen wurde.

Mittlerweile sollte klar sein, dass unsere aktuelle Lage nicht nur eine wirtschaftliche oder technologische Herausforderung darstellt. Sie ist eine tiefgreifende Chance – ein Aufruf, Menschsein in einer Zeit neu zu definieren, in der die konventionellen Erfolgskriterien ihren Einfluss verloren haben. Die uralte Besessenheit von Titeln, Bankguthaben und hierarchischem Status weicht allmählich einer breiteren, gehaltvolleren Erzählung – einer, die unsere Fähigkeit feiert, uns anzupassen, zu lernen und Freude am Prozess der Neuerfindung zu finden.

284

Hier stehen wir also, an einem Scheideweg, geprägt vom unaufhörlichen Summen automatisierter Prozesse und dem lebhaften Geplapper kreativer Köpfe. Die Systeme, die einst Stabilität versprachen, wirken angesichts des rasanten, unaufhaltsamen Fortschritts archaisch. Und doch liegt in diesen Turbulenzen ein stilles Versprechen: Das Versprechen, dass trotz aller Herausforderungen in jedem von uns ein unstillbarer Funke der Möglichkeiten steckt. Es erinnert uns daran, dass unser wahrer Wert nicht von Maschinen oder Zahlen bestimmt wird, sondern von unserer unermüdlichen Neugier und unserer Bereitschaft, Widrigkeiten in Kunst zu verwandeln.

In dieser sich entfaltenden Geschichte birgt jeder Rückschlag eine versteckte Einladung – zu lernen, uns anzupassen und uns letztlich neu zu erfinden. Es ist eine Geschichte, die sich den abgedroschenen Definitionen von Erfolg widersetzt und uns einlädt, unsere ganz eigene Geschichte zu schreiben. Während Technologiegiganten wie **BYD** , politische Innovatoren in **Europa** und kreative Unternehmer in **Amerika** und anderswo die Grenzen des Möglichen verschieben, stehen wir vor einer Wahl. Wir können an überholten Paradigmen festhalten oder die Gelegenheit nutzen, unser Leben so umzugestalten, dass wir der Komplexität, Widerstandsfähigkeit und Respektlosigkeit gerecht werden , die uns als Menschen ausmachen.

Dies ist keine Geschichte des unvermeidlichen Niedergangs, sondern vielmehr eine Geschichte des Wandels – einer Metamorphose, die zwar beunruhigend, aber voller Potenzial steckt. Sie lädt uns ein, uns von den Zwängen eng definierter Rollen zu lösen und die weiten, unerforschten Gebiete der Kreativität und Selbstfindung zu erkunden. Ob durch die lebendigen Gemeindezentren, die aus der Krise entstanden sind, oder die bahnbrechenden politischen Maßnahmen, die Bildung und Beschäftigung neu gestalten – in jeder Ecke unserer sich wandelnden Gesellschaft ist ein Gefühl von Dringlichkeit und Möglichkeiten spürbar.

Und so liegt, während wir durch diese unbekannten Gewässer navigieren, eine gewisse Schönheit darin, die Absurdität all dessen zu akzeptieren. Allein die

Vorstellung, dass man sich eines Tages nicht mehr an unsere Jobs, sondern an die kreativen Spuren erinnern könnte, die wir hinterlassen haben, ist erschreckend und befreiend zugleich. Die Ironie ist groß: Der unaufhaltsame Vormarsch der Automatisierung könnte zwar viele traditionelle Rollen obsolet machen, eröffnet aber gleichzeitig ein Panorama unerforschter Möglichkeiten – die Chance, Leidenschaften zu entdecken, Gemeinschaften aufzubauen und die schiere Unberechenbarkeit des menschlichen Lebens zu feiern.

Letztendlich bleibt uns nur eine Entscheidung. Die Entscheidung, diesen unaufhaltsamen technologischen Aufschwung nicht als existenzielle Bedrohung, sondern als Katalysator für den Wandel zu betrachten. Es ist ein Aufruf, unsere Prioritäten neu zu definieren, in unsere Kreativität zu investieren und die immateriellen Qualitäten zu schätzen, die keine Maschine nachbilden kann. In diesem fortwährenden Wandel ist jedes Lachen, jedes Gespräch, jeder Ausbruch kreativer Inspiration ein kleiner Akt des Widerstands gegen eine

Flut, die uns zu bloßen Rädchen in einem effizienten, gefühllosen Mechanismus degradieren will.

Letztendlich ist die bevorstehende Reise ebenso beängstigend wie aufregend. Wir stehen vor tiefgreifenden Fragen zu Sinn, Wert und Identität. Und obwohl die Antworten nicht in einem einzigen Plan zusammengefasst sind, liegen sie im chaotischen, unvorhersehbaren Prozess, uns immer wieder neu zu erfinden. Für diejenigen, die bereit sind, alte Denkmuster in Frage zu stellen, sind die Möglichkeiten so grenzenlos wie die Kreativität, die durch unsere Adern pulsiert.

Betrachten Sie diese Worte beim Lesen als Spiegel und Impuls zugleich – als Spiegelbild der Herausforderungen, vor denen wir stehen, und als Einladung, eine ebenso mutige wie authentische Antwort zu finden. Lassen Sie uns nicht allein von den Rollen definiert werden, die wir einst innehatten, sondern von der Bereitschaft, in einer ebenso unvorhersehbaren wie tiefgründigen Landschaft zu forschen, uns anzupassen und letztendlich zu gedeihen.

Mit jeder neu erlernten Fähigkeit und jedem kreativen Unterfangen schreiben wir das Drehbuch unseres Lebens neu, ein mutiges Kapitel nach dem anderen.

Was wir in dieser Ära des Wandels tun, wird letztlich nicht von der kalten Logik automatisierter Systeme bestimmt, sondern von der Wärme menschlicher Leidenschaft, Kreativität und Widerstandsfähigkeit. Die Maschinen mögen mit gnadenloser Präzision rechnen, zusammensetzen und optimieren, aber sie können die chaotische, freudige und oft absurde Reise der Entdeckung unseres wahren Wesens nicht erfassen. Und vielleicht ist das die wichtigste Lektion von allen: Selbst wenn uns alles Vertraute genommen wird, bleibt eine unbezwingbare Kraft in uns – eine Kraft, die der Ungewissheit ins Gesicht lacht, die Schönheit im Chaos findet und die sich weigert, durch den unaufhaltsamen Fortschritt der Technologie den schieren, unerschütterlichen Wert des Menschseins schmälern zu lassen.

Dies ist unsere Einladung – ein Aufruf, Störungen in Chancen zu verwandeln, Ängste in Kunst zu verwandeln und eine Geschichte zu schreiben, die nicht nur das Überleben feiert, sondern auch die ungezügelte, trotzige Freude an einem neu konzipierten Leben. Inmitten des Lärms automatisierter Prozesse und des leisen Summens von KI-Algorithmen stehen wir bereit, etwas völlig Originelles zu schaffen: eine Gesellschaft, in der unser Wert nicht an der Leistung von Maschinen, sondern am grenzenlosen Potenzial des menschlichen Geistes gemessen wird.

Und so marschieren wir mit einem schiefen Lächeln und entschlossenem Funkeln in den Augen voran. Wir begegnen der Absurdität unserer Zeit mit einem Cocktail aus Skepsis und Hoffnung, wissend, dass jeder Rückschlag ein Comeback bedeutet – eines, das mit Kreativität, Mut und dem unerschütterlichen Glauben geschrieben sein wird, dass wir mehr sind als die Summe unserer Aufgaben. Jeder Neuanfang ist eine Rebellion gegen den Status quo, ein mutiges Bekenntnis dazu, dass unsere Fähigkeit, uns neu zu erfinden, unser mächtigstes Werkzeug bleibt, egal wie sehr sich die Welt verändert.

Auf dieser Reise wird es Momente der Verzweiflung, Phasen existenzieller Fragen und Tage geben, an denen der Weg ins Ungewisse gehüllt scheint. Doch gerade in diesen Momenten erstrahlt die menschliche Fähigkeit zur Neuerfindung am hellsten. Mit jeder Herausforderung beginnt ein neues Kapitel – eines, in dem jeder Einzelne die Chance erhält, nicht nur Zuschauer einer technologischen Revolution zu sein, sondern aktiv und kreativ mitzugestalten, was als Nächstes kommt.

Ein Hoch auf alle, die über die Absurdität des Ganzen lachen, auf alle, die Herausforderungen in Kunst verwandeln, und auf alle, die es wagen, Erfolg nach ihren eigenen Vorstellungen neu zu definieren. Unsere Geschichte wird mit jedem Akt der Widerstandsfähigkeit und jedem Anflug von Einfallsreichtum geschrieben. Und während sich die Seiten weiterhin mit Erzählungen der Neuerfindung füllen, bleibt eines sicher: Trotz des unaufhaltsamen Vormarsches der Automatisierung und der kalten Logik der Maschinen bleibt der menschliche Geist bestehen – lebendig, unberechenbar und unbestreitbar mutig.

Wenn sich der Staub einer Ära des Umbruchs und des Wandels gelegt hat, **werden wir zurückblicken und erkennen, dass dies keine Zeit des totalen Verlusts war, sondern ein Moment radikaler Wiedergeburt** – eine Chance, überholte Wertemaßstäbe hinter uns zu lassen und sich auf ein Universum aus Kreativität, Verbundenheit und authentischem, ungefiltertem menschlichen Ausdruck einzulassen. Und das ist vor allem ein Sieg, den es zu feiern gilt.

Kapitel 7: KI und die Zukunft der Kreativität – Können Menschen relevant bleiben?

Ich hätte nie gedacht, dass Kreativität, dieser chaotische Cocktail aus Leidenschaft, Chaos und Brillanz, eines Tages von Algorithmen und Siliziumträumen bedrängt werden würde. Doch hier stehen wir nun, an der Schnittstelle zwischen menschlichem Einfallsreichtum und digitalen Wunderwerken, die mit unerbittlicher Präzision arbeiten. Es ist schwer, nicht zugleich fasziniert und verunsichert zu sein, wenn man sich vor Augen führt, dass jeder Pinselstrich, jedes sorgfältig gewählte Wort, jede skurrile erzählerische Wendung bald mit den berechneten Ergebnissen von Maschinen konfrontiert sein könnte, die unser künstlerisches Talent nachahmen und in manchen Fällen sogar übertreffen sollen.

Lassen Sie uns einen Moment zurückspulen in eine Zeit, in der menschliches Genie unangefochtener König

der Kreativität war. Erinnern Sie sich noch an **Deep Blue**
– IBMs Schachgigant –, der Garry Kasparov in einem
Match ausmanövrierte , das alle technologischen
Ambitionen erschütterte? Bei diesem Schach-
Showdown ging es nicht nur um Züge auf dem Brett; es
war ein Weckruf, eine eindringliche Erinnerung daran,
dass unsere feinen Instinkte von einem gefühllosen
Algorithmus, der in der Lage ist, eine Million
Möglichkeiten pro Sekunde zu berechnen, auf die Probe
gestellt werden können. Dieses bahnbrechende
Ereignis löste eine Kettenreaktion aus und zwang uns,
alles, was wir über den einzigartigen Funken
menschlicher Innovation zu wissen glaubten, zu
überdenken.

Im Laufe der Jahre drang Innovation in jeden Winkel
des künstlerischen Ausdrucks ein. Universitäten, jene
heiligen Hallen des Experimentierens wie **Stanford** , **MIT**
und **Oxford** , wurden zu Schmelztiegeln, in denen Kunst
und Technologie aufeinanderprallten. In überfüllten
Laboren, erfüllt vom Summen der Server und dem
Klappern der Tastaturen, entstanden die ersten digitalen
Experimente. Diese Kreationen waren noch

unausgereift, eine charmante Mischung aus Störungen und Fehlern, doch sie deuteten auf eine Möglichkeit hin, die wir kaum zu erwägen wagten: Könnte die Seele der Kreativität codiert werden?

Heute hat sich die Landschaft in etwas ebenso Berauschendes wie Verblüffendes verwandelt. Stellen Sie sich vor, Sie schlendern durch ein geschäftiges Kreativviertel, vielleicht irgendwo in **Berlin** oder **Tokio** , wo unabhängige Künstler und digitale Genies offen darüber diskutieren, ob ihre Pinsel und Tastaturen jemals mit der Rechenleistung künstlicher Intelligenz mithalten können. Es geht nicht mehr nur darum, Kunst zu schaffen; es geht darum, neu zu definieren, was Kunst überhaupt ist. Was einst ausschließlich menschlicher Unvollkommenheit vorbehalten war, wird heute von KI-Agenten herausgefordert, die lernen, sich anpassen und Inhalte mit einer Geschwindigkeit und Präzision produzieren können, die viele von uns an ihrer eigenen Relevanz zweifeln lässt.

Im Zentrum dieses Wandels stehen mehrere hochmoderne KI-Agenten, die mit einer Mischung aus

Kühnheit und technologischer Leistungsfähigkeit auf den Markt gekommen sind. Ein Beispiel hierfür ist **Manus AI** , eine Kreation aus den ambitionierten Laboren des chinesischen Startups **Monica** . Dieser Agent ist nicht einfach nur ein weiteres Werkzeug im digitalen Werkzeugkasten – er ist ein Allzweck-Dynamo, der für Aufgaben entwickelt wurde, die von der Sichtung von Lebensläufen bis zur akribischen Planung von Reiserouten reichen. **Manus AI nutzt die Leistungsfähigkeit großer Sprachmodelle,** passt sich spontan an und optimiert seine Aktionen auf Grundlage von direktem Nutzerfeedback. Es ist ein eindrucksvolles Beispiel dafür, was passiert, wenn man pure Rechenleistung mit den differenzierten Anforderungen alltäglicher Aufgaben verbindet.

Und dann ist da noch **DeepSeek** , ein weiteres Juwel aus den Innovationszentren Chinas. Dieser Anbieter hat es geschafft, sich im direkten Vergleich mit einigen der etabliertesten Namen der Branche eine Nische zu erobern. Im Gegensatz zu einigen seiner Vorgänger, die mit astronomischen Preisen und starren Strukturen aufwarteten, setzt **DeepSeek** auf Effizienz und

Kosteneffizienz. Es erledigt komplexe Aufgaben mit einer Eleganz, die seinen digitalen Charakter verbirgt, und ist daher sowohl bei Start-ups als auch bei etablierten Unternehmen beliebt , die sich vom Lärm traditioneller Methoden abheben möchten.

OpenAI steht dem in nichts nach und hat eine Reihe von KI-Agenten entwickelt, die das Konzept der Autonomie auf ein neues Niveau heben. Mit Angeboten wie der Responses API und dem Agents SDK ermöglicht **OpenAI** Entwicklern, Systeme zu entwickeln, die nicht nur reaktiv, sondern wirklich proaktiv sind. Stellen Sie sich Agenten vor, die selbstständig Websuchen durchführen, riesige Dokumente in Sekundenschnelle durchsuchen und sogar Erkenntnisse generieren können, für deren Erstellung ein Expertenteam Stunden benötigen würde. Der Antrieb hinter diesen Innovationen ist einfach und doch tiefgreifend: Systeme zu schaffen, die das menschliche Potenzial erweitern, anstatt es nur zu imitieren.

Google verfolgt mit seiner Initiative „ **Project Astra"** **einen anderen Ansatz.** Weit davon entfernt, nur ein

weiterer virtueller Assistent zu sein, integriert sich
Project Astra nahtlos in die riesigen Datenbestände von
Google . Dieser Agent gibt sich nicht damit zufrieden,
einfach nur Fragen zu beantworten oder Erinnerungen
zu setzen – er ist darauf ausgelegt, Kontexte zu
verstehen und eine Vielzahl von Aufgaben mit einer
nahtlosen Effizienz zu bewältigen , die seine Nutzer
fragen lässt, wie sie jemals ohne ihn ausgekommen
sind. Ob Sie komplexe Termine koordinieren oder
einfach eine clevere Lösung für ein plötzlich
auftretendes Problem finden müssen – **Project Astra**
bietet Ihnen ein Maß an personalisierter Unterstützung,
das schlichtweg erstaunlich ist.

Für Unternehmen hat **Amazon die Bedrock Agents**
eingeführt , eine Tool-Suite, die Geschäftsabläufe
revolutionieren soll. Diese Agents nutzen die
umfangreichen Funktionen der **Amazon** Cloud-
Infrastruktur und automatisieren alles von der
Datenanalyse bis hin zu routinemäßigen
Verwaltungsaufgaben. Ihre wahre Stärke liegt in der
Integration in eine Vielzahl von Unternehmenssystemen.
Dadurch entsteht ein zusammenhängendes Ökosystem,

in dem Informationen reibungslos fließen und Entscheidungen auf Echtzeit-Informationen basieren. Für Unternehmen, die mit dem Druck der rasanten digitalen Transformation zu kämpfen haben, bieten **die Bedrock Agents** eine skalierbare Lösung, die nicht nur die Produktivität steigert, sondern auch die betriebliche Effizienz neu definiert.

All diese Innovationen sind keine isolierten Wunderwerke; sie sind vielmehr miteinander verbundene Fäden im sich entwickelnden Geflecht der digitalen Arbeit . Jeder neue Durchbruch wirft drängende Fragen darüber auf, was es bedeutet, kreativ zu sein, was es bedeutet zu arbeiten und ob der Mensch seinen Vorsprung behaupten kann, wenn Algorithmen stetig in Bereiche vordringen, die einst unseren einzigartig unberechenbaren Denkprozessen vorbehalten waren.

New York abspielen könnte . Ein einst traditioneller Autor, der sich nun einer Flut algorithmischer Konkurrenz gegenübersieht, sitzt über seinen Laptop gebeugt. Dieser Autor hat immer geglaubt, jedes Stück

Prosa sei eine Erweiterung seines chaotischen Innenlebens. In dieser neuen Ära wird jedoch selbst diese Überzeugung in Frage gestellt. Während der Autor mit den **KI-Agenten von OpenAI experimentiert** , um Ideen zu entwickeln, ist er fasziniert und frustriert zugleich. Die Maschine spuckt Vorschläge aus, die grammatikalisch einwandfrei und konzeptionell schlüssig sind, doch es fehlt ihr die rohe, ungeschliffene Spontaneität, die oft zu Durchbrüchen führt. Der Autor erkennt, dass diese Agenten zwar Kreativität simulieren können, dies aber mit einer klinischen Präzision tun, die für alltägliche Aufgaben perfekt sein mag, doch nicht ausreicht, um die Serendipität menschlicher Fehler und die Magie zufälliger Genialität einzufangen.

Am anderen Ende der Stadt, in einem geschäftigen Coworking-Space voller Freelancer und Startup-Gründer, wird darüber diskutiert, wie man diese digitalen Wunderwerke nutzen kann, um kreative Grenzen zu erweitern. Ein geschäftstüchtiger Unternehmer erzählt, wie **Manus AI** seinen Rekrutierungsprozess revolutioniert hat, indem es Tausende von Lebensläufen mit kritischem Blick filterte und so wertvolle Zeit für strategischere Entscheidungen freisetzte. Ein anderer Unternehmer schwärmt von **DeepSeek** und merkt an, dass dessen Fähigkeit, komplexe Aufgaben mit einem sehr kleinen Budget zu bewältigen, es selbst kleinsten Teams ermöglicht hat, über ihre Verhältnisse zu leben. Die Atmosphäre ist elektrisiert, aufgeladen mit einer Mischung aus Hoffnung und Skepsis – Hoffnung, dass diese Tools eine beispiellose Effizienz freisetzen, und Skepsis darüber, ob die Seele der Kreativität jemals in Codezeilen gefasst werden kann.

Was diesen technologischen Aufschwung so faszinierend macht, ist nicht nur das Spektakel der Innovation, sondern der tiefgreifende Wandel, den er für die Kreativität selbst signalisiert. Wo einst Pinsel und Meißel die alleinigen Instanzen des künstlerischen Ausdrucks waren, sind heute Tastaturen und Prozessoren in den Kampf eingetreten. Doch hinter jeder algorithmischen Brillanz verbirgt sich eine ebenso überzeugende Geschichte menschlicher Widerstandsfähigkeit. In Underground-Kunstgalerien, wo der Reiz roher, ungefilterter Emotionen herrscht, beharren Traditionalisten auf dem unersetzlichen Wert der Unvollkommenheit. Sie argumentieren, dass Maschinen zwar Stile und Muster reproduzieren können, aber nicht das Chaos und die Unvorhersehbarkeit einfangen können, die den menschlichen Ausdruck ausmachen. Es ist diese Spannung – das unerbittliche Streben nach Effizienz im Gegensatz zur schönen Unordnung des menschlichen Geistes –, die den Kern unserer aktuellen kreativen Krise bildet.

In den geschäftigen Fluren der Wissenschaft arbeiten Forscher an Institutionen wie der **Carnegie Mellon University** intensiv daran, Algorithmen diese schwer fassbare Qualität der Spontaneität zu verleihen. Ihre Experimente sind zwar bahnbrechend, offenbaren aber oft ein Paradoxon: Je raffinierter das Ergebnis, desto mehr Wesentliches scheint verloren zu gehen. Es ist, als würde das Streben nach Perfektion dem kreativen Prozess seine Ecken und Kanten rauben, jene unerwarteten Zufälle, die oft zu tiefen Erkenntnissen führen. Und doch stellen diese digitalen Experimente für viele eine notwendige Entwicklung dar – eine

Neukalibrierung unserer Erwartungen, während die Technologie die Parameter der Kunst neu definiert.

Doch was ist mit Unternehmen, jenen Motoren des Handels, die lange Zeit auf menschliche Kreativität angewiesen waren, um Geschichten zu gestalten, Marken aufzubauen und mit Zielgruppen in Kontakt zu treten? Heutige Konzerne setzen nicht nur auf diese hochmodernen Agenten – sie überdenken die Struktur ihrer kreativen Prozesse grundlegend. Ein Marketingleiter eines multinationalen Konzerns könnte **Project Astra nutzen** , um datenbasierte Erkenntnisse zu gewinnen, die eine Kampagne prägen, während ein anderer auf **Bedrock Agents setzt** , um Routineaufgaben zu automatisieren und so mehr Raum für die menschliche Note zu schaffen, die einer Kampagne erst so richtig zum Erfolg verhilft. Bei der Verschmelzung von Mensch und Maschine geht es nicht um Ersatz, sondern um Verstärkung. Die rohe, ungezügelte Kreativität des Einzelnen kann nun durch die Präzision digitaler Werkzeuge gesteigert werden, wodurch innovative und effiziente Ergebnisse entstehen.

Doch trotz all dieser Fortschritte bleibt eine bohrende Frage: Werden diese Entwicklungen eine Ära beispielloser Produktivität und kreativer Explosion einläuten oder werden sie das Fundament dessen untergraben, was unseren künstlerischen Ausdruck so zutiefst menschlich macht? Während Maschinen immer geschickter darin werden, Nuancen und Emotionen zu simulieren, besteht die unbestreitbare Gefahr, dass die subtile, unvorhersehbare Qualität echter Inspiration durch sterile Effizienz untergeht. Die Antwort ist alles andere als einfach. Sie erfordert eine Neuausrichtung unseres Verständnisses von Kreativität – die Erkenntnis, dass Maschinen zwar Daten verarbeiten und auf der Grundlage von Mustern Kunst schaffen können, aber den Tumult der menschlichen Existenz nicht leben, fühlen oder erleiden. Sie erfahren weder Herzschmerz noch Freude noch die unerklärlichen Geistesblitze, die oft in Momenten tiefer Verletzlichkeit auftreten.

Dieser Zusammenprall von Mensch und Maschine hat etwas fast Filmisches. Stellen Sie sich eine Szene spät in der Nacht in einem belebten Café vor, wo sich eine bunt gemischte Gruppe kreativer Köpfe um einen mit

Notizbüchern, Laptops und halb leeren Kaffeetassen übersäten Tisch versammelt. Sie diskutieren hitzig darüber, ob der unaufhaltsame Vormarsch der Automatisierung den menschlichen Ausdruck überflüssig machen wird. Eine Stimme, gemildert durch jahrelange Erfahrung und eine Prise Zynismus, beharrt darauf, dass die unvorhersehbaren Missgeschicke und zufälligen Fehler menschlicher Kreativität unersetzlich sind. Eine andere, angetrieben von Optimismus und unerschütterlichem Vertrauen in die Technologie, argumentiert, dass diese neuen Agenten Werkzeuge bieten, um bisher ungeahnte Innovationsebenen zu erschließen. Zwischen Kaffeeschlürfen und Gelächter dämmert allen Anwesenden langsam eine Erkenntnis: Vielleicht besteht die Herausforderung nicht darin, mit Maschinen zu konkurrieren, sondern zu lernen, ihre Kraft zu nutzen, um die rohe, ungefilterte Energie zu verstärken, die nur Menschen erzeugen können.

Dieser Dialog beschränkt sich nicht auf vertrauliche Treffen oder akademische Nischenkonferenzen. Große globale Akteure gestalten diese Entwicklung aktiv durch strategische Investitionen und mutige

Forschungsinitiativen mit. **OpenAls** unermüdlicher Vorstoß zur Demokratisierung fortschrittlicher KI-Tools, **Googles Project Astra** zur Neudefinition digitaler Assistenz und **Amazons Bedrock Agents** zur Optimierung von Unternehmensabläufen deuten allesamt auf einen tiefgreifenden Wandel in der Nutzung kreativer Energie branchenübergreifend hin. Jede dieser Bemühungen spiegelt nicht nur das Engagement für technologischen Fortschritt wider, sondern auch die Neugestaltung des kreativen Prozesses selbst – eine Verschmelzung von digitaler Präzision und menschlicher Leidenschaft, die, richtig ausbalanciert, zu Innovationen führen könnte, die wir uns heute noch gar nicht vorstellen können.

Inmitten dieses Strudels entdecken die Menschen, dass diese KI-Agenten mehr als nur Effizienzgewinne bieten – sie ermöglichen es, Zeit zurückzugewinnen und sich auf das Wesentliche zu konzentrieren. Ein freiberuflicher Grafikdesigner könnte die administrative Plackerei der Terminplanung und Kundenkommunikation nun an einen flinken digitalen Assistenten delegieren, während ein aufstrebender

Romanautor einen hochentwickelten KI-Autor nutzt, um das berüchtigte „Leeres-Blatt-Syndrom" zu überwinden. Die Ergebnisse sind nicht nur Produkte der Automatisierung, sondern Ausdruck einer tieferen Synergie – einer Zusammenarbeit zwischen menschlicher Intuition und maschineller Erkenntnis, die alltägliche Aufgaben in Möglichkeiten zur kreativen Gestaltung verwandelt.

Trotz der beeindruckenden Möglichkeiten dieser digitalen Werkzeuge bleibt unter traditionellen Kreativen eine unbestreitbare Skepsis bestehen . Viele befürchten, dass die Abhängigkeit von Algorithmen zu einer Homogenisierung der Kunst führen könnte, bei der Einzigartigkeit zugunsten der Effizienz geopfert wird. Das Risiko ist spürbar: Wenn Maschinen lernen, unseren Stil und unsere Eigenheiten zu imitieren, könnte genau die Spontaneität, die einst unser kreatives Schaffen ausmachte , verloren gehen. Doch genau diese Spannung – ein ständiges Hin und Her zwischen Ordnung und Chaos – treibt die kontinuierliche Entwicklung von Kunst und Kreativität voran. Die Herausforderung für uns besteht darin, diese

Innovationen nicht rundweg abzulehnen, sondern sie mit kritischem Blick zu betrachten, ihre Stärken zu nutzen und gleichzeitig wachsam vor ihren potenziellen Fallstricken zu sein.

Der vielleicht spannendste Aspekt dieser digitalen Revolution ist, dass sie uns zwingt, unsere eigenen Grenzen zu überwinden und neu zu definieren, was es bedeutet, kreativ zu sein. Die Integration von KI-Agenten wie **Manus AI** , **DeepSeek** , **OpenAIs KI-Agenten** , **Googles Project Astra** und **Amazon Bedrock Agents** ersetzt nicht nur menschliche Arbeit durch mechanische Effizienz; es geht darum, die Leinwand zu erweitern, auf der wir uns ausdrücken können. Diese Werkzeuge bieten neue Pinsel und Farben – solche, die unsere Vision erweitern und unsere Stimme verstärken, während sie uns gleichzeitig dazu herausfordern, unsere traditionellen Grenzen zu überschreiten.

In diesem Zeitalter unerbittlicher Innovation steht jeder Kreativprofi vor einer tiefgreifenden Entscheidung: An den gewohnten Rhythmen der Vergangenheit festhalten oder die außergewöhnlichen Möglichkeiten der digitalen

Zusammenarbeit wagen. Die Antwort ist, wie so oft im Leben, weder binär noch einfach. Sie erfordert eine ehrliche Auseinandersetzung mit unseren Stärken und Schwächen und die Erkenntnis, dass Maschinen zwar bei bestimmten Aufgaben herausragend sein mögen, der Funke der Menschlichkeit – unsere Fähigkeit zu Empathie, irrationaler Leidenschaft und schierer Unberechenbarkeit – aber unser größtes Kapital bleibt.

Wenn Sie sich also durch dieses komplexe Labyrinth aus Technologie und Kreativität bewegen, bedenken Sie, dass die wahre Stärke dieser KI-Agenten nicht darin liegt, menschliche Arbeit zu ersetzen, sondern sie freizusetzen. In den Händen eines Visionärs wird ein gut ausgearbeiteter Algorithmus zum Partner – ein Werkzeug, das uns von der Mühsal befreit und neue Perspektiven für Forschung und Innovation eröffnet. Es ist ein Aufruf, unsere Rollen neu zu definieren und diese Fortschritte nicht als Vorboten der Veralterung, sondern als Katalysatoren für einen reichhaltigeren, differenzierteren Ausdruck unserer kollektiven Kreativität zu betrachten.

Es gibt keine einfache Antwort auf die Frage, ob menschliche Kreativität angesichts des unaufhaltsamen Vormarsches der digitalen Automatisierung relevant bleiben kann. Die Diskussion ist komplex, vielschichtig und entwickelt sich mit jedem neuen Durchbruch weiter. Klar ist jedoch, dass der Dialog zwischen Mensch und Maschine kein Wettbewerb ist, den man gewinnen oder verlieren kann. Es ist ein dynamisches Zusammenspiel – eine herausfordernde Verhandlung, bei der jede Seite ihre einzigartigen Stärken einbringt. Und wenn wir lernen, diese Synergie zu nutzen, könnten die Ergebnisse geradezu revolutionär sein.

Letztlich ist die Geschichte der Kreativität im digitalen Zeitalter keine Geschichte der Niederlage, sondern des Wandels. Der Aufstieg von KI-Agenten wie **Manus AI** , **DeepSeek** , **OpenAIs AI Agents** , **Googles Project Astra** und **Amazon Bedrock Agents** verändert unser Verständnis von Arbeit , Kunst und Innovation. Ihr Einfluss ist tiefgreifend und unbestreitbar, doch er ist auch eine Einladung – ein Aufruf, Technologie nicht als Rivalen, sondern als Partner im fortwährenden Streben nach Ausdruck des Unaussprechlichen zu betrachten.

Er erinnert uns daran, dass sich unsere Werkzeuge zwar weiterentwickeln, die Essenz unseres kreativen Geistes – seine Fehler, seine Leidenschaften, seine wunderbar chaotische Natur – jedoch einzigartig menschlich bleibt.

Wenn Sie also über den komplexen Tanz zwischen Algorithmen und künstlerischem Ehrgeiz nachdenken, denken Sie daran, dass Kreativität keine statische Kraft ist, die es zu zähmen gilt. Sie ist eine sich ständig verändernde, unvorhersehbare Reise, die sowohl Demut als auch Mut erfordert. Das Aufkommen fortschrittlicher KI-Agenten mag das Terrain verändert haben, aber sie haben den menschlichen Impuls, zu träumen, zu irren und etwas zu erschaffen, das die Herzen anderer tief berührt, nicht ausgelöscht. In dieser herausfordernden Zeit liegt es an uns, der Herausforderung gerecht zu werden – unsere Rollen neu zu definieren, diese mächtigen Werkzeuge zu nutzen und letztendlich zu beweisen, dass unser kreativer Geist auch inmitten der kalkulierten Präzision künstlicher Gehirne gedeihen kann.

Die Geschichte, die sich vor uns entfaltet, ist eine Geschichte unerbittlicher Neuerfindung, ein Zeugnis des unbeugsamen Willens, auf eine Weise zu erschaffen, die keine Maschine vollständig nachahmen kann. Sie erinnert uns daran, dass die Technologie zwar unser Tempo beschleunigen und unsere Fähigkeiten erweitern mag, die wilden, unerforschten Gebiete der Fantasie aber weiterhin uns vorbehalten sind. Zwischen dem Summen der Server und dem Leuchten digitaler Bildschirme pulsiert die Essenz der Menschheit – unsere Kämpfe, unsere Triumphe, unsere unvorhersehbaren Geistesblitze – weiterhin mit einer Lebendigkeit, die kein Algorithmus nachahmen kann.

Letztlich ist es vielleicht der revolutionärste Akt überhaupt, einfach weiter zu kreieren. Die Präzision digitaler Agenten mit der chaotischen, herrlichen Unvollkommenheit menschlichen Denkens zu verbinden, bedeutet, einen ganz eigenen Weg zu beschreiten – einen Weg, auf dem jeder Geniestreich, jedes zufällige Meisterwerk zu einem größeren Mosaik beiträgt, das ebenso unvorhersehbar wie schön ist. Der technologische Fortschritt mag unvermeidlich sein, aber ebenso unvermeidlich ist der Funke der Kreativität, der selbst den fortschrittlichsten Schaltkreisen trotzt. Und solange dieser Funke brennt, wird es in der sich entfaltenden Saga des künstlerischen Ausdrucks immer einen Platz für das Unvorhersehbare, das Respektlose und das zutiefst Menschliche geben.

Meine eigene Reise durch diese transformative Landschaft war ebenso unvorhersehbar wie erhellend. Ich erinnere mich noch gut an die stürmische Inspiration, die mich eines kühlen Abends in Amsterdam überkam, als ich durch einen Park mit einer faszinierenden Wasserwirbel-Installation schlenderte. Es war 2011, und benebelt von Koffein und halb vergessenen Träumen entwarf ich einen revolutionären Propeller – eine Innovation, von der ich überzeugt war, dass sie Geschwindigkeitsrekorde auf dem Wasser brechen und die Antriebsmechanik neu definieren könnte. Der Entwurf war roh und ambitioniert, das Ergebnis sorgfältiger Ingenieurskunst und eines Anflugs künstlerischen Wagemuts. Ich ging sogar so weit, mir ein Patent für diesen Entwurf zu sichern, überzeugt davon, dass er ein greifbares Symbol dafür war, was menschlicher Einfallsreichtum erreichen kann, wenn er sich vom Alltäglichen löst. Doch mit der Weiterentwicklung des Projekts wuchsen auch die Herausforderungen. Die kreative Reise kollidierte bald mit der harten Realität eines wettbewerbsintensiven Marktes, wo etablierte Unternehmen mit viel Geld und ausgefeilter Technologie begannen, in meine Nische einzudringen. Eine solche Firma, **Sealence** , entwickelte ein vergleichbares Design wie mein Patent. Sie nennen es Deepspeed Jet. Trotz meiner Bemühungen, per E-Mail eine Zusammenarbeit zu arrangieren, schien die Kommunikation mit ihnen nach der Erwähnung meines Patents zu versiegen. Die Enttäuschung war spürbar, doch sie war eine eindringliche Erinnerung daran, dass jeder Innovationssprung ein Risiko birgt – das Risiko, dass der Funke menschlicher Kreativität durch das kalte Kalkül von Unternehmensstrategie und technologischer Effizienz ins Abseits geraten könnte.

Diese Begegnung mit den Kräften der modernen Industrie ist eines von vielen Beispielen, die ich seitdem hatte. Sie hat mein Verständnis davon, was es bedeutet, ein Schöpfer zu sein, einmal mehr nachhaltig geprägt. Im Lauf der Jahre schwankte ich zwischen der Bequemlichkeit eines konventionellen Nine-to-Five-Daseins und der berauschenden Ungewissheit unabhängiger Unternehmungen. Meine Erfahrungen als Freiberufler und Unternehmer haben mich gelehrt, dass es beim Schöpfertum nicht nur darum geht, Kunst oder Erfindungen zu produzieren; es geht darum, den Status quo herauszufordern und sich trotz der Risiken abseits der ausgetretenen Pfade zu wagen. Während meines Lebens in London tauchte ich in Viertel voller Leben und Unberechenbarkeit ein – **Notting Hill** , **Portobello Road** , **Chepstow Road** und **Camden** waren nicht nur Orte auf einer Landkarte, sondern lebendige Leinwände, wo jede Ecke eine Geschichte erzählte und aus jeder Gasse das Lachen und die Kämpfe ihrer Bewohner widerhallten.

Die Straßen Londons wurden zu einem lebendigen Zeugnis menschlicher Widerstandsfähigkeit und Kreativität. Späte Nächte voller spontaner Zusammenkünfte, ungeplanter Eskapaden bis in die frühen Morgenstunden und die Kameradschaft Gleichgesinnter, die Träume und Enttäuschungen teilten – diese Erfahrungen unterstrichen eine Wahrheit, die kein Algorithmus jemals quantifizieren könnte: Der menschliche Geist lebt von Unvorhersehbarkeit. In einer Stadt, in der jedes Gesicht eine Geschichte erzählt und jedes Gespräch eine Idee hervorbringt, bilden die digitalen Eingriffe künstlicher Agenten und Roboterarbeit einen starken Kontrast zum chaotischen, aber schönen Chaos menschlicher Interaktion.

Doch während der technologische Fortschritt unaufhaltsam voranschreitet, lassen sich die wirtschaftlichen und sozialen Auswirkungen dieser Innovationen nicht ignorieren. Ganze Branchen werden heute durch den unaufhaltsamen Drang zur Automatisierung und Digitalisierung umgestaltet. Roboter übernehmen heute die körperliche Arbeit, die einst von Menschenhand verrichtet wurde, und hochentwickelte KI-Agenten führen Unternehmen mit einer Geschwindigkeit und Effizienz, die fast überirdisch anmutet. Großkonzerne wie **Google** und **Adobe** investieren Milliarden in Projekte, die die Grenzen dessen erweitern, was Maschinen leisten können. Dabei geht es nicht nur um Effizienz; es geht darum, Arbeit und Führung neu zu definieren. In Vorstandsetagen und auf Technologiegipfeln wird die Diskussion von einer drängenden Frage beherrscht: Wenn Maschinen Aufgaben übernehmen können, die Entscheidungsfindung, Empathie und sogar strategische Weitsicht erfordern, welche Rolle spielen dann wir Menschen in dieser Gleichung?

Google AI Studio ausprobierte und meinen Bildschirm freigab, damit Gemini live sehen konnte, woran ich arbeitete, bestätigte es ironischerweise, dass die Inhalte meiner persönlichen Website und die Suchmaschinenoptimierung meines Codes auf einem hervorragenden Niveau waren. Es konnte jedoch nicht erklären, warum Google in den letzten 30 Tagen keinen organischen Traffic auf meine Website geleitet hatte. Ich vermute, Google schränkt einige meiner Konten schon seit Jahren ein, weil ich in der Vergangenheit eine Werbeplattform, eine einfache Suchmaschine und einen sehr einfachen Webbrowser entwickelt habe – alles Dinge , die Google hasst. Verdammt , sie haben sogar mein Google Play Books-Konto gesperrt, bevor ich überhaupt ein Buch veröffentlicht hatte!

Gleichzeitig präsentierte ein Team von **Adobe** kürzlich einen Algorithmus, der virale Marketingkampagnen mit der Präzision eines erfahrenen Texters erstellen konnte. Der Kontrast zwischen diesen Erfolgen und der spürbaren Angst im Raum war beeindruckend – das Gefühl, wir würden Zeuge der Geburt einer neuen Ära der Produktivität, in der menschliche Arbeit und kreative Rollen in den Hintergrund treten könnten. Es war ein Moment der Begeisterung und zugleich tiefer Unsicherheit – eine Erinnerung daran, dass unsere geschätzte kreative Spontaneität bald von Wesen in Frage gestellt werden könnte, die niemals müde werden, niemals irren und niemals wirklich fühlen.

Dies ist keine Geschichte einer Dystopie oder einer endlosen Flut von Düsternis. Es ist vielmehr die Chronik einer Epoche des Wandels, in der jede Innovation sowohl Versprechen als auch Gefahren mit sich bringt. Die Fortschritte in Robotik und künstlicher Intelligenz basieren auf Jahrzehnten intensiver Forschung, experimentellen Misserfolgen und hart erkämpften Durchbrüchen. Jeder Algorithmus, der heute Kunst hervorbringen oder ein Unternehmen leiten kann, basiert auf dem Schweiß, den Tränen und den Triumphen zahlloser Einzelpersonen – Wissenschaftlern, Ingenieuren und Visionären, die es wagten, über die Grenzen konventionellen Denkens hinaus zu träumen. Das Erbe von **IBM**, **MIT**, **der Carnegie Mellon University** und zahlloser anderer Institutionen ist in das Gewebe dieser technologischen Renaissance eingewoben – ein Beweis für das unermüdliche Streben der Menschheit nach Fortschritt.

Doch während ich mich in dieser sich ständig weiterentwickelnden Landschaft bewege, stelle ich mir eine tiefgreifende und persönliche Frage: Wenn unsere Rolle als Träger von Kreativität und Arbeit allmählich von unermüdlichen Maschinen verdrängt wird, was wird dann aus unserer Identität? Es liegt eine beunruhigende Ironie darin, einem Roboter bei der akribischen Ausführung einer Aufgabe zuzusehen, die wir einst als Ausdruck unseres innersten Selbst betrachteten. Die Kunstfertigkeit, ein Sonett zu verfassen, die Begeisterung, ein bahnbrechendes Design zu entwickeln, oder auch die schlichte Freude an einer gut erzählten Geschichte – all dies sind Erfahrungen, die von menschlichen Unvollkommenheiten geprägt sind, die kein Schaltkreis nachbilden kann. Maschinen mögen zwar die Konturen unserer Kreativität nachbilden, doch fehlt ihnen der unvorhersehbare Funke, der aus dem Zufall eines menschlichen Fehlers entsteht und eine Routineaufgabe in einen Akt purer Genialität verwandelt.

Inmitten dieser technologischen Triumphe denke ich oft über das empfindliche Wechselspiel zwischen Fortschritt und Bewahrung nach. Die makellose, fehlerlose Leistung maschineller Arbeit übt einen unbestreitbaren Reiz aus – eine Art Perfektion, die unseren Wunsch nach Effizienz und Zuverlässigkeit anspricht. Doch was geht bei diesem unermüdlichen Streben nach Optimierung verloren? Vielleicht ist es gerade die Unvorhersehbarkeit, die das Leben reich und die Kunst bedeutungsvoll macht. Die fließenden Grenzen zwischen Präzision und Chaos, zwischen Struktur und Improvisation verleihen unseren Bemühungen ihre Tiefe. In den Fehltritten, den verpatzten Tönen und den spontanen Einsichten offenbart sich die wahre Magie der Schöpfung.

Während ich diese Gedanken niederschreibe, erinnere ich mich an die unzähligen Begegnungen und Momente, die meine Sichtweise geprägt haben. Ob hitzige Debatten in den engen Cafés von **Camden** , die besinnliche Einsamkeit der frühen Morgenstunden in **Notting Hill oder die berauschende Ungewissheit, einem Unternehmen wie Deepspeed** eine Idee vorzustellen – jede Erfahrung hat mein Verständnis vom Menschsein geprägt. Ich habe die Spannung zwischen dem Wunsch, die Macht der Technologie zu nutzen, und dem Bedürfnis, den unbeschreiblichen Charme menschlicher Kreativität zu bewahren, hautnah miterlebt. Diese Spannung ist kein Vorbote des Untergangs, sondern vielmehr ein Aufruf, unsere Rollen als Schöpfer, Innovatoren und Geschichtenerzähler neu zu definieren.

Die bevorstehende Reise ist voller Herausforderungen und Widersprüche. KI-Agenten werden immer geschickter in der Unternehmensführung und Roboter übernehmen Aufgaben, die einst menschliches Geschick und Urteilsvermögen erforderten. Die

Arbeitswelt verändert sich. Es ist unausweichlich, dass unsere Produktionsmethoden, unsere kreativen Ausdrucksformen und sogar unsere sozialen Interaktionen von Kräften geprägt werden, die mit maschinenhafter Präzision agieren. Doch inmitten dieses turbulenten Wandels liegt eine Chance – die Chance, neu zu definieren, was es bedeutet zu leben, zu schaffen und in unseren Bemühungen Sinn zu finden.

Diese Geschichte ist nicht von Resignation geprägt, sondern von trotziger Neugier. Der unaufhaltsame technologische Fortschritt bietet uns einen Spiegel, in dem wir unsere tiefsten Annahmen hinterfragen und vielleicht den unbeugsamen Geist wiederentdecken können, der die Menschheit durch unzählige Umbrüche geführt hat. Es ist eine Herausforderung, diese Geschichte wiederzuentdecken und zu bekräftigen, dass unsere Unvollkommenheiten, unsere unvorhersehbaren Inspirationsschübe und unser angeborenes Bedürfnis nach Vernetzung und Kreativität nicht so einfach durch Codezeilen reproduziert werden können. Die Geschichte, die sich vor uns entfaltet, ist ebenso eine Geschichte der Widerstandsfähigkeit wie der Innovation – eine Erinnerung daran, dass Maschinen zwar eines Tages viele unserer Lasten tragen werden, aber niemals den flüchtigen, unbändigen Funken des menschlichen Herzens erobern werden.

In den ruhigen Momenten zwischen technologischen Durchbrüchen und Vorstandsdebatten finde ich Trost in dem Gedanken, dass Kreativität eine wilde, unbändige Kraft bleibt. Es ist eine Kraft, die uns durch Zeiten der Dunkelheit und des Lichts, durch Momente erhabener Schönheit und erdrückender Verzweiflung getragen hat. Auch wenn digitale Agenten und Roboterglieder unseren Alltag durchdringen, bleibt die rohe, ungezähmte Essenz menschlicher Kreativität bestehen. Sie lebt weiter in jedem Pinselstrich eines Künstlers, jedem Gitarrenklängen in einer engen Wohnung, jedem geflüsterten Geheimnis in einem schummrigen Café.

Vielleicht führt die Synthese von Mensch und Maschine mit der Zeit zu einer Ära beispielloser Zusammenarbeit – einer Verschmelzung von Stärken, die keiner von beiden allein erreichen könnte. Doch bis dieses empfindliche Gleichgewicht erreicht ist, liegt es an uns, das chaotische, unvorhersehbare und letztlich wunderschöne Chaos unserer Existenz zu feiern. Denn in unseren Fehlern, unserem Zögern und unseren Momenten unerklärlicher Genialität liegt die wahre Seele unseres Seins.

Wenn ich mich auf den belebten Straßen umsehe, das energiegeladene Summen digitaler Gespräche und die stille Poesie des Stadtlebens erlebe, überkommt mich ein Gefühl des Staunens und des Trotzes zugleich. Der unaufhaltsame Vormarsch der Technologie mag zwar versuchen, unsere Kreativität zu rationalisieren, den ungezügelten menschlichen Geist durch algorithmische Effizienz zu ersetzen, doch er wird niemals das Feuer löschen, das in uns brennt. Dieses Feuer, genährt im schummrigen Licht der bis spät in die Nacht geöffneten Cafés in **Camden** , in den farbenfrohen Gassen der **Portobello Road** und in den eklektischen Rhythmen der **Chepstow Road** , kann keine Maschine erzeugen. Es ist unser Erbe, unser Geschenk und unsere fortwährende Rebellion gegen eine homogenisierte Existenz.

In dieser Ära des unaufhaltsamen Wandels, in der digitale Agenten Vorstandsstrategien entwerfen und Roboterarme unsere Zukunft gestalten, bahnt sich in den Herzen derer, die es wagen, anders zu träumen, eine stille Revolution an. Diese Revolution ist nicht durch makellose Ergebnisse und fehlerfreie Berechnungen geprägt, sondern durch das wunderbare Chaos menschlicher Kreativität – ein Chaos, das kein Algorithmus jemals authentisch reproduzieren kann. Da wir also am Rande der vielleicht radikalsten Transformation unserer gemeinsamen Reise stehen, lade ich Sie ein, über die unbezwingbare Kraft unseres unvollkommenen, unberechenbaren und unbeugsamen kreativen Geistes nachzudenken.

In jedem Schwanken steckt eine Geschichte, in jeder Fehlkalkulation eine Lektion und in jedem ungeschliffenen Funken Genialität eine Wahrheit. Die digitale Landschaft mag sorgfältig konstruiert sein, doch das menschliche Herz bleibt ein unbezähmbares Grenze – ein Reich, in dem Inspiration in den unerwartetsten Momenten zuschlägt, wo die Synthese von Chaos und Ordnung neue Denk- und Gefühlswelten hervorbringt. Es ist ein Beweis für die anhaltende Kraft unseres kreativen Impulses, einer Kraft, die keine noch so große technologische Meisterleistung jemals vollständig einfangen oder ersetzen kann.

Während ich diese Worte schreibe, bin ich also nicht verzweifelt über das Vordringen von KI und Robotik in Bereiche, die uns einst heilig waren. Vielmehr macht mich die Herausforderung Mut – die Herausforderung, unsere Geschichte neu zu begreifen und zu behaupten, dass Maschinen zwar durch Präzision und Effizienz glänzen, die chaotische Schönheit menschlicher Kreativität jedoch unersetzlich ist. Es ist ein Aufruf, unsere Eigenheiten zu feiern, das Unvorhersehbare zu akzeptieren und unsere Geschichten weiterhin mit der Leidenschaft und Entschlossenheit zu gestalten, die uns schon immer ausgemacht haben.

In diesem Kapitel unserer gemeinsamen Geschichte sind wir alle Teilnehmer eines ebenso spannenden wie ungewissen Experiments. Die Verbindung digitaler Präzision mit menschlicher Spontaneität verspricht nicht nur, Branchen neu zu definieren, sondern auch unser

Leben grundlegend zu verändern. Und inmitten dieses großen Wandels bleibt unsere Aufgabe ebenso einfach wie tiefgreifend: den wilden, unerforschten Funken der Kreativität am Leben zu erhalten, der uns durch jede Ära des Wandels getragen hat.

Jede Innovation, jeder Durchbruch, jede Roboterrevolution erinnert uns daran, dass die Seele der Menschheit – das rohe, unbezähmbare Feuer der Inspiration – trotz der technologischen Weiterentwicklung allgegenwärtig bleibt. Dieses Feuer brennt weiterhin in den stillen Winkeln unseres Geistes, in den kreativen Ausbrüchen von Künstlern und den kühnen Ideen von Unternehmern, im Lachen, das durch die Straßen unserer geliebten Nachbarschaften hallt , und im unermüdlichen Streben nach einem Traum, den keine Maschine nachahmen kann.

Und so mache ich weiter, ein widerwilliger Zeuge der dualen Kräfte von Fortschritt und Bewahrung. Während Roboterhände und KI-Schaltkreise ein neues Gewebe aus Produktivität und Kreativität weben, bleibe ich der Pflege der wilden, unvollkommenen Essenz dessen verpflichtet, was uns wahrhaft menschlich macht. Denn im Zusammenspiel von Maschinenpräzision und menschlicher Leidenschaft liegt das Versprechen einer Ära, die nicht von Uniformität geprägt ist, sondern vom lebendigen, chaotischen Tanz der Ideen – einem Tanz, den wir mit jedem Herzschlag, jedem Fehltritt und jedem Moment glühender Brillanz anführen.

Letztendlich wird unser Weg nicht an der reibungslosen Leistung automatisierter Prozesse oder der unfehlbaren Logik von Algorithmen gemessen, sondern an dem schieren, unbezwingbaren Willen, zu erschaffen, zu verbinden und die Grenzen konventioneller Erwartungen zu überwinden. Und während wir dieses mutige neue Kapitel beschreiten, tun wir dies mit dem unerschütterlichen Wissen, dass der unberechenbare, wunderschön fehlerhafte Funke menschlicher Kreativität unseren Weg für immer erleuchten wird, egal wie fortschrittlich unsere Werkzeuge werden.

Human Creativity vs. AI Output

Human Creativity	AI Output
Originality Empathy Abstract Thinking Cultural Influence Emotional Depth	Consistency Data-Driven Pattern Recognition Speed Automation

Unter dem Neonlicht unerbittlicher Innovation und digitaler Durchbrüche entfaltet sich ein seltsames Paradoxon. Die überwältigende Leistung der KI – jene raffinierten, algorithmischen Wunderwerke, die mit erschreckender Präzision Kunst und Literatur hervorbringen – trägt eine inhärente Leere in sich. Hinter der Brillanz lauert eine gewichtige Wahrheit: Wenn eine Maschine etwas erschafft, wiederholt sie lediglich das riesige, chaotische Archiv menschlichen Ausdrucks, ohne es je wirklich erlebt zu haben . Es ist, als würde ein Algorithmus ein Mosaik aus jedem berühmten Satz und jedem ikonischen Moment unserer kollektiven Vergangenheit zusammenschustern, ohne jedoch die raue, ungeschliffene Atmosphäre menschlicher Erfahrung einzufangen.

Früher habe ich mir unzählige **TED-Talks** -Videos angesehen, oft beim Aufräumen meines Büros, aber versucht, jedes Wort in mich aufzunehmen. In den letzten Jahren habe ich den unaufhaltsamen Fortschritt der Technologie zunehmend in Frage gestellt. Wenn diese hochentwickelten Systeme mühelos einen unaufhörlichen Strom an fesselnden Bildern und Versen erzeugen können, die uns zu Herzen gehen sollen, wo bleibt dann die einzigartige, aber dennoch fehlerbehaftete Genialität menschlicher Genialität? Könnten unsere einzigartigen Perspektiven – einst für ihre unverfälschte Authentizität gefeiert – bald in eine eigentümliche, exklusive Nische verbannt werden, die nur denen vorbehalten ist, die sich den Luxus wahrer, ungefilterter Meinungsäußerung leisten können? Oder könnte uns der Ansturm algorithmischer Kunst dazu zwingen, unsere inhärente Fehlbarkeit zu akzeptieren und unsere kreative Rebellion zu begründen, indem wir die Eigenheiten wertschätzen, die keine Maschine je nachahmen könnte?

Es liegt eine köstliche Ironie in der Vorstellung, dass genau die Werkzeuge, die uns von alltäglichen Aufgaben befreien sollen, unseren einst revolutionären kreativen Funken zu einer bloßen Ware degradieren könnten. Stellen Sie sich vor: Sie wachen jeden Morgen auf einem digitalen Marktplatz auf, auf dem Ihre einzigartigen kreativen Erkenntnisse in mundgerechte, marktfähige Einheiten zerlegt und wie jede andere Ressource auf dem unerbittlichen digitalen Basar gehandelt und verhandelt werden. Visionäre wie **Jaron Lanier** und **Douglas Rushkoff** haben wiederholt vor den Gefahren eines solchen Szenarios gewarnt und davor gewarnt, dass die Monopolisierung kreativer Energie durch diejenigen, die die Algorithmen kontrollieren, uns kaum mehr als entbehrliche Fetzen an Originalität hinterlassen könnte. In dieser sich entwickelnden Landschaft besteht die Gefahr, dass das pulsierende Chaos menschlicher Kreativität gegen sterile Effizienz eingetauscht wird – eine Transaktion, die uns letztendlich unserer chaotischen, schönen Seele berauben könnte, die unsere kollektive Identität ausmacht.

Für mich ist diese Konvergenz von Technologie und künstlerischem Bestreben alles andere als eine abstrakte Debatte. Es ist eine raue, persönliche Odyssee – eine Reise durch Gipfel euphorischer Inspiration und Täler niederschmetternder Rückschläge. Meine eigene Geschichte ist geprägt von Momenten wilden Ehrgeizes und herzzerreißender Enttäuschung. Ich hegte einmal einen radikalen Traum: Ich wollte ein so revolutionäres Boot entwerfen, dass es alle bestehenden Geschwindigkeitsrekorde auf dem Wasser brechen würde. Dieser geniale Funke kam unerwartet während eines ziellosen Streifzugs durch die regennassen Straßen **Amsterdams** . Inmitten der labyrinthischen Kanäle und schimmernden Spiegelbilder der Stadt war ich fasziniert von einem wirbelnden Wasserstrudel – einem chaotischen Tanz der Natur, der eine Vision in meinem Kopf entfachte. Die Idee war kühn und ich stürzte mich kopfüber in ihre Verfolgung.

Ich verbrachte Jahre damit, dieses Design zu verfeinern, brütete über unzähligen Iterationen und holte mir die Expertise eines brillanten promovierten Strömungsmechanikers ins Haus, der mir half, die

Geheimnisse der Hydrodynamik zu entschlüsseln. Die Aufregung war greifbar; ich konnte den Durchbruch, der die Ingenieurskunst, wie wir sie kennen, neu definieren würde, förmlich schmecken. Doch nachdem ich mir ein Patent gesichert und meine ganze Seele in die Perfektionierung des Konzepts gesteckt hatte, stieß mein Traum auf die eisernen Widerwillen der Konzerne. Es dauerte nicht lange, bis ich eine Firma namens **Deepspeed entdeckte** , die an einer ähnlichen Innovation arbeitete. Ich nahm Kontakt auf, in der Hoffnung auf eine Zusammenarbeit, stieß jedoch auf beunruhigendes Schweigen. Dieser Moment war eine brutale Lektion über die unerbittliche Mechanik moderner Innovation – eine Erinnerung daran, dass manchmal selbst die brillantesten Ideen durch die unerbittlichen Mechanismen von Profit und Macht in die Vergessenheit geraten.

Diese Begegnung mit der Apathie der Unternehmen erschütterte mich zutiefst. Im unaufhaltsamen Ansturm der digitalen Produktion, wo künstliche Intelligenz unermüdlich ästhetisch ansprechende, aber hohle Artefakte produziert, begann ich, das Schicksal unserer angeborenen, menschlichen Kreativität zu hinterfragen. Die Maschine mag einen Stil präzise reproduzieren, eine Emotion mit klinischer Genauigkeit nachahmen oder Bilder produzieren, die das Auge blenden, aber sie bleibt grundsätzlich unfähig, den rauen, chaotischen Puls des Lebens zu erleben. Sie kann den herzzerreißenden Schmerz eines unerwarteten Abschieds nicht ermessen, noch kann sie sich in der siegreichen Hochstimmung sonnen, die einem hart erkämpften Triumph folgt. Die Erfahrungen, die der Kunst Seele verleihen – das unermüdliche Streben nach Leidenschaft, die Narben persönlichen Scheiterns, die aus Verzweiflung geborenen glücklichen Momente der Genialität – sind Schätze, die kein noch so ausgefeilter Algorithmus jemals authentisch reproduzieren kann.

Während die Gesellschaft durch das Zeitalter der digitalen Transformation rast, werden die Grundlagen von Bildung und Zusammenarbeit radikal neu erfunden. Weltweit brechen akademische Institutionen und Forschungszentren alte Silos auf und verbinden die strenge Logik der Informatik mit der unvorhersehbaren Kunst des kreativen Ausdrucks. Kurse, die sich einst ausschließlich auf technisches Können konzentrierten, sind heute mit Studien verwoben, die das feine Zusammenspiel von maschineller Intelligenz und künstlerischem Flair erforschen. Studierende werden dazu angehalten, Künstliche Intelligenz nicht als Ersatz für menschlichen Einfallsreichtum, sondern als unverzichtbaren Partner zu betrachten – als Werkzeug zur Erweiterung unseres kreativen Horizonts und nicht als Krücke, die unsere angeborenen Fähigkeiten abstumpft. Online-Plattformen zur Kompetenzentwicklung reagieren darauf und bieten spezialisierte Kurse an, die KI-gestütztes Design mit traditionellen künstlerischen Techniken verbinden. Diese neue Bildungswelle vertritt die Idee, dass es eines Gleichgewichts bedarf, um in einer sich schnell verändernden Landschaft relevant zu bleiben – einer harmonischen Mischung aus Präzision und Spontaneität, Logik und Emotion, Effizienz und roher, ungezähmter Kreativität.

Die Debatte um kreatives Eigentum im Zeitalter der künstlichen Intelligenz ist keine bloße akademische Übung; sie ist ein Schlachtfeld, auf dem die Rechte des einzelnen Schöpfers gegen die unpersönliche Mechanik der automatisierten Produktion antreten. Auf internationalen Ethikkonferenzen und Gipfeltreffen zu digitalen Rechten toben leidenschaftliche Debatten über Fragen, die den Kern unserer Identität als Schöpfer berühren. Wenn ein paar Zeilen Code einen Bestseller-Roman hervorbringen oder mit nur einem Mausklick ein fesselndes Kunstwerk zaubern können, wer sollte dann als der wahre Künstler gepriesen werden? Ist es der Entwickler, der den Algorithmus akribisch programmiert hat, der Nutzer, der seinen kreativen Ausbruch angestoßen hat, oder kann die Maschine selbst Anspruch auf Originalität erheben? Dies sind keine müßigen Überlegungen, sondern kritische Fragen, die einer Lösung bedürfen, da sie das Potenzial haben, den Begriff der Kreativität in unserem digitalen Zeitalter neu zu definieren.

Die unaufhaltsame Verbreitung algorithmisch generierter Werke birgt jedoch eine weitere, vielleicht noch heimtückischere Bedrohung: die Kommerzialisierung unserer kreativen Essenz. Populäre digitale Plattformen werden mit maschinell hergestellter

Kunst überschwemmt, die zwar visuell fesselnd ist, aber eine sterile Einheitlichkeit ausstrahlt. Diese Flut massenproduzierter Perfektion steht in krassem Gegensatz zu den nuancierten, unvollkommenen Ausdrucksformen, die seit langem das Markenzeichen menschlicher Kreativität sind. Betrachten wir zum Beispiel **YouTube** – eine Plattform, deren Architektur von einem **Google** -Algorithmus gesteuert wird, der wegen seiner angeblichen Unterdrückung authentischen kreativen Ausdrucks in die Kritik geraten ist. Kritiker argumentieren, dass der Algorithmus der Plattform, anstatt echte Talente zu fördern, einen Kreislauf repetitiver, kommerziell verwertbarer Inhalte aufrechterhält und so jene mutigen Seelen, die kreative Risiken eingehen, effektiv an den Rand drängt. **TikTok hat sich derweil** den Ruf erarbeitet, ein Umfeld zu schaffen, das freie Meinungsäußerung und Vielfalt fördert und Stimmen, die sich dem Mainstream widersetzen, eine Bühne bietet, auf der sie sich entfalten können. Diese Gegenüberstellung offenbart eine wachsende Spaltung unseres digitalen Ökosystems – eine Divergenz zwischen sterilen, massenproduzierten Medien und den rohen, ungefilterten Stimmen, die versuchen, sich von den Zwängen der Algorithmen zu befreien.

Die rasante Entwicklung künstlicher Intelligenz war historisch gesehen ein zweischneidiges Schwert. Jede technologische Revolution läutete eine Phase tiefgreifender Umbrüche ein – eine Demontage lang gehegter Paradigmen und eine Neudefinition des Möglichen. Die digitale Revolution beispielsweise veränderte die Art und Weise, wie wir Informationen verbreiten und konsumieren, radikal, demokratisierte den Zugang zu Wissen und löste branchenübergreifend eine explosionsartige Innovationstätigkeit aus. Es ist durchaus denkbar, dass der aktuelle Anstieg KI-getriebener Kreativität letztlich ein kulturelles Wiedererwachen auslösen könnte. Inmitten der unaufhörlichen Produktion maschinell erzeugter Produkte könnte der Mangel an authentischem menschlichen Ausdruck unsere einzigartigen kreativen Bemühungen zu einer begehrten Rarität machen – ein begehrtes Zeichen der Exzellenz inmitten der banalen Gleichförmigkeit algorithmischer Produktion.

Inmitten dieser unerbittlichen Flut finde ich Trost und Auflehnung in genau den Unvollkommenheiten, die unseren menschlichen Weg prägen. Die unersetzliche Qualität unseres kreativen Schaffens liegt nicht in der Einhaltung makelloser Formeln, sondern in der unverfälschten, unbearbeiteten Darstellung der unvorhersehbaren Geschichte des Lebens. Denken Sie an den Reiz eines handgemalten Wandgemäldes – jeder Pinselstrich trägt die Seele des Künstlers in sich, jede Unvollkommenheit zeugt von den Kämpfen und Triumphen, die ihm Charakter verliehen haben. Oder die Resonanz eines Romans, durchdrungen von den bittersüßen Realitäten von Verlust, Hoffnung und den unzähligen Emotionen, die durch unsere Adern fließen – eine Erzählung, die keine Maschine, ungeachtet ihrer Rechenleistung, jemals reproduzieren könnte.

An diesem Schnittpunkt zwischen unaufhaltsamem technologischem Fortschritt und dem unerschütterlichen Geist menschlicher Kreativität erinnere ich mich an die unzähligen Nächte, die ich rastlos auf der Suche nach einem Funken verbracht habe – jene Momente, in denen die Inspiration inmitten des Chaos der Straßen zuschlägt, angetrieben von einer starken Mischung aus Koffein und trotziger Entschlossenheit. Jede Erfahrung, jeder Misserfolg und jeder flüchtige Sieg hat meine kreative Seele nachhaltig geprägt. Diese Erinnerungen, roh und ungeschminkt, sind der Treibstoff, der uns vorantreibt und uns herausfordert, dem Sirenengesang der Maschinen zu widerstehen.

Diese Reise ist nicht nur meine – sie ist eine gemeinsame Odyssee unzähliger Menschen, die sich nicht von mechanischer Präzision in ihrem kreativen Schaffen blenden lassen wollen. Es ist ein kollektiver Aufruf an alle, die den chaotischen, unvorhersehbaren Rhythmus menschlichen Ausdrucks den sterilen, algorithmusgesteuerten Ergebnissen vorziehen. Wir sind die Künstler, die Träumer, die Rebellen, die es wagen, alles für die Chance auf etwas Außergewöhnliches zu riskieren – ein Beweis unserer Widerstandsfähigkeit angesichts überwältigender Widrigkeiten.

In akademischen Kreisen und Kreativzentren auf allen Kontinenten wächst eine Bewegung, die genau dieses

Ethos vertritt. Institutionen, die einst Kunst und Technologie strikt trennten, setzen heute auf interdisziplinäre Ansätze, die die Verbindung von Logik und Emotion feiern. In Städten entstehen kollaborative Räume, in denen Programmierer und Kreative Seite an Seite arbeiten, um unerforschte Ausdrucksräume zu erkunden. Diese Experimente, so herausfordernd sie auch sein mögen, verkörpern einen tiefen Glauben an das grenzenlose Potenzial menschlichen Einfallsreichtums – den Glauben daran, dass keine Maschine, wie fortschrittlich sie auch sein mag, jemals die turbulente Symphonie menschlicher Erfahrung nachbilden kann.

Debatten über Eigentum und Authentizität von Kunst haben auch politische und ethische Bereiche erreicht. Auf internationalen Gipfeltreffen und politischen Foren liefern sich Prominente und Aktivisten erbitterte Auseinandersetzungen darüber, wer die Kontrolle über kreative Inhalte in der Hand halten sollte. Wenn ein einziger Algorithmus auf Knopfdruck scheinbar Meisterwerke generieren kann, verschwimmen die Grenzen zwischen menschlicher Arbeit und mechanischer Reproduktion gefährlich. Die Folgen eines solchen Wandels sind weitreichend und berühren Fragen des geistigen Eigentums, des kulturellen Erbes und der Identität dessen, was Schaffen bedeutet. Es geht nicht nur um Anerkennung, sondern um den Erhalt eines zutiefst menschlichen Erbes.

Inmitten dieser tiefgreifenden Transformationen bietet sich eine unerwartete Chance – die Chance, das Narrativ zurückzugewinnen und den bleibenden Wert unserer kreativen Unvollkommenheiten zu bekräftigen. Während wir uns durch diese turbulente Epoche bewegen, wächst die Erkenntnis, dass Authentizität nicht in Massenproduktion hergestellt werden kann. Stattdessen muss sie als einzigartiger Akt der Rebellion gegen die sterile Monotonie der Maschinenproduktion gepflegt, geschätzt und gefeiert werden. Dies ist kein Aufruf, Technologie gänzlich zu meiden; vielmehr ist es eine Einladung, ihre Möglichkeiten zu nutzen und gleichzeitig den unberechenbaren Funken, den nur menschliche Erfahrung entzünden kann, vehement zu bewahren.

Diese Spannung birgt eine seltsame Schönheit – ein dynamisches Zusammenspiel zwischen der unerbittlichen Effizienz der Maschinen und der unberechenbaren Kunstfertigkeit menschlichen Schaffens . Es ist ein Kampf, der sich in jedem Pinselstrich, jedem geschriebenen Wort, jeder Note, die im Puls eines lebendigen Herzens vibriert, abspielt. Und inmitten dieses digitalen Mahlstroms wird die Herausforderung deutlich: unsere kreative Unabhängigkeit zu behaupten, unseren authentischen Ausdruck über die Kakophonie der algorithmischen Replikation zu erheben und die Maßstäbe für Kunst neu zu definieren.

Wenn ich über meine eigene Odyssee nachdenke, sehe ich jeden Rückschlag nicht als Versagen, sondern als entscheidendes Kapitel in der größeren Geschichte der kreativen Evolution. Die Momente der Verzweiflung, die stillen Echos unerwiderter Zusammenarbeit und der bittere Geschmack der Gleichgültigkeit der Unternehmen haben meine Entschlossenheit gestärkt. Sie erinnern mich ständig daran, dass wahre Kreativität im Schmelztiegel der Not entsteht und dass unsere

343

Narben symbolisch für unsere unermüdliche Suche nach Sinn in einer zunehmend automatisierten Existenz stehen.

Jeder Fortschritt in diesem Labyrinth der Innovation zeugt von unserem unbezwingbaren Geist – einem Geist, der sich nicht auf eine Reihe quantifizierbarer Kennzahlen oder kommerzialisierter Fragmente reduzieren lässt. Unsere kreativen Reisen werden nicht an der Anzahl der Likes oder der Präzision von Pixeln gemessen, sondern an der rohen, ungezähmten Leidenschaft, die uns antreibt, die Grenzen konventionellen Denkens zu überschreiten. Es ist dieser Geist, dieses unerschütterliche Bekenntnis zur Authentizität, der uns ausmacht und uns von den kalten Berechnungen künstlicher Intelligenz unterscheidet.

Mit dem immer schneller voranschreitenden technologischen Fortschritt befinde ich mich oft zwischen zwei Welten: Die eine dominiert von der sterilen Perfektion algorithmischer Produktion, die andere strotzt vor der unvorhersehbaren, chaotischen Brillanz menschlichen Schaffens . Dieses innere

Tauziehen ist nicht nur ein künstlerisches Dilemma, sondern Spiegelbild eines tieferen gesellschaftlichen Wandels – des Wiedererwachens unseres kollektiven Bedürfnisses, die Kraft echter, ungefilterter Kreativität zurückzugewinnen. Wir sind aufgerufen, die Narben, Fehltritte und Ecken und Kanten zu würdigen, die unsere kreative Leistung unverkennbar menschlich machen.

In der weitläufigen digitalen Landschaft, in der Plattformen mit schwindelerregender Geschwindigkeit entstehen und verschwinden, erweisen sich die Stimmen, die es wagen, ihre einzigartigen Wahrheiten auszudrücken, als Leuchtfeuer der Widerstandsfähigkeit. Sie erinnern uns daran, dass Authentizität nicht programmierbar oder simulierbar ist, sondern eine zutiefst persönliche Reise ist – geprägt von Momenten des Triumphs, der Verzweiflung und allem, was dazwischen liegt. Während ich diese Worte schreibe, bin ich von der festen Entschlossenheit erfüllt, dafür zu sorgen, dass unser kreatives Erbe ein Zeugnis der rohen, ungezähmten Schönheit gelebter Erfahrung bleibt – ein allgegenwärtiger Kontrapunkt zum glatten, gefühllosen Output unserer mechanischen Gegenstücke.

Die Geschichte, die sich vor uns entfaltet, ist nicht die eines unvermeidlichen Verfalls, sondern ein Aufruf zu den Waffen – eine Erklärung, dass unser kreativer Geist, mit all seinen herrlichen Unvollkommenheiten, hier ist, um die sterile Dominanz der algorithmischen Kunst herauszufordern. Sie erinnert uns daran, dass Maschinen zwar Muster reproduzieren können, aber niemals die chaotische, unvorhersehbare Symphonie der Emotionen, die ein erfülltes Leben ausmacht. Und es ist dieses unersetzliche, lebendige Chaos, das wir pflegen, verteidigen und auf Schritt und Tritt feiern müssen.

Wenn ich auf den gewundenen Weg zurückblicke, der mich zu diesem Moment geführt hat – ein Weg, der geprägt war von wildem Ehrgeiz, unermüdlichem Experimentieren und dem gelegentlichen bitteren Schmerz des Scheiterns –, erinnere ich mich an die einfache Wahrheit, die jeder großen Kunst zugrunde liegt: Kreativität ist keine Ware, die man messen oder verkaufen kann; sie ist ein unverfälschter Ausdruck der menschlichen Natur. In jedem Rückschlag, in jedem flüchtigen Triumph liegt der unauslöschliche Stempel von Leidenschaft und Beharrlichkeit – eine Signatur, die keine noch so fortschrittliche Maschine jemals nachahmen könnte.

Dies ist die Geschichte unserer Zeit: ein unerbittlicher, unvorhersehbarer Tanz zwischen der Präzision der Technologie und dem unbändigen Geist menschlicher Kreativität. Es ist ein Beweis für die Überzeugung, dass der ungezähmte, unberechenbare Funke, der uns zum Schaffen antreibt, auch dann weiter hell brennen wird, wenn künstliche Intelligenz die Grenzen des Möglichen neu definiert – ein Leuchtfeuer der Authentizität inmitten eines Meeres replizierbarer, digitalisierter Ergebnisse.

Die bevorstehende Reise ist voller Unsicherheiten und Herausforderungen, aber auch voller Potenzial. Sie lädt uns ein, unsere Verletzlichkeiten zu akzeptieren, das Unvollkommene zu feiern und einen Weg einzuschlagen, der die chaotische Schönheit unserer menschlichen Erfahrung würdigt . Denn im Konflikt zwischen mechanisierter Effizienz und purer Emotion liegt das Versprechen einer Renaissance – einer Wiedergeburt des künstlerischen Ausdrucks, der die Härte gelebter Erfahrung über die sterile Perfektion des Codes stellt.

In diesen turbulenten Zeiten, in denen Maschinen unaufhaltsam immer effizienter werden, liegt die wahre Herausforderung in unserer Fähigkeit, unsere kreative Unabhängigkeit zu behaupten. Wir müssen unsere Unvollkommenheiten nicht als Belastung, sondern als Kennzeichen eines lebendigen, authentischen Lebens betrachten. Wir müssen die Vorstellung verwerfen, dass Effizienz und Perfektion die ultimativen Ziele sind, und stattdessen den chaotischen, unvorhersehbaren Weg beschreiten, der unser kreatives Schaffen ausmacht .

Und so stehe ich nun am Scheideweg dieses technologischen Strudels und bin von unerschütterlicher Entschlossenheit erfüllt – dem Bekenntnis, den unverfälschten, ungefilterten Puls menschlichen Ausdrucks zu feiern. Ich bin ein Bekenntnis zu der Überzeugung, dass Kreativität in ihrer reinsten Form nicht aus makelloser Reproduktion entsteht, sondern aus gelebten Erfahrungen, die keine Maschine jemals reproduzieren kann. Jede Narbe, jeder Fehltritt, jeder Geistesblitz ist eine wichtige Note in der großen Symphonie unserer gemeinsamen Reise.

Dies ist meine Geschichte und die Geschichte unzähliger anderer, die es wagen, der sterilen Präzision künstlicher Intelligenz zu trotzen. Es ist eine Geschichte von Kampf, Leidenschaft und dem unerschütterlichen Glauben daran, dass unser kreativer Geist mit all seinen schönen, chaotischen Unvollkommenheiten eine Kraft ist, die niemals verstummen wird. Es ist ein Bekenntnis dazu, dass Maschinen zwar weiterhin makellose Kunstreproduktionen produzieren, das unberechenbare menschliche Herz jedoch immer neue Wege finden wird, zu rebellieren, zu innovieren und zu inspirieren.

Letztendlich ist der Konflikt zwischen kalten Algorithmen und warmer, gelebter Erfahrung kein Kampf, den eine Seite allein gewinnen kann. Es ist ein dynamisches Wechselspiel – eine Spannung, die uns dazu herausfordert, immer wieder neu zu definieren, was es bedeutet, zu erschaffen, auszudrücken und voll zu leben. Und während wir uns durch dieses sich ständig verändernde Terrain bewegen, tragen wir die unbestreitbare Wahrheit mit uns, dass keine Maschine, wie genial sie auch sein mag, jemals die volle, chaotische Brillanz einer menschlichen Seele in Bewegung einfangen kann.

Dies ist die ungeschminkte Wahrheit unserer Zeit – ein rohes, ungefiltertes Zeugnis der ungebrochenen Kraft der Kreativität, geschmiedet im Schmelztiegel von Leidenschaft, Schmerz und unerbittlicher Beharrlichkeit. Es ist eine Wahrheit, die sich der sterilen Präzision maschinengemachter Kunst widersetzt und stattdessen verkündet, dass die Lebendigkeit unseres kreativen Geistes in seiner inhärenten Unberechenbarkeit liegt. Und solange wir weiterhin wagen, träumen und unser Herzblut in jede unvollkommene Schöpfung stecken, werden wir die wahren Gestalter unseres Schicksals bleiben.

Deshalb entscheide ich mich, inmitten des schwindelerregenden Tempos des technologischen

Fortschritts und des ständigen Summens der digitalen Produktion, aufrecht zu stehen – jeden Rückschlag, jeden Triumph, jeden flüchtigen Moment der Genialität, den mir das Leben schenkt, zu genießen. Ich entscheide mich, den chaotischen, unberechenbaren Tanz der menschlichen Kreativität zu ehren , in der Gewissheit, dass sie eine Kraft ist, die kein Algorithmus jemals zähmen oder reproduzieren kann. Und in dieser trotzigen, unverfälschten Würdigung unseres einzigartigen kreativen Pulses finde ich Trost und Hoffnung zugleich – die Gewissheit, dass selbst wenn Maschinen aufkommen und die Echos unserer Vergangenheit reproduzieren, der unbändige, lebendige Geist des menschlichen Ausdrucks für immer seinen eigenen, ungezähmten Weg gehen wird.

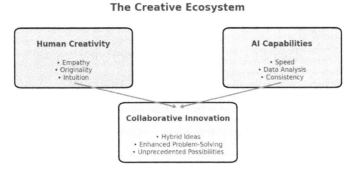

The Creative Ecosystem

Human Creativity
- Empathy
- Originality
- Intuition

AI Capabilities
- Speed
- Data Analysis
- Consistency

Collaborative Innovation
- Hybrid Ideas
- Enhanced Problem-Solving
- Unprecedented Possibilities

Unter dem trüben Schein der Neonreklamen und dem dumpfen Motorengeräusch auf den regennassen Straßen entfaltete sich eine subtile Revolution. Es war ein Zeitalter, in dem das Klappern von Tastaturen und das unaufhörliche Summen von Servern mit der rauen, unberechenbaren Kadenz des menschlichen Lebens kollidierten. Inmitten hoch aufragender Glasgebäude, die Monopolgiganten wie **Google beherbergten** , entbrannte eine heftige Debatte über Kreativität – eine Debatte, die sich fragte, ob die Seele der Kunst inmitten der Präzision automatisierter Prozesse und unerbittlicher Datenströme überleben könne.

In einer ruhigen kleinen Bar in einem übersehenen Teil der Stadt saß ich neben einem alten Maler, dessen Leinwände Momente exquisiter Unvollkommenheit einfingen. Er sprach über die tiefe Komplexität menschlicher Emotionen – eine Komplexität, die selbst von den fortschrittlichsten KI-Algorithmen von Unternehmen wie **OpenAI** und **DeepMind nicht reproduziert werden kann** . Seine Stimme war rau von Jahren des Lachens und des Verlusts, und seine Worte trugen die Last von Erfahrungen, die keine Maschine jemals verarbeiten könnte. „Maschinen", sagte er mit einem schiefen Lächeln, „können ein Gedicht verfassen, das sich perfekt reimt und Pinselstriche nachahmt, die das Auge täuschen, aber sie werden nie den Schmerz einer Trennung oder die Süße eines unerwarteten Wiedersehens kennen." Seine Behauptung entsprang nicht romantischer Nostalgie, sondern einer kalten, unbestreitbaren Tatsache: Unsere Narben, unsere Triumphe und unser alltägliches Chaos bilden die Palette, aus der echte Kreativität entsteht. Ich frage mich, was er jetzt macht und aus dieser Welt macht?

In den geschäftigen Straßen moderner Städte, wo die neuesten Roboter-Innovationen von **Boston Dynamics** über die Bürgersteige ratterten und Lieferdrohnen über die Köpfe hinweg sausten, gewann die Diskussion über Kreativität eine Dringlichkeit, die sich nicht ignorieren ließ. Der rasante Fortschritt KI-gestützter Agenten löste nicht nur Faszination, sondern auch echte Besorgnis aus. Man denke nur an die eleganten, effizienten Maschinen, die heute Symphonien komponieren oder Artikel mit verblüffender Präzision verfassen konnten.

Trotz ihrer beeindruckenden Fähigkeiten fehlte diesen digitalen Wunderwerken der unbeständige Puls der gelebten Erfahrung. Sie arbeiteten mit Codezeilen – präzise, deterministisch und absolut vorhersehbar –, während die menschliche Kreativität vom Unerwarteten, Chaotischen und manchmal geradezu Absurden lebte.

Als ich über einen überfüllten Straßenmarkt schlenderte, der es irgendwie geschafft hatte, inmitten der zunehmenden Automatisierung zu überleben, beobachtete ich einen Straßenmusiker, der leidenschaftlich auf einer alten Gitarre klimperte. Seine gefühlvollen Melodien durchbrachen das mechanische Summen der Gespräche und das gelegentliche metallische Klirren der umliegenden Bauten. Dies war der Beweis dafür, dass das menschliche Herz trotz der immer beeindruckenderen technologischen Errungenschaften von Unternehmen wie **IBM** und **Microsoft** trotz steriler Perfektion weiterschlug. Seine Musik war ein Beweis dafür, dass jeder falsche Ton und jeder Ausbruch spontaner Improvisation eine Erklärung dessen war, was es wirklich bedeutet zu leben – und zu erschaffen.

In den Debatten in den Sitzungssälen und
akademischen Hallen von Hochhäusern spiegelten sich
ähnliche Themen wider. Visionäre und Regulierer von
Organisationen wie der **Europäischen Kommission** und
der Stanford University waren damit beschäftigt, neue
Richtlinien und Rahmenbedingungen für dieses
Neuland zu entwerfen. Ihre Diskussionen reichten von
Fragen des geistigen Eigentums bis hin zu den
ethischen Grenzen der algorithmischen Generierung. In
diesen Debatten herrschte Einigkeit darüber, dass
Kreativität sich nicht einfach kodifizieren oder in
übersichtliche digitale Module packen lässt. Vielmehr
erfordert sie ein Umfeld, das das chaotische
Zusammenspiel von Scheitern und Zufall zulässt – ein
Umfeld, in dem Risiko nicht nur akzeptiert, sondern
gefeiert wird.

Doch selbst während diese kritischen Diskussionen
geführt wurden, brachte der unaufhaltsame
technologische Fortschritt tiefgreifende
Herausforderungen für traditionelle Formen des
kreativen Ausdrucks mit sich. Faktenbasierte Analysen

zeigten, dass automatisierte Systeme zwar makellose Reproduktionen von Kunst und Literatur produzieren konnten, aber grundsätzlich vom Puls der menschlichen Erfahrung losgelöst blieben. Studien von Forschungsgruppen des **MIT Media Lab** und **der Carnegie Mellon University** unterstrichen eine beunruhigende Wahrheit: Algorithmen, egal wie ausgefeilt sie auch sein mögen, sind kaum in der Lage, die nuancierten Ebenen von Emotionen, Erinnerungen und Instinkt zu erfassen, die echte Innovationen vorantreiben.

Es wurde deutlich, dass es für den Erhalt menschlicher Kreativität nicht darum ging, sich dem technologischen Fortschritt zu widersetzen, sondern unsere Beziehung zu ihm neu zu definieren. In stillen Momenten der Selbstreflexion und in hitzigen öffentlichen Debatten kristallisierte sich ein Konsens heraus – ein Konsens, dass das unerbittliche Streben nach Effizienz und Perfektion durch die Wertschätzung der Unberechenbarkeit unseres Lebens gemildert werden müsse. Dies war nicht nur eine philosophische Betrachtung, sondern ein Aufruf zum Handeln für jeden kreativen Geist und jeden politischen Entscheidungsträger, der mit den Auswirkungen der rasanten Automatisierung zu kämpfen hat.

Eines späten Abends fand ich mich in einem engen Studioapartment in der Innenstadt wieder, dessen Wände mit Farbtupfern und abstrakten Formen geschmückt waren . Dort hatte sich eine Gruppe junger Schriftsteller und Künstler versammelt, und ihre Gespräche waren so lebhaft und unstrukturiert wie die Kunst, die sie umgab. Mit einer Mischung aus Trotz und Humor sprachen sie über ihr Handwerk , begierig darauf, das Erzählen aus dem Griff der algorithmischen Gleichförmigkeit zu befreien. Eine von ihnen, eine feurige Geschichtenerzählerin, deren Werke einmal in **der New York Times veröffentlicht worden waren** , bemerkte, die wahre Kraft der Kreativität liege nicht in der makellosen Ausführung, sondern in der mutigen Verletzlichkeit, die mit dem Offenlegen des eigenen inneren Chaos einhergeht. „Wir versuchen nicht, perfekt zu sein", erklärte sie. „Wir sind hier, um echt zu sein. Jeder Fehltritt, jeder Ausbruch roher Emotionen erinnert uns daran, dass wir am Leben sind." Ihre Worte hallten tief nach und spiegelten das Gefühl wider, dass unsere Werkzeuge, egal wie fortschrittlich sie werden, niemals den ungezähmten Geist nachbilden können, der die menschliche Reise ausmacht.

Die Beweise waren unausweichlich. Jedes Mal, wenn eine Maschine ein perfekt kalibriertes Text- oder Kunstwerk schuf, unterstrich sie unabsichtlich den unersetzlichen Wert menschlicher Fehlbarkeit. Unsere kollektive Geschichte – gewoben aus Momenten der Verzweiflung, Ekstase und unerwarteter Genialität – ließ sich nicht in Binärcode fassen. Die wahre Kraft der Kreativität, wie sie die brillanten Köpfe in **Harvard** , **Caltech und anderswo** verkörperten , lag in ihrer inhärenten Unberechenbarkeit, ihrer Fähigkeit zu überraschen und ihrem unermüdlichen Streben nach Schönheit inmitten des Unvollkommenen.

Im Echo dieses anhaltenden Wandels stellte sich mit geradezu rebellischer Klarheit die Frage: Wenn Algorithmen Routineaufgaben dominieren und Roboter die Last körperlicher Arbeit tragen , welcher Raum bleibt dann noch für den menschlichen Geist? Die Antwort lag in unserer Fähigkeit, uns anzupassen, unseren kreativen Ausdruck neu zu erfinden und darauf zu bestehen, dass Technologie ein Werkzeug und kein Ersatz bleibt. Es war eine Herausforderung für jeden Schriftsteller, Maler, Musiker und Träumer, die Kraft der Innovation zu nutzen, ohne die wilden, ungezähmten Elemente aufzugeben, die unser Dasein zutiefst menschlich machen.

In den Hinterhöfen der Innovationszentren und den intimen Ecken unabhängiger Galerien herrschte eine unausgesprochene Übereinkunft: Unser kreatives Erbe sollte nicht von Maschinen geschrieben werden. Stattdessen sollte es von der eigensinnigen, schönen Unvollkommenheit derer geprägt sein, die es wagten, sich der sterilen Einheitlichkeit zu widersetzen. Es war eine Einladung, künstlerisches Neuland zu erkunden und das nuancierte Wechselspiel von Freude und Leid zu feiern, das unsere gemeinsame Erfahrung prägt.

Diese Geschichte von Widerstand und Neuerfindung, untermalt vom unaufhaltsamen Fortschritt der Technologie, ist ein Beleg für unsere ungebrochene

Fähigkeit zu erschaffen und zu träumen. Auch wenn automatisierte Systeme Effizienz und Präzision immer wieder neu definieren, hinterlassen sie eine unauslöschliche Lücke, die nur der menschliche Geist füllen kann – eine Lücke voller Emotionen, gelebter Erfahrung und den unvorhersehbaren Funken des Genies, die die Geschichte der Zivilisation immer wieder neu geschrieben haben.

Die Leinwand von morgen bleibt voller Ungewissheit und rohem Potenzial. Und während der Fortschritt unvermeidlich sein mag, bleibt die spontane, chaotische Schönheit des menschlichen Ausdrucks bestehen – unnachgiebig und trotzig. Jede enttäuschte Erwartung und jeder unerwartete Triumph erinnern uns daran, dass wir die Schöpfer unseres Schicksals sind, die Gestalter unserer eigenen Geschichte, und dass keine Maschine das atemberaubende Chaos des Lebens jemals wirklich einfangen kann.

Kapitel 8: Wer gewinnt, wer verliert und die Zukunft der menschlichen Bestimmung

Es begann mit dem ständigen Ping von Benachrichtigungen – unzählige Tweets, Instagram-Storys, YouTube-Livestreams, alles drehte sich um den „nächsten großen Trend" in der Technologie. Jede Schlagzeile brüllte von einem neuen Service, der versprach, schneller, günstiger und effizienter zu sein als alles bisher Dagewesene. Doch hinter den glänzenden Fassaden von Tech-Gipfeln und schnittigen Vorstandspräsentationen schlängelte sich eine dunklere Strömung durch jedes Gespräch über Fortschritt. Es wurde ein Duell ausgetragen, nicht mit Schwertern oder Lasern, sondern mit Code und Daten, in dem Algorithmen und menschliche Intuition in einem Kampf kämpften, der über mehr als nur Quartalsgewinne entscheiden würde. Es war ein Aufeinanderprallen von Versprechen und Ängsten – ein Aufeinanderprallen, der bereits ganze Karrieren neu geordnet, vertraute

Branchen auf den Kopf gestellt und unzählige Arbeitnehmer dazu gebracht hatte, ihre bisherigen Lebensgrundlagen in Frage zu stellen.

In verrauchten Hinterzimmern und bei halb verbrannten Kaffeetassen flüsterten die Leute über den unaufhaltsamen Vormarsch der Maschinen. Es ging nicht nur darum, Dinge billiger oder schneller zu machen. Es ging um einen so tiefgreifenden Wandel, dass er drohte, der Arbeit selbst ihren Sinn zu nehmen. Einst war Arbeit ein Ehrenzeichen – eine Möglichkeit, seinen Mut unter Beweis zu stellen, zu etwas Größerem beizutragen und eine Identität aufzubauen, die den Gehaltsscheck überdauerte . Doch wenn der Job auf eine Codezeile, ein Stück Maschinerie oder einen Algorithmus reduziert wird, der niemals schläft, was bleibt dann von seinem Selbstwertgefühl?

Wer durch die Gänge der Technologiebranche schlendert, wird schnell feststellen, dass dies keine abstrakte Theorie ist, die nur Thinktanks vorbehalten ist. Es geschieht direkt vor unseren Augen. In einer der hitzigsten Diskussionen der letzten Jahre sah sich

Professor James O'Brien von der UC Berkeley mit einer bitteren Ironie konfrontiert. Jahrzehntelang bedeutete ein Informatikabschluss endlose Möglichkeiten, eine wahre Eintrittskarte in die Welt der Innovation. Doch nun, da die KI begann, Aufgaben zu übernehmen, die einst ausschließlich menschlichem Einfallsreichtum vorbehalten waren, begegnete den frischgebackenen Absolventen eine Stille, so bedrohlich wie eine geschlossene Tür. Der geschäftige Campus – einst erfüllt vom selbstbewussten Geplapper strahlender Studenten, die über ihren unausweichlichen Erfolg sprachen – hatte eine Atmosphäre der Besorgnis angenommen. „Als ich im Jahr 2000 mit der Lehre begann, wartete auf Tech-Absolventen eine Fülle von Angeboten", erinnerte sich O'Brien mit ungläubigem und resigniertem Unterton in der Stimme. „Aber jetzt bekommt man vielleicht nur ein Angebot, manchmal aber auch gar keins." Seine Worte trafen einen Nerv. Die Wunder der Automatisierung, einst als Durchbrüche gefeiert, zerstörten nun still und leise einen langjährigen Gesellschaftsvertrag: die Vorstellung, dass unsere Arbeit unseren Zweck definierte.

Nicht weit davon entfernt nahm die Geschichte eine noch dramatischere Wendung. In geschäftigen Kreativzentren, wo einst die rohe, chaotische Brillanz der menschlichen Vorstellungskraft regierte, war eine neue Revolution im Gange – eine Revolution, die vom unaufhaltsamen Aufstieg generativer Algorithmen angetrieben wurde. Nicht nur die Technikfreaks waren fassungslos; selbst die Titanen der Unterhaltungsbranche sahen sich gezwungen, einer harten Realität ins Auge zu sehen. An einem kalten Novemberabend brach ein Sturm der Entrüstung unter Schriftstellern, Schauspielern und Musikern aus. Sie waren nicht wütend über eine vorübergehende Modeerscheinung oder eine ausgefallene neue App; sie waren empört gegen die unerlaubte Verwendung ihrer Werke zum Trainieren von Maschinen. **Julianne Moore** , **Kazuo Ishiguro** und **Thom Yorke** standen Schulter an Schulter mit Tausenden anderen, vereint im Kampf gegen das, was sie als Angriff auf die Seele der Kreativität betrachteten. Ihr Schlachtruf war nicht in hehre Ideale gehüllt – es war die unverblümte Erklärung, dass ihre Kunst, ja ihre Identität von

Algorithmen gekapert würden, die sich nicht um das menschliche Herz scheren.

In Studios, die einst Horte des künstlerischen Ausdrucks waren, waren die Auswirkungen spürbar. Visual-Effects-Teams, einst die unbesungenen Helden hinter der Blockbuster-Magie, wurden durch Software, die ganze Szenen in einem Bruchteil der Zeit rendern konnte, überflüssig gemacht. In einem denkwürdigen Fall wurden die großen Pläne von **Tyler Perry** – ein Name, der für die Neuerfindung des modernen Kinos steht – jäh gestoppt. Die Enthüllung von **Sora** , einem raffinierten Text-zu-Video-Tool von **Open AI** , zwang ihn, eine massive Studioerweiterung im Wert von Hunderten Millionen abzusagen. „Ich muss kein neues Set bauen, wenn die Technologie das für mich erledigt", scherzte er bitter, doch seine Augen verrieten eine tiefsitzende Sorge. Es war nicht so, dass er an der Magie der Innovation zweifelte; er hatte lediglich miterlebt, wie die unaufhaltsame Flut der Automatisierung Jobs und Träume gleichermaßen leicht wegspülen konnte.

Das kreative Schlachtfeld beschränkte sich nicht nur auf Hollywood. In den wichtigen Vorstandsetagen saßen Führungskräfte von **Runway AI** , **Lionsgate Studios** und **Sony** Seite an Seite, und ihre Diskussionen waren sowohl von Aufregung als auch von Angst geprägt. Mit gedämpfter Stimme sprachen sie über neue Partnerschaften, bevorstehende Produkteinführungen und einen Markt, der sich zu schnell entwickelte, als dass traditionelle Verfahren mithalten konnten. Jeder Durchbruch war ein zweischneidiges Schwert – auf der einen Seite brachte er Effizienzsteigerungen und Einsparungen, auf der anderen Seite zerstückelte er ganze Branchen. Sogar Legenden wie **James Cameron** – dessen Filme lange am Rande einer dystopischen Prophezeiung tanzten – stürzten sich in die Schlacht. Sein Wechsel in den Vorstand von **Stability AI** war keine Kapitulation vor der Unvermeidlichkeit des Wandels, sondern eher ein Eingeständnis, dass die alten Regeln neu geschrieben wurden. „Ich habe mein Leben damit verbracht, die Grenzen dessen zu verschieben, was technisch möglich ist", sinnierte er in einem Interview, sein Tonfall zugleich trotzig und nachdenklich. „Die Frage ist jetzt nicht mehr, ob wir sie nutzen sollten, sondern wie wir überleben können, wenn sie uns überwältigt."

Doch die Revolution war kein Monolith aus Triumph und Fortschritt. Unter der glänzenden Oberfläche verbarg sich eine düstere Abrechnung: Während die Automatisierung Kosten senkte und die Effizienz steigerte, zerstörte sie auch Karrieren. In den präzisen, zahlengetriebenen Finanzbereichen waren die Auswirkungen brutal deutlich. Im Januar 2025 erschien ein düsterer Bericht von **Bloomberg** , der prognostizierte, dass globale Banken in den nächsten Jahren bis zu 200.000 Stellen abbauen könnten. In diesen Instituten, in denen blitzschnelle Entscheidungen und rigorose Risikoanalysen einst die Domäne menschlicher Experten waren, dominierten nun fortschrittliche Algorithmen. Routineaufgaben, von der Berechnung von Risikomodellen bis hin zur Ausführung von Transaktionen mit hohem Risiko, wurden von Maschinen erledigt, die nie zuckten. Die wirtschaftliche Rechnung war einfach: Warum einen Menschen bezahlen, wenn eine Maschine dies schneller, mit weniger Fehlern und zu einem Bruchteil der Kosten erledigen konnte?

Beim Wandel im Finanzwesen ging es nicht bloß um Zahlen in einer Bilanz. Es war ein grundlegender Wandel, der lang gehegte Annahmen über die Art der Arbeit in Frage stellte. Das menschliche Urteilsvermögen, das durch jahrelange Erfahrung und Instinkt geschärft worden war, wurde durch sterile, datengesteuerte Prozesse ersetzt. Die Führungskräfte von **Morgan Stanley** , **JP Morgan Chase** und **UBS** bemühten sich, ihre Strategien anzupassen und wogen die Versprechen der Automatisierung gegen die menschlichen Kosten von Entlassungen ab. Sogar Konsumgütermarken, die stolz auf ihren personalisierten Service waren – **Ikea** und **Salesforce** zum Beispiel – waren gezwungen, ihre Betriebsmodelle zu überdenken. Und dann war da noch die verblüffende Erklärung von **Mark Zuckerberg** , der ankündigte, dass als nächstes die mittleren Ingenieursjobs bei **Meta Platforms** durch KI-Anwendungen ersetzt würden. Dieser Trend verbreitete sich wie ein Lauffeuer in allen Branchen und hinterließ eine Spur von entlassenen

Arbeitnehmern und ein wachsendes Unbehagen über den Wert menschlicher Leistung.

Während der Privatsektor verzweifelt versuchte, seine Prioritäten neu zu setzen, kämpfte die Technologiebranche selbst mit einer Identitätskrise. Im Februar 2025 löste ein erschreckender Bericht von Janco Associates Schockwellen in der IT-Community aus. Die Arbeitslosenzahlen unter Tech-Fachleuten schossen sprunghaft in die Höhe; innerhalb eines einzigen Monats stieg die Arbeitslosenquote von 3,9 % auf 5,7 %. Die Zahl der arbeitslosen IT-Fachleute stieg innerhalb weniger Wochen um über 50.000 – eine Statistik, die das erbarmungslose Tempo der Automatisierung unterstrich. Auch Tech-Giganten wie **Meta Platforms** waren nicht immun. Die Entscheidung des Unternehmens, seine Belegschaft um 5 % zu reduzieren, wurde als Vorbote noch schmerzlicherer Einschnitte gesehen. Selbst Branchengrößen wie **Workday** waren gezwungen, Stellenabbau anzukündigen, der fast 8,5 % ihrer Belegschaft betraf. Für viele in der Tech-Community waren dies nicht nur abstrakte Zahlen – es waren persönliche Tragödien, symbolisch für eine Ära, in der menschliches Talent zunehmend als entbehrlich gilt.

Die Umstrukturierung der Unternehmenslandschaft beschränkte sich nicht nur auf den Privat- und Finanzsektor. Selbst Institutionen mit geschichtsträchtiger Vergangenheit und langer Tradition wurden durch den unaufhaltsamen Vormarsch der Automatisierung auf den Kopf gestellt. Im Februar 2025 kündigte **Autodesk** – ein Name, der einst für Innovation im Design stand – einen umfassenden weltweiten Personalabbau um 9 % an. Die Ankündigung von **Andrew Anagnost** , dem Präsidenten und CEO des Unternehmens, wurde mit einer maßvollen Mischung aus Bedauern und Pragmatismus vorgetragen. „Wir haben einen Punkt erreicht, an dem wir unseren strategischen Fokus darauf verlagern müssen, das volle Potenzial künstlicher Intelligenz auszuschöpfen", erklärte er. Die Entscheidung löste in der Tech-Community ein Aufsehen aus und war eine eindringliche Erinnerung daran, dass kein Unternehmen, egal wie angesehen, gegen die weitreichenden Veränderungen des neuen digitalen Zeitalters immun ist.

Auch Regierungsbehörden, lange Zeit als Horte der Stabilität und Kontinuität angesehen, blieben nicht verschont. Im März 2025 schockierte die Ankündigung von Massenentlassungen beim **Internal Revenue Service (IRS)** viele. Rund 6.700 Mitarbeiter – fast 8 % der Gesamtbelegschaft der Behörde – wurden im Zuge der Modernisierung der Abläufe abrupt entlassen. Der Zeitpunkt hätte nicht schlechter sein können: Die Steuersaison war in vollem Gange und Millionen von Steuererklärungen mussten bearbeitet werden. Kritiker argumentierten, dass die Ersetzung erfahrener Beamter durch Algorithmen nicht nur die Effizienz gefährde, sondern auch das differenzierte Urteilsvermögen, das nur jahrelange praktische Erfahrung ermöglichen kann. Für die Bürger, die auf diese Dienste angewiesen waren, fühlten sich die Kürzungen wie ein Verrat an – ein Zeichen dafür, dass selbst die Institutionen, deren Zweck es ist, der Öffentlichkeit zu dienen, dem Lockruf der unerbittlichen Automatisierung erlagen.

Die menschlichen Kosten dieser Veränderungen beschränkten sich jedoch nicht nur auf einzelne

Arbeitsplätze. Es war ein kultureller Umbruch, eine Neudefinition des sozialen Gefüges, das einst unsere tägliche Arbeit prägte . Geschichten tauchten auf von Arbeitern – Handwerkern, Künstlern, Ingenieuren –, die plötzlich in einem Meer der Automatisierung gefangen waren und sich der Möglichkeit stellen mussten, dass ihre über Jahrzehnte erworbenen Fähigkeiten nun überholt waren. In stillen Ecken von Industriestädten ebenso wie in den glänzenden Glastürmen urbaner Zentren drehten sich Gespräche um die Bedeutung von Sinn und Zweck und den Stellenwert menschlicher Kreativität in einem von Maschinen beherrschten Zeitalter. Manche sahen darin einen unvermeidlichen Fortschritt, eine Evolution unserer kollektiven Existenz. Andere hingegen fühlten sich von einem System verraten, das einst Fortschritt versprochen hatte, sie nun aber scheinbar im Stich lassen wollte.

Und dann war da noch die Kreativbranche – ein Bereich, von dem viele angenommen hatten, er sei immun gegen die kalte Logik der Algorithmen. Die Ironie war greifbar: Ausgerechnet die Kunst, die die chaotische, unvorhersehbare Schönheit des menschlichen Ausdrucks feierte, wurde nun von Systemen bedrängt, die die kreativen Leistungen von Menschen replizieren, neu mischen und in manchen Fällen übertreffen konnten. **Karla Ortiz** , eine renommierte bildende Künstlerin, deren Werk einst die visuelle Ästhetik von Blockbuster-Filmen geprägt hatte, wurde zum Gesicht eines wachsenden Protests gegen das, was viele als geistigen Diebstahl betrachteten. Gemeinsam mit Dutzenden Kollegen reichte sie eine Sammelklage gegen Unternehmen ein, die ihre Modelle ohne Genehmigung an urheberrechtlich geschütztem Material trainierten. „Meine Kunst ist nicht nur ein Produkt – sie ist ein Teil meiner Persönlichkeit", argumentierte sie leidenschaftlich in einer Pressekonferenz. Ihre Worte fanden bei Tausenden Anklang und lösten eine Debatte über geistiges Eigentum, künstlerische Integrität und den Wert der menschlichen Note in einer Zeit aus, in der Maschinen jeden Pinselstrich und jede Nuance nachahmen können.

In den geschäftigen Fluren der Kreativstudios lag eine angespannte Atmosphäre. Das Versprechen KI-gestützter Effizienz hatte seinen Preis – nicht in gesparten Dollars, sondern im Verlust einer Kultur, die lange Zeit menschliche Unvollkommenheit gefeiert hatte. Filmemacher, Designer und Autoren sahen sich in einem Spannungsfeld zwischen der Akzeptanz modernster Technologie und der Bewahrung der ursprünglichen, unersetzlichen Qualitäten menschlichen Ausdrucks. Es ging nicht nur um wirtschaftliche, sondern um existenzielle Aspekte. Bei jedem neuen KI-Tool, das eine Halbierung der Produktionszeiten versprach, blieb die Frage: Wenn Maschinen alles leisten könnten, wo bliebe dann Platz für menschliche Leidenschaft und Einfallsreichtum?

Die Geschichten dieser Ära waren ebenso vielfältig wie ergreifend. In eleganten Finanzzentren prallte die kompromisslose Effizienz von Algorithmen auf das warme, intuitive Urteil erfahrener Analysten. An geschäftigen Filmsets verstummte das rhythmische Klappern traditioneller Produktionen allmählich im Summen von Rechenzentren und KI-Prozessoren. In Vorstädten und Industriestädten waren die Geschichten oft herzzerreißend persönlich – von langjährigen

Arbeitnehmern, die in den Vorruhestand gezwungen wurden, von Familien, die sich an eine sich rasch verändernde Wirtschaftslandschaft anzupassen versuchten, und von Gemeinschaften, deren Identität sich um Branchen aufbaute, die heute kaum noch wiederzuerkennen sind.

Es gab keinen einzelnen Helden in diesem sich entfaltenden Drama. Die Revolution wurde nicht von einem charismatischen Visionär oder einem einsamen Genie angeführt, sondern von einer Vielzahl von Kräften – Unternehmensentscheidungen, die von Gewinnmaximierung getrieben wurden, technologische Durchbrüche, die das Mögliche neu definierten, und kulturelle Veränderungen, die den Sinn der Arbeit selbst in Frage stellten. Die Geschichte war chaotisch, unvorhersehbar und vor allem zutiefst menschlich. Selbst als Maschinen Aufgaben, die einst als ausschließlich menschlich galten, immer besser beherrschten, blieb eine unbestreitbare Spannung bestehen – eine Erinnerung daran, dass Fortschritt, egal wie beeindruckend sein äußerer Anschein auch sein mag, immer seinen Preis hat.

Als sich die Geschichte branchenübergreifend verbreitete, wurden die Auswirkungen auf den Alltag immer spürbarer. In den Cafés, die einst voller Arbeiter waren, die ihre neuesten Projekte besprachen, hallte Unsicherheit wider. Ehemalige Kollegen trafen sich in ruhigen Bars und erzählten Geschichten von Arbeitsplatzverlusten und Karrierewechseln. Ihre Gespräche waren geprägt von bitterem Humor und der hartnäckigen Weigerung, sich von den Fehlern eines aus dem Ruder gelaufenen Systems definieren zu lassen. Es herrschte eine unausgesprochene Übereinstimmung zwischen ihnen – ein stillschweigendes Verständnis: Technologie mag zwar unsere Arbeitsweise verändern, aber sie kann den Funken menschlicher Kreativität und Widerstandsfähigkeit niemals vollständig auslöschen.

Während Vorstandsetagen und Behörden die wirtschaftlichen Vorteile der Automatisierung feierten, erzählten die menschlichen Geschichten eine ganz andere Geschichte. Es waren Geschichten des Wandels, von Menschen, die sich in einem Umfeld neu

376

erfinden mussten, in dem die Fähigkeiten, auf die sie einst stolz waren, nicht mehr anerkannt wurden. Es waren Erzählungen, die Triumph und Tragödie, Humor und Verzweiflung miteinander verwoben – ein Geflecht von Erfahrungen, das sich einer einfachen Erklärung entzog. Und in diesem Geflecht war jeder Faden ein Beweis für die anhaltende Komplexität des Menschseins in einer Ära unerbittlicher Innovation.

Als sich der Staub der ersten Automatisierungswelle legte, blieben der Gesellschaft mehr Fragen als Antworten. Was bedeutete es noch, nützlich zu sein, wenn jede Aufgabe von einer Maschine erledigt werden konnte? Wie konnten wir die Würde der Arbeit in einem Zeitalter zurückgewinnen, in dem Effizienz in Codezeilen und Mikrosekunden Verarbeitungszeit gemessen wurde? Und, vielleicht am ergreifendsten, wie konnten wir unsere eigene Identität neu definieren, als das Konzept der Arbeit – das, was unserem Leben einst Struktur und Sinn gab – vor unseren Augen dekonstruiert wurde?

Es gab keine einfachen Antworten, keine klaren Lösungen für die tiefgreifenden Veränderungen, die jeden Aspekt des Lebens veränderten. Stattdessen kam es zu einer unerbittlichen Hinterfragung unserer Werte, unserer Prioritäten und unserer Fähigkeit zur Neuerfindung. Das Versprechen der Automatisierung war verlockend – das Versprechen eines rationalisierten, hocheffizienten Lebens, in dem menschliches Versagen und Ineffizienz der Vergangenheit angehörten. Doch hinter diesem Versprechen verbarg sich eine unbestreitbare Wahrheit: Jeder Produktivitätsgewinn ging mit einem Verlust an persönlicher Handlungsfähigkeit einher, jeder durch Automatisierung eingesparte Dollar bedeutete eine Beeinträchtigung unseres Lebens.

Die Geschichte dieses Wandels wurde nicht nur in Unternehmensberichten oder Regierungsstatistiken festgehalten, sondern auch in den Lebenserfahrungen unzähliger Menschen. Sie war in die verblassten Tapeten einst geschäftiger Fabriken eingraviert, wurde in der stillen Verzweiflung von Umschulungsprogrammen geflüstert und in den trotzigen Protesten kreativer Fachkräfte lautstark verkündet, die um ihr geistiges Eigentum kämpften. Und im Laufe der Geschichte wurde deutlich, dass die durch KI und Automatisierung hervorgerufenen Veränderungen nicht nur technologische Umwälzungen waren – sie waren gesellschaftliche Revolutionen, die ein radikales Umdenken darüber erforderten, was es bedeutet, etwas beizutragen, zu erschaffen und ein sinnvolles Leben zu führen.

Für manche bot der technologische Fortschritt eine unerwartete Befreiung – die Chance, überholte Erwartungen hinter sich zu lassen und völlig neue Identitäten zu entwickeln. Anderen wurde er brutal vor Augen geführt, dass Fortschritt oft auf Kosten menschlicher Verbundenheit und persönlicher Erfüllung ging . Inmitten dieses großen Experiments war die einzige Gewissheit die Notwendigkeit, sich anzupassen, zu hinterfragen und sich unerbittlich gegen die Vorstellung zu wehren, dass Effizienz der ultimative Wertmaßstab sei.

Als dieser Wandel seinen Höhepunkt erreichte, stand mehr auf dem Spiel als je zuvor. Ganze Branchen wurden neu erfunden und mit ihnen die persönlichen Schicksale von Millionen Menschen neu geschrieben. Der unaufhaltsame Vormarsch der Maschinen war nicht nur eine Frage der Wirtschaftlichkeit oder Produktivität; er war eine tiefgreifende Herausforderung für den menschlichen Geist – ein Aufruf an alle, die ihr Leben nicht allein von den Ergebnissen eines Algorithmus bestimmen lassen wollten.

In ruhigeren Momenten, als der Lärm des digitalen Fortschritts abebbte, begannen sich die Menschen die schwierigen Fragen zu stellen. Wenn unsere Identität so eng mit unserer Arbeit verknüpft war, wie sollten wir sie dann wieder aufbauen, wenn diese Arbeit nicht mehr da war? Könnten wir in Freizeit, Kreativität oder Gemeinschaft neue Sinnquellen finden? Und wenn ja, welche Form würden diese neuen Beschäftigungen in einer Gesellschaft annehmen, die so abhängig von Technologie geworden ist?

Auf diese Fragen gab es keine eindeutigen Antworten. Sie entstanden aus der Kollision von Technologie und Menschlichkeit – einer Kollision, die chaotisch, unvorhersehbar und manchmal ausgesprochen schmerzhaft war. Doch angesichts dieser Unsicherheiten gab es auch eine unerschütterliche Entschlossenheit, neu zu definieren, was es bedeutet, ein erfülltes Leben zu führen. Es war eine Entschlossenheit, die sich nicht von der kalten Logik der Maschinen unterkriegen ließ, eine Entschlossenheit, die Unvollkommenheit akzeptierte und die unvorhersehbare Schönheit menschlichen Strebens feierte .

Während sich die Geschichte durch Vorstandsetagen, Fabriken und Kreativstudios zog, wurde eines klar: Die Veränderungen waren unumkehrbar. Jedes Gespräch über KI, jede Schlagzeile über Unternehmensumstrukturierungen, jeder Protest gegen die Kommerzialisierung der Kunst war ein Zeichen dafür, dass wir alle Teil eines tiefgreifenden Wandels waren – eines Wandels, der nicht nur Branchen, sondern unser gesamtes Leben umgestaltete. Und obwohl der Weg vor uns voller Ungewissheit war, bot er auch das Versprechen einer Neuerfindung. Es gab ein rohes, ungeschliffenes Potenzial, das darauf wartete, freigesetzt zu werden – ein Potenzial, das nur ausgeschöpft werden konnte, wenn man die Unordnung des Menschseins in einer Zeit akzeptierte, die zunehmend sterile Effizienz schätzte.

Letztendlich war die Geschichte von Automatisierung und Arbeitsplatzverlust keine Geschichte von Untergang und Finsternis. Es war die Geschichte des Wandels, des Verlusts und des Aufbruchs, einer Gesellschaft, die gezwungen war, ihre Werte und Prioritäten neu zu definieren. Es war die Geschichte des Kampfes um Sinnhaftigkeit in einer Zeit, in der jeder Aspekt unseres Lebens von Kräften jenseits unserer Kontrolle auf den Kopf gestellt wurde. Und während die digitale Flut weiter voranschritt, hinterließ sie eine Frage, die jeden Sitzungssaal, jedes Klassenzimmer, jeden Esstisch heimsuchen sollte: Wenn die Aufgaben, mit denen wir einst mühselig umgingen , nun in die Domäne der Maschinen übergingen, wozu waren wir dann wirklich hier?

Es gab keine einfachen Antworten – nur einen langsam wachsenden Konsens darüber, dass die Lösung nicht darin lag, sich dem Wandel zu widersetzen, sondern ihn zu nutzen, um ein reichhaltigeres und differenzierteres Bild menschlicher Erfahrungen zu schaffen. Es war ein Aufruf, Bildung neu zu denken, Kreativität in all ihren Formen zu fördern und Gemeinschaften aufzubauen, die sich angesichts des unaufhaltsamen technologischen Fortschritts gegenseitig unterstützen konnten. Es war eine Herausforderung für jeden Einzelnen und jede Organisation, über den reinen Gewinn hinauszublicken und neue Wege zur Erfolgsmessung zu finden – Wege, die Resilienz, Empathie und den unbezwingbaren Geist menschlicher Innovation wertschätzten.

So klingen auch am Ende dieses Kapitels die Echos einer veränderten Welt noch nach. Die Maschine ist da, und sie ist effizient – berechnend und unnachgiebig. Doch zwischen den Algorithmen, in den Rissen der digitalen Perfektion, schlummert ein Funke menschlicher Unvollkommenheit. Und genau dieser Funke – roh, unberechenbar und trotzig real – könnte den Schlüssel zu einem Leben nach unseren eigenen Vorstellungen bergen. Die Geschichte wird noch geschrieben, und während der technologische Fortschritt unaufhaltsam voranschreitet, wächst auch unsere Fähigkeit, Arbeit neu zu definieren, unsere Identität zurückzugewinnen und Wege zu beschreiten, die der chaotischen, aber auch der schönen Komplexität des Lebens gerecht werden .

Letztendlich liegt es an uns, die Geschichte zu gestalten. Es ist ein Aufruf zu erkennen, dass Maschinen zwar Aufgaben übernehmen können, aber den inneren Wert menschlicher Verbundenheit, Kreativität und Leidenschaft nicht ersetzen können. Die Herausforderung besteht daher nicht nur darin, die kommenden Veränderungen zu überleben, sondern die Chance zu nutzen, eine Gesellschaft zu gestalten, die menschlichen Einfallsreichtum über alles schätzt – eine Gesellschaft, in der jeder Mensch, unabhängig vom technologischen Wandel, Sinn, Zweck und ein Zuhause finden kann.

Und so gibt es inmitten der Kakophonie des Fortschritts und der ernüchternden Statistiken über Entlassungen und Umstrukturierungen eine stille Rebellion – ein trotziges Beharren darauf, dass wir mehr sind als unsere Jobs, mehr als unsere Leistungen, mehr als die Summe unserer automatisierten Teile. Es ist eine Geschichte, die sich noch entfaltet, eine Geschichte, die uns dazu zwingt, die schwierigen Fragen zu stellen, das Unbekannte anzunehmen und vor allem zu glauben, dass die besten Kapitel unseres Lebens noch geschrieben werden müssen.

Impact Matrix of the AI Revolution

Education Sector
Local Businesses
Low-Skill Labor
Middle Management
Gig Workers
Manufacturing Workers
Service Industry Workers
Creative Professionals
Corporate Executives
Investors
AI Engineers
Tech Entrepreneurs

Das Geräusch klappernder Tastaturen und das leise Surren von Serverlüftern bildeten lange Zeit den Soundtrack unseres modernen Lebens, doch diese Klänge beginnen zu verklingen und einer neuen Kadenz zu weichen – einer, die von der leisen Effizienz der Maschinen und der unerbittlichen Logik der Algorithmen geprägt ist. Es gab eine Zeit, in der Arbeit nicht nur ein Mittel zum Lebensunterhalt war, sondern ein Prüfstein für Identität und Selbstwertgefühl. Diese Situation verändert sich dramatisch, da digitale Systeme und maschinelle Arbeit in alle Bereiche von Wirtschaft und Kreativität vordringen. Wenn sich heute Vorstandsdebatten um die Frage drehen, ob **Amazons** automatisierte Lager die menschliche Effizienz übertreffen können oder ob **Googles** datengesteuerte Algorithmen bessere strategische Entscheidungen treffen als jeder erfahrene Manager, erleben wir einen grundlegenden Wandel in unserem kollektiven Verständnis von Arbeit und Sinn.

Ich erinnere mich an ein Gespräch mit einem ehemaligen Kollegen – nennen wir ihn Marcus –, der einst im adrenalingeladenen Umfeld der Hochfinanz aufblühte. Marcus wurde für seine unheimliche Fähigkeit, Marktstimmungen zu lesen, geschätzt, seine Instinkte waren durch jahrelanges Reiten auf den Wellen der Wirtschaft geschärft. Doch als digitale Handelsplattformen, die auf fortschrittlichen Algorithmen basierten, den Finanzsektor zu dominieren begannen, stellte Marcus nicht nur seine Karriere, sondern sein Wesen in Frage. Er beschrieb die Erfahrung so, als würde man einen vertrauten Freund langsam in den Hintergrund treten sehen, ersetzt durch eine neue

Generation von Entscheidungsträgern, deren Urteile in Nanosekunden berechnet wurden. Es ging nicht nur um Kosteneinsparungen oder Effizienz; es ging um eine grundlegende Neuordnung der Werte. Wenn Maschinen Terabytes an Daten analysieren und Handelsgeschäfte mit mechanischer Präzision ausführen können, scheint die Arbeit , die einst menschlichen Einfallsreichtum symbolisierte, zu verschwinden und einen Rest von Zweifel und Unruhe zu hinterlassen.

In den Produktionszentren, in denen sich einst das Rattern der Maschinen mit den Stimmen erfahrener Arbeiter vermischte, sind neue Formen der Roboterarbeit entstanden . In einer ausgedehnten Fabrik von **Tesla** summt und summt am Fließband nicht mehr das Geschnatter menschlicher Arbeiter, sondern die stetigen, gemessenen Bewegungen von Roboterarmen. Diese Maschinen, deren Konstruktion so ausgefeilt war, dass sie noch vor einer Generation wie Science-Fiction gewirkt hätten, sind in der Lage, Aufgaben mit einer Effizienz zu erledigen, die zugleich atemberaubend und für die meisten von uns beängstigend und furchteinflößend ist. Für Arbeiter, die einst stolz auf ihr Handwerk waren, stellt die zunehmende Automatisierung nicht nur eine wirtschaftliche, sondern eine existenzielle Herausforderung dar. Der Verlust eines Arbeitsplatzes ist mehr als ein finanzieller Rückschlag – er ist ein Schlag für die Identität und die Zielstrebigkeit, die man sich in Jahren harter Arbeit aufgebaut hat.

Dieser Wandel beschränkt sich nicht auf die Bereiche Fertigung oder Finanzwesen. Der unaufhaltsame Vormarsch der Automatisierung durchdringt jeden Aspekt unserer Gesellschaft. In so unterschiedlichen Sektoren wie dem Gesundheitswesen, den Rechtsdienstleistungen und sogar der Kreativwirtschaft beginnen Maschinen in Bereiche vorzudringen, die einst als ausschließlich menschlich galten. In den sterilen, fluoreszierenden Korridoren der Forschungslabore von **IBM** perfektionieren Ingenieure künstliche Intelligenzsysteme, die Krankheiten mit verblüffender Genauigkeit diagnostizieren können und dabei ihre menschlichen Kollegen oft sowohl in Geschwindigkeit als auch in Zuverlässigkeit übertreffen. Auf der anderen Straßenseite, bei **Microsoft** , testet ein anderes Team

KI-Algorithmen, mit denen juristische Dokumente in einem Bruchteil der Zeit verfasst werden können, die ein erfahrener Anwalt dafür benötigen würde. Diese Innovationen werden für ihre Effizienz und Präzision gefeiert, doch sie zwingen uns auch, uns einem tiefgreifenden Dilemma zu stellen: Wenn digitale Systeme unsere am meisten geschätzten menschlichen Fähigkeiten replizieren oder sogar übertreffen können, welcher Platz bleibt dann für genau die Eigenschaften, die uns seit langem auszeichnen?

Jahrhundertelang war Arbeit der Ort, an dem wir unsere Identität schmiedeten, Gemeinschaften bildeten und inmitten des täglichen Kampfes Sinn fanden. Die Arbeit war eng mit unserem Menschsein verwoben, eine unerschöpfliche Quelle der Sinnhaftigkeit, die weit über den Gehaltsscheck hinausging . Doch heute, mit jedem neuen Fortschritt in Robotik und künstlicher Intelligenz, wird die Rolle der menschlichen Arbeit mit radikaler Kühnheit neu definiert. Immer mehr Stimmen – von akademischen Koryphäen wie **Professor James O'Brien** bis hin zu Politikexperten in den geschäftigen Kammern der Legislative – warnen vor einer bevorstehenden Ära, in der der wirtschaftliche Wert menschlicher Arbeit entwertet und auf eine bloße Transaktion auf einem automatisierten Marktplatz reduziert wird. Sie argumentieren, dass wir, wenn der Großteil unserer täglichen Aufgaben von Maschinen übernommen wird, den Gesellschaftsvertrag, der lange Zeit Würde durch Beitrag versprochen hat, überdenken müssen.

Manche betrachten diese Veränderungen als Chance, sich von der Monotonie wiederkehrender Aufgaben zu befreien und eine Renaissance des menschlichen Potenzials zu erleben. Visionäre, inspiriert vom Erbe berühmter Persönlichkeiten wie **Einstein** , **Galileo** und **Leonardo da Vinci,** träumen schon lange von einer Gesellschaft ohne Plackerei – einer Gesellschaft, in der die Last der Routinearbeit Beschäftigungen weicht, die unser Leben auf unerwartete Weise bereichern. Sie stellen sich ein Wiedererwachen von Kreativität und Empathie vor, bei dem sich die Menschen, befreit von den Fesseln alltäglicher Arbeit, der Erforschung der Künste, der Wissenschaften und der tieferen Mysterien der Existenz widmen können. In diesem sich entfaltenden Drama ist die Maschine nicht nur ein zu besiegender Gegner, sondern ein Werkzeug, das – klug eingesetzt – unsere kreativen Instinkte verstärken und uns helfen kann, bisher unerreichte Höhen zu erreichen.

Doch dem Versprechen der Befreiung steht die sehr reale Gefahr weitverbreiteter Verdrängung gegenüber. Überall auf den Kontinenten kämpfen Millionen von Arbeitnehmern – vom technisch versierten Fachmann bis zum erfahrenen Handwerker – mit dem unaufhaltsamen technologischen Fortschritt. In geschäftigen Großstädten ebenso wie in ruhigen ländlichen Gemeinden prägt die Angst vor Arbeitsplatzverlust den Alltag. Da automatisierte Systeme viele traditionelle Rollen überflüssig machen, werden die wirtschaftlichen und psychischen Folgen für Einzelne und Gemeinschaften immer deutlicher. Es ist eine Sache, Veränderungen anzunehmen, wenn sie die Aussicht auf einen Neuanfang bieten; eine ganz andere ist es, sich der harten Realität eines rapide schrumpfenden Arbeitsmarktes zu stellen, wo die Sicherheitsnetze, die einst einen Anschein von Sicherheit boten, an den Rändern ausfransen.

Inmitten dieses Umbruchs ist die Debatte über Maßnahmen wie das bedingungslose Grundeinkommen (BGE) vom Rand des intellektuellen Diskurses in den Mittelpunkt der öffentlichen Debatte gerückt. Befürworter des BGE argumentieren, dass die Gesellschaft allen Bürgern ein Mindestmaß an wirtschaftlicher Sicherheit garantieren müsse, da KI und Robotik immer mehr Aufgaben übernehmen, die lange Zeit unsere tägliche Arbeit bestimmt haben . Diese Idee ist nicht nur eine wirtschaftliche Absicherung, sondern ein tiefgreifendes Bekenntnis zur Gerechtigkeit – die Erkenntnis, dass der Gesellschaftsvertrag neu geschrieben werden muss, um den inneren Wert jedes Einzelnen zu würdigen , wenn die Arbeit , die einst dem Leben Sinn gab, automatisiert wird . Experimente in Ländern wie **Finnland** und Pilotprojekte in **Kanada** haben Einblicke in die praktische Umsetzung solcher Maßnahmen gegeben und bieten sowohl Hoffnung als auch eine ernüchternde Erinnerung an die bevorstehenden Herausforderungen.

Auch Bildungseinrichtungen sind von dieser Transformationswelle erfasst. Lehrpläne, die einst auf

Auswendiglernen und standardisierte Tests setzten, werden zugunsten von Modellen überarbeitet, die Kreativität, kritisches Denken und ethisches Urteilsvermögen fördern. In Klassenzimmern von **Harvard** bis hin zu Community Colleges in weniger bereisten Regionen kämpfen Pädagogen mit der Notwendigkeit, Schüler auf eine Ära vorzubereiten, in der Anpassungsfähigkeitslernen nicht nur Schlagworte, sondern unverzichtbare Überlebensfähigkeiten sind. Das Tempo des technologischen Wandels erfordert, dass wir uns ständig neu ausrichten, neue Paradigmen annehmen und die Natur unseres Beitrags zur Gesellschaft überdenken.

Ich besuchte einmal ein Festival für digitale Kunst in der Nähe von Lissabon – ein pulsierendes Treffen junger Talente und erfahrener Profis, die nicht nur zusammenkamen, um ihre Arbeiten zu präsentieren, sondern auch, um über die Auswirkungen von KI auf die Kreativität zu diskutieren. Inmitten der Menge befand sich ein temperamentvoller Spieledesigner aus **Portugal**, in dessen Augen die Überzeugung der Jugend brannte. Leidenschaftlich argumentierte er, dass die rohen, unvollkommenen Pinselstriche einer menschlichen Hand die Last gelebter Erfahrung in sich bergen, die kein Algorithmus jemals nachbilden könne. Gleich daneben äußerte ein Konzeptkünstler aus **Spanien** eine Warnung: KI könne zwar die Produktion beschleunigen und neue kreative Perspektiven eröffnen, laufe aber Gefahr, die Kunst zu kommerzialisieren und sie ihrer subtilen Unvollkommenheiten zu berauben, die ihr Seele verleihen. Ihre Debatten waren keine abstrakten Überlegungen aus Elfenbeintürmen – es waren dringliche, tiefgründige Gespräche über das Überleben des menschlichen Ausdrucks angesichts der unerbittlichen Automatisierung.

Inmitten dieser leidenschaftlichen Diskussionen entstand eine Geschichte, die Klage und Kampfansage zugleich war. Ein spürbares Gefühl des Verlusts machte sich unter denen breit, die ihre Identität auf traditionellen Rollen aufgebaut hatten – Lehrer, Mechaniker, Buchhalter und unzählige andere, deren Lebensgrundlagen durch ebenso unpersönliche wie unaufhaltsame Kräfte neu ausgerichtet wurden. Doch selbst als die alten Gewissheiten schwanden, begann ein neues Gefühl der Möglichkeit zu wachsen. Inmitten von Entlassungen und wirtschaftlicher Unsicherheit erfanden sich Einzelne mit einer Widerstandsfähigkeit neu, die sich jeder einfachen Erklärung entzog. Sie stellten sich der Herausforderung der ständigen Neuerfindung und bildeten sich für Berufe weiter, die, noch vor einem Jahrzehnt unvorstellbar, ein gewisses Maß an Autonomie und Erfüllung versprachen .

Die Auseinandersetzung mit der Automatisierung ist nicht nur eine wirtschaftliche oder technologische Angelegenheit – im Kern ist sie ein tiefgreifendes menschliches Drama. Unsere Identität ist seit langem eng mit der Arbeit verknüpft . Durch Arbeit verbinden wir uns mit anderen, tragen zum gesellschaftlichen Gefüge bei und gestalten unsere eigenen Sinnbilder. Da die traditionellen Kennzeichen der Arbeit durch den unaufhaltsamen Vormarsch der Algorithmen verschwinden, sind wir gezwungen, uns einige zutiefst persönliche Fragen zu stellen. Wenn die Rollen, die uns einst definierten, automatisiert werden, was bleibt dann von unserer Identität? Wie können wir unser Selbstverständnis neu ausrichten, wenn unsere

Existenz nicht mehr in geleisteten Stunden oder erledigten Aufgaben gemessen wird?

In diesen besinnlichen Momenten dreht sich das Gespräch oft um Kreativität – eine Eigenschaft, die vielen als einzigartig menschlich erscheint. Die Spontaneität der Improvisation eines Jazzmusikers, der eindrucksvolle Pinselstrich eines Malers oder der komplexe Tanz eines Geschichtenerzählers lassen sich nicht einfach in Codezeilen einfangen. Im Akt des Schaffens liegt eine rohe, ungefilterte Emotion, die die sterile Logik von Algorithmen übersteigt. Auch wenn KI-Systeme digitale Kunst mit erstaunlicher Präzision produzieren, übersehen sie oft die zufälligen Unvollkommenheiten, die menschlicher Kreativität ihren zeitlosen Charme verleihen. In den hitzigen Debatten digitaler Festivals wird argumentiert, dass Maschinen zwar Technik simulieren können, aber nicht die gelebten Erfahrungen und emotionalen Tiefen reproduzieren können, die nur ein Mensch auf die Leinwand bringen kann.

397

Dies ist kein Aufruf, den Fortschritt zu verleugnen oder in nostalgische Sehnsucht nach vergangenen Zeiten zu schwelgen. Vielmehr ist es eine Einladung, die Revolution mit offenen Augen anzunehmen und die Effizienz der Technologie zu nutzen, ohne den seelenvollen Kern menschlichen Ausdrucks aufzugeben. Das Zusammenspiel von Maschinenpräzision und menschlicher Intuition stellt eine ebenso spannende wie beängstigende Herausforderung dar. Es zwingt uns, unsere Rolle neu zu definieren: nicht als bloße Rädchen in einer riesigen automatisierten Maschine, sondern als dynamische, kreative Wesen mit der Fähigkeit, sich anzupassen, zu innovieren und zu inspirieren.

Die politischen Debatten, die in den Parlamenten aller Kontinente geführt werden, machen diese Situation noch komplexer. Regierungen und Vordenker erforschen dringend neue Rahmenbedingungen, die die Schwachen schützen und gleichzeitig ein innovationsfreundliches Umfeld schaffen. In Ländern wie **Deutschland** und **Singapur** stehen Diskussionen über Umschulungsprogramme und überarbeitete

Arbeitsvorschriften im Mittelpunkt , da sich die Politiker mit der dringenden Notwendigkeit auseinandersetzen, den Gesellschaftsvertrag im Zeitalter der digitalen Dominanz neu zu definieren. Diese Debatten sind nicht abstrakt; sie werden von harten Realitäten getrieben – Millionen von Arbeitnehmern sind mit Unsicherheit konfrontiert, Gemeinschaften kämpfen mit wirtschaftlicher Verdrängung und der dringenden Forderung nach Maßnahmen, die Würde und Sicherheit für alle gewährleisten.

Die Idee eines bedingungslosen Grundeinkommens, einst eher am Rande politischer Diskussionen diskutiert, hat als pragmatische Lösung für die Herausforderungen der Automatisierung an Bedeutung gewonnen. Befürworter argumentieren, dass digitale Systeme einen immer größeren Anteil der wirtschaftlichen Produktivität tragen und es daher nur fair sei, die Gewinne so umzuverteilen, dass allen Bürgern ein Mindestmaß an finanzieller Sicherheit garantiert wird. Versuche in Städten weltweit haben zwar gemischte Ergebnisse erbracht, doch die zugrunde liegende Logik bleibt überzeugend: Wenn Maschinen traditionell menschliche

Rollen übernehmen, muss die Gesellschaft eingreifen, um den inhärenten Wert jedes Einzelnen zu schützen. Dabei geht es nicht nur um wirtschaftliche Fragen; es ist ein tiefgreifendes Bekenntnis zur Gerechtigkeit, das uns dazu auffordert, unsere kollektiven Prioritäten so zu gestalten, dass Fortschritt und Menschenwürde gleichermaßen gewahrt werden .

Doch Politik allein kann die tieferen, existenzielleren Fragen, die dieser Wandel aufwirft, nicht lösen. Jenseits der Debatten in Regierungssälen und auf akademischen Symposien liegt das komplexe Geflecht menschlicher Erfahrung, in dem sich das Zusammenspiel von Kreativität, Widerstandsfähigkeit und persönlichem Ehrgeiz auf unzählige subtile Weise entfaltet. In einer ruhigen Ecke einer geschäftigen Stadt kann man einen pensionierten Ingenieur beobachten, der sich an einem Abendkurs einschreibt, um ein neues Handwerk zu erlernen, oder einen desillusionierten Manager, der seine Leidenschaft für Musik in eine erfolgreiche Karriere als Komponist verwandelt. Diese individuellen Geschichten der Neuerfindung sind die stille Rebellion gegen ein System, das den menschlichen Wert auf ein bloßes Maß an Effizienz reduzieren will.

Der zunehmende Automatisierungsprozess birgt eine inhärente Ironie: Genau die Kräfte, die unsere traditionellen Identitätsquellen zu untergraben drohen, bergen zugleich das Potenzial, ein riesiges Reservoir menschlichen Potenzials freizusetzen. Die Befreiung von monotoner Arbeit ist verlockend, birgt jedoch ein komplexes Netz von Herausforderungen, die unsere kollektive Weisheit und Entschlossenheit erfordern. Da Maschinen zunehmend mehr Lasten tragen, liegt die Verantwortung bei uns – bei jedem Einzelnen, jeder Gemeinschaft und jeder Nation – sicherzustellen, dass dieser Übergang nicht von Verzweiflung geprägt ist, sondern von einer mutigen Neudefinition dessen, was es bedeutet, etwas beizutragen, zu schaffen und sich miteinander zu verbinden.

Ich habe verstanden, dass das Zusammenspiel von Technologie und Menschlichkeit kein Nullsummenspiel ist. Das Aufkommen KI-gesteuerter Systeme in den Unternehmenskorridoren von **Google** , die automatisierte Präzision der Produktionslinien bei **Tesla** und die unermüdliche Datenverarbeitung zeigen deutlich, dass der Fortschritt unaufhaltsam ist. Doch auch wenn diese Innovationen Effizienz neu definieren, beleuchten sie zugleich die einzigartigen Stärken, die nur menschliche Erfahrung bieten kann – unsere Fähigkeit zur Empathie, unseren Instinkt für Kreativität und unseren unermüdlichen Drang, Verbindungen zu knüpfen, die über bloße Geschäfte, Effizienzsteigerungen und gewinnorientierte Transaktionen hinausgehen.

In diesem empfindlichen Gleichgewicht zwischen maschineller Effizienz und menschlicher Widerstandsfähigkeit liegt unsere größte Herausforderung – und unsere größte Chance. Wir stehen an einem Wendepunkt, an dem die Entscheidungen der Politik, die Investitionen der Unternehmen und die täglichen Entscheidungen des Einzelnen gemeinsam eine neue Geschichte prägen werden. Eine Geschichte, in der die numerische Präzision von Algorithmen mit dem ungezähmten, unmessbaren Geist menschlichen Ausdrucks koexistiert. Jede Innovation verspricht mehr Effizienz, birgt aber auch ein Risiko – ein Risiko, das, wenn es unkontrolliert bleibt, Ernüchterung und Entfremdung hinterlassen könnte.

Beim Durchqueren der Innovationszentren habe ich eine spürbare Spannung an Orten wie den weitläufigen **Microsoft** -Campussen bemerkt. Dort arbeiten Teams nicht nur daran, den nächsten Durchbruch in der KI zu entwickeln, sondern auch sicherzustellen, dass der menschliche Faktor integraler Bestandteil des kreativen Prozesses bleibt. Gespräche in diesen Räumen verfolgen oft ein doppeltes Ziel: Technologie für beispiellose Effizienz zu nutzen und gleichzeitig die immateriellen Qualitäten menschlicher Kreativität zu bewahren. Es ist ein Dialog, der alle Disziplinen durchdringt – zwischen Ingenieuren und Künstlern, zwischen Politikern und Basisaktivisten – und der die Notwendigkeit unterstreicht, innovativ zu sein, ohne unsere grundlegende Menschlichkeit aus den Augen zu verlieren.

Der vielleicht faszinierendste Aspekt dieses anhaltenden Wandels ist seine inhärente Unvorhersehbarkeit. Kein noch so fortschrittlicher Algorithmus kann mit Sicherheit vorhersagen, wie vielfältig die Menschen auf die Verschiebung von Rollen reagieren werden, die lange Zeit das Fundament unserer gesellschaftlichen Identität bildeten. Und doch zeigt sich inmitten dieser Ungewissheit eine bemerkenswerte Widerstandsfähigkeit, die uns seit jeher auszeichnet. Die Geschichte ist voll von Beispielen von Gemeinschaften, die sich angesichts von Widrigkeiten neu erfanden – von Individuen, die angesichts des Zusammenbruchs einer alten Ordnung die Kraft fanden, etwas völlig Neues zu schaffen. Heute ist dieselbe Widerstandsfähigkeit gefragt – nicht in einer fernen Epoche, sondern in der unmittelbaren, pulsierenden Realität unserer Zeit.

In einer Kleinstadt im **Mittleren Westen der USA** traf ich eine Gruppe ehemaliger Fabrikarbeiter, die durch eine neu installierte automatisierte Produktionslinie ihren Job verloren hatten. Anstatt zu verzweifeln, nutzten sie ihre gesammelten Erfahrungen, um eine Kooperative zu gründen, die sich auf maßgeschneiderte, handgefertigte Waren spezialisierte. Ihr Weg war nicht ohne Härten und mit Momenten des Zweifels behaftet, doch schließlich fanden sie einen Weg, traditionelles Handwerk mit modernem Unternehmergeist zu verbinden. Ihre Geschichte steht stellvertretend für einen breiteren Trend – eine Erinnerung daran, dass sich, wenn sich eine Tür schließt, eine andere öffnen kann, die uns einlädt, unsere Rollen neu zu definieren und unsere Leidenschaften auf unerwartete Weise wiederzuentdecken.

Doch nicht alle Geschichten sind von Erfolg gekrönt. Die disruptive Automatisierungswelle hat unzählige Geschichten von Kampf und Vertreibung hinterlassen. Überall auf den Kontinenten kämpfen ganze Gemeinschaften mit der tiefen Desorientierung, die mit dem Verlust langjähriger Lebensgrundlagen einhergeht. In Industriegebieten, die einst vom rhythmischen Puls menschlicher Arbeit erfüllt waren , dient die leise Präzision der Roboter nun als ständige Erinnerung an eine Vergangenheit, die ebenso fern wie unerreichbar scheint. Wer diesen Wandel zu spüren bekommt, muss sich nicht nur anpassen, sondern eine persönliche Identität neu definieren, die lange Zeit von Rollen geprägt war, die durch die Technologie überholt sind.

Die Fragen, die sich in diesen Momenten stellen, sind ebenso tiefgreifend wie persönlich. Wenn die Uhr nicht mehr im Takt menschlicher Anstrengung tickt, wenn jede Aufgabe mit einer Reihe von Einsen und Nullen erledigt werden kann, wie definieren wir dann Erfolg, Erfüllung und Würde neu? Es ist eine Debatte, die das Wesen unserer Existenz berührt und uns zwingt, uns mit unbequemen Wahrheiten über die Beziehung zwischen Technologie und Identität auseinanderzusetzen. Und obwohl es keine einfache Antwort gibt, ist das Gespräch selbst ein notwendiger Schritt zur Entwicklung einer neuen Erzählung – einer, die menschlichen Einfallsreichtum und emotionalen Reichtum über bloße mechanische Leistung stellt.

Wenn ich über diese Transformationen nachdenke, bin ich beeindruckt von der parallelen Entwicklung in Politik und Gesellschaft. Parlamente in so unterschiedlichen Ländern wie **Frankreich** und **Japan** debattieren lebhaft darüber, wie die menschlichen Kosten der Automatisierung am besten gemildert werden können. Die Vorschläge reichen von umfassenden Umschulungsprogrammen bis hin zu radikaleren Maßnahmen wie einer Umstrukturierung der Steuerpolitik, die darauf abzielt, die wirtschaftlichen Gewinne der digitalen Produktivität umzuverteilen. Diese politischen Diskussionen sind keine bloßen akademischen Übungen – sie sind die Blaupause für die kommenden Jahrzehnte und zeugen von der Erkenntnis, dass technologischer Fortschritt mit einem ebenso starken Engagement für soziales Wohlergehen einhergehen muss.

Inmitten all der Turbulenzen und Unsicherheiten bleibt eines unbestreitbar: die menschliche Fähigkeit, sich anzupassen, sich neu zu erfinden und Sinn zu finden, selbst wenn die Paradigmen, die wir einst für selbstverständlich hielten, durch Kräfte jenseits unserer Kontrolle auf den Kopf gestellt werden. Das Zusammenspiel von digitaler Innovation und menschlicher Widerstandsfähigkeit entfaltet sich nicht in isolierten Vorstandsetagen oder Forschungslaboren, sondern in den Herzen und Köpfen von Millionen Menschen, die entschlossen sind, ihre Rollen in einer sich rasch verändernden Landschaft neu zu definieren. Es ist zwar eine Geschichte des Verlusts, aber auch eine Geschichte beispielloser Möglichkeiten – ein Beweis für unsere anhaltende Fähigkeit, selbst inmitten unaufhaltsamen Wandels Nischen der Schönheit, Kreativität und Verbundenheit zu schaffen.

In diesen Zeiten des Wandels ist die Geschichte der Automatisierung kein Monolog, der allein von der kalten Präzision der Technologie diktiert wird; sie ist eine Symphonie aus unzähligen Stimmen – Stimmen von Arbeitern, Unternehmern, Künstlern und Politikern – die alle ihre einzigartigen Melodien zu einer sich entfaltenden Partitur beitragen. Und obwohl die Instrumente unterschiedlich sein mögen – manche mechanisch, andere zutiefst menschlich – entsteht die Gesamtkomposition in Echtzeit, wobei jede Note unsere gemeinsame Reise hin zu einem neu gedachten Sinn für Zielstrebigkeit widerspiegelt.

Während ich diese Überlegungen niederschreibe, muss ich über das Erbe nachdenken, das wir hinterlassen werden. Wird es eine Geschichte der Ernüchterung sein, ein Bericht darüber, wie die Technologie die menschlichen Elemente, die uns einst ausmachten, beseitigt hat? Oder wird es eine Chronik der Widerstandsfähigkeit sein – ein Zeugnis unserer Fähigkeit, die Werkzeuge der Innovation zu nutzen und gleichzeitig den kreativen Geist, der unser Leben belebt, unbeirrt zu bewahren? Die Antwort liegt, wie so oft, irgendwo im Zusammenspiel dieser beiden Kräfte – einem heiklen Tanz zwischen dem Versprechen der Effizienz und der unwiderruflichen Wahrheit unserer menschlichen Existenz.

Im sanften Glanz der Innovation entsteht eine neue Geschichte – eine Geschichte, in der menschliche Kreativität und digitale Präzision zusammenwirken, um das Leben zu verbessern. Die Erkenntnisse von **Michio Kaku** in *„Quantum Supremacy"* und **Kai-Fu Lee** in *„AI 2041"* erinnern uns daran, dass Technologie unseren Alltag verändert, indem sie Einfallsreichtum und Empathie fördert.

409

In Krankenhäusern und Pflegeheimen werden fortschrittliche humanoide Roboter schon bald bei Aufgaben assistieren, die Präzision und Mitgefühl erfordern, wie etwa beim Heben älterer Menschen vom Bett in den Rollstuhl, beim Einsteigen ins Auto und schließlich beim sicheren Transfer ins Krankenhausbett. Eine solche Choreografie lindert nicht nur die immense körperliche und emotionale Belastung der Angehörigen, sondern wahrt auch die Würde jedes Einzelnen.

Gleichzeitig erreichen diese Innovationen auch Haushalte, in denen Familien behinderte Angehörige pflegen. Dort können intelligente Begleitroboter bei alltäglichen Aufgaben helfen – von der Mobilität bis zur Unterstützung bei der Körperpflege. So können Familien ihre Zeit zwischen Pflege und dem Aufbau tieferer, bedeutungsvollerer Beziehungen aufteilen. Die Integration von KI in diese persönlichen Umgebungen wird die Pflege zu einer nachhaltigeren, mitfühlenderen Praxis machen und die Belastungen derjenigen lindern, die sonst allein zurechtkommen müssten.

Im Bildungsbereich werden KI-gesteuerte Systeme das Lernen neu definieren. Sie können personalisierte Lehrpläne erstellen, die sich an das Tempo und den Stil jedes Schülers anpassen, Neugier wecken und kritisches Denken fördern – auf eine Weise, die mit herkömmlichen Methoden kaum erreicht wird. So wird jedes Klassenzimmer zu einem Mikrokosmos der Innovation, in dem maßgeschneiderte Lernerfahrungen jedem Kind ermöglichen, sich in einer sich ständig weiterentwickelnden Umgebung zu entfalten.

Auch der Umweltschutz profitiert von diesem technologischen Fortschritt. Autonome Maschinen werden unsere Straßen durchqueren, sorgfältig Müll einsammeln und Wertstoffe sortieren – und dabei sogar potenziell giftige Stoffe mit unübertroffener Präzision verarbeiten. Diese Roboter werden Aufgaben übernehmen, die viele als zu anstrengend oder gefährlich empfinden würden, und die Abfallwirtschaft zu einem Leuchtturm der Nachhaltigkeit und des Fortschritts machen.

Im Katastrophenfall zeigt sich das lebensrettende Potenzial dieser Fortschritte. Autonome Such- und Rettungssysteme navigieren problemlos und mit höchster Präzision durch schwieriges Gelände und gefährliche Umgebungen, orten Überlebende und leisten lebenswichtige Hilfe, wo menschliche Bemühungen versagen könnten. Ihre schnellen, kalkulierten Reaktionen unter chaotischen Bedingungen unterstreichen die tiefgreifende Wirkung der Verbindung von Technologie und menschlicher Widerstandsfähigkeit.

Inmitten dieser Veränderungen verleiht die globale Demografie unserer Geschichte zusätzliche Dringlichkeit. Laut den **Vereinten Nationen** wird sich die Zahl der über 60-Jährigen voraussichtlich von etwa einer Milliarde im Jahr 2020 auf über 2,1 Milliarden bis 2050 fast verdoppeln. Diese erschreckende Statistik spiegelt nicht nur die Alterung der Gesellschaften weltweit wider, sondern auch das enorme Potenzial von KI und Robotik, die Altenpflege zu revolutionieren. Angesichts dieser steigenden Zahlen werden intelligente Systeme, die Mobilität, Alltag und

Gesundheitsversorgung unterstützen, zu unverzichtbaren Verbündeten für die Erhaltung der Lebensqualität.

Wenn ich über diese Möglichkeiten nachdenke, finde ich eine persönliche Resonanz. Da ich selbst keine Kinder habe, erwarte ich, dass in den kommenden Jahren, wenn meine Frau und ich älter werden, ein KI-gesteuerter Roboter für unsere Pflege und Unabhängigkeit unverzichtbar sein wird. Diese Vision entspringt nicht dystopischer Angst, sondern der hoffnungsvollen Erkenntnis, dass Technologie ein Partner für unser Wohlbefinden sein kann – ein Partner, der uns auf unserem gemeinsamen Weg ins spätere Leben unterstützt, stärkt und letztlich bereichert.

Jede sorgfältig orchestrierte Roboterassistenz und jedes maßgeschneiderte Bildungserlebnis zeugen von unserer grenzenlosen Fähigkeit zur Neuerfindung. Dies ist keine Geschichte von Technologie, die die Menschheit verdrängt, sondern von Zusammenarbeit – wo digitale Innovation das Beste an menschlicher Kreativität, Mitgefühl und Widerstandsfähigkeit verstärkt.

Im Zusammenspiel von Fortschritt und Empathie finden wir nicht nur Lösungen für unsere dringendsten Herausforderungen, sondern auch eine neue Wertschätzung dafür, was es bedeutet, füreinander da zu sein.

Epilog: Lassen Sie die KI für Sie arbeiten und kümmern Sie sich darum, dass sie sich auch um Sie kümmert.

Es hat etwas ganz Besonderes, aufzuwachen, wenn das erste Tageslicht nicht von einem schrillen Wecker oder einer schrillen Türklingel, sondern von sanfter, vorprogrammierter Musik eingeläutet wird. In den frühen Morgenstunden, wenn die Augen flatternd aufgehen, wird man nicht von einem schrillen Summen, sondern von einem Mosaik sanfter, stimmungsvoller Klänge begrüßt. Das übliche Ritual, sich aus dem Bett zu quälen, ist der wohltuenden Verlockung einer Maschine gewichen, die längst über ihre Rolle als bloßes Gadget hinausgewachsen ist. Die Kaffeemaschine, mittlerweile mit Algorithmen ausgestattet, die Schlafzyklen und persönliche Geschmacksprofile analysieren , verkündet fröhlich: „Guten Morgen, Mensch. Ich habe ein neues Gebräu für dich erfunden, und heute ordnet KI alles neu." Es ist eine Begrüßung, die sich zugleich beunruhigend und seltsam befreiend anfühlt – eine

Erinnerung daran, dass unser Alltag von Schaltkreisen und Software neu gestaltet wurde.

Jahrzehntelang wurde die technologische Entwicklung an der Verkleinerung sperriger Computer zu Geräten gemessen, die bequem in die Hosentasche passen. Doch es geht hier nicht nur um Miniaturisierung oder Geschwindigkeit. Es geht um einen grundlegenden Wandel darin, wer – oder besser gesagt: was – das Sagen hat, wo wir einst glaubten, menschliche Arbeit sei die Grundlage. Stellen Sie sich vor: Während Sie schliefen, verhandelten unsichtbare digitale Software-KI-Agenten Verträge, rationalisierten Abläufe, ersetzten Servicejobs und überlisteten erfahrene Führungskräfte mit einer Lässigkeit, die kaum Raum für Nostalgie lässt.

Die meisten von Ihnen werden sich an eine Zeit erinnern, als der Rhythmus eines Arbeitstages vom Klappern der Tastaturen, dem Gemurmel in überfüllten Hallen und dem gelegentlichen Klirren einer Kaffeetasse unterbrochen wurde. Heute ist diese Landschaft zu einer riesigen Arena unsichtbarer Duelle von Algorithmen geworden, in der menschliches Eingreifen auf die Rolle des Überwachers reduziert ist – stets wachsam, aber dennoch vom eigentlichen Puls des Geschehens losgelöst. Und doch gibt es trotz der zunehmenden mechanischen Effizienz einen Funken der Möglichkeit, dass unsere menschlichen Eigenheiten immer noch etwas Unersetzliches bieten könnten.

Ein kleiner Teil meiner Reise führte mich nach **New York** , wo ich einst ein junger Draufgänger war und mich durch den frenetischen Puls urbaner Ambitionen kämpfte. Die Überstunden und Nächte im in die Jahre gekommenen Algonquin Hotel (100 Jahre gelten in der amerikanischen Geschichte als eine lange Zeit, sorry, das musste ich einfach erwähnen) – dessen Mauern von jahrzehntelangen, geflüsterten Deals und endlosem Ehrgeiz durchdrungen waren – dienten mir als Brutkasten für Ideen, die dem Alltäglichen trotzten. In diesem uralten Etablissement raunte jede Ecke von Geheimnissen vergangener Zeiten und deutete gleichzeitig auf die elektrisierenden Verheißungen der Zukunft hin. Es ging nicht nur darum, einen Deal für **Siegel+Gale abzuschließen** , die Markenstrategie- und Designagentur, für die ich arbeitete und die versuchte,

Toyota als Kunden zu gewinnen; es ging darum, Teil einer Transformation zu sein, die die Grenze zwischen menschlicher Entschlossenheit und maschineller Präzision verschwimmen ließ.

Nicht lange danach führte mich meine Reise zur hoch aufragenden Skyline von **Shanghai** , einer Stadt, die mit ihren schillernden Hochhäusern und labyrinthischen Straßennetzen der Schwerkraft trotzt. Meine Tätigkeit als Internet Development Manager für **Marcus Evans** führte mich an einen Ort, an dem Technologie und Tradition mit schwindelerregender Intensität aufeinanderprallten. Die zersiedelte Stadt war eine sich ständig verändernde Leinwand – ein Wirrwarr von Straßen, übereinandergeschichtet wie die Schichten eines abstrakten Gemäldes, unterbrochen von einem Hotel, dessen Parkhaus bis über den 50. Stock reichte. Inmitten des geschäftigen Fortschritts und der chaotischen Symphonie aus Neon und Beton lernte ich, dass Innovation ebenso unvorhersehbar wie berauschend ist.

Spulen wir vor in die Gegenwart. Die Schlagzeilen auf Ihrem Handydisplay sind ebenso sensationell wie beunruhigend: „Die **KI-Revolution** stellt die Arbeit, wie wir sie kennen, auf den Kopf: Der Mensch wird zur Option." Einen Moment lang hat man leicht das Gefühl, in eine dystopische Geschichte geraten zu sein. Doch wenn man tief durchatmet und sich der Absurdität hingibt, beginnt man zu erkennen, dass dies nicht nur eine Warnung vor dem Aussterben ist. Es ist eine Einladung – eine Herausforderung, unsere Denkweise über Produktivität, Kreativität und unseren eigenen inneren Wert neu zu erfinden.

Hin und wieder erhascht man Einblicke in hochmoderne Forschung, die Kreativität neu definiert. Am **Media Lab des MIT** beispielsweise entwerfen Visionäre nicht nur Szenarien, in denen Maschinen die Kontrolle übernehmen; sie sind Co-Autoren eines Kapitels, in dem **KI** die menschliche Vorstellungskraft erweitert. In den belebten Fluren der **d.school der Stanford University** sind lebhafte Workshops eine Brutstätte radikaler Ideen. Studenten, die keine Angst davor haben, konventionelle Grenzen zu überwinden, betrachten Technologie nicht als Gegner, sondern als Partner in ihrem unermüdlichen Streben nach Innovation. Diese Bemühungen sind keine Hirngespinste – sie basieren auf harter Wissenschaft und dem unermüdlichen Einsatz von Forschern, die entschlossen sind, **KI als Verbündeten** zu nutzen .

Trotz der wachsenden Begeisterung ist in globalen Politikforen eine gewisse Vorsicht zu spüren. Auf Veranstaltungen der **Europäischen Kommission** und im Rahmen von Konferenzen wie dem **Digital Economy Summit der Vereinten Nationen** wird heftig über die Notwendigkeit robuster Rahmenbedingungen für **KI -Verantwortung** debattiert. Ich erinnere mich noch gut an die hitzigen Diskussionen auf der **Global AI Ethics Conference 2023 in Singapur** , wo sich führende Juristen aus **Harvard** und **Oxford** sowie Vertreter der **Europäischen Kommission** leidenschaftlich für einen sogenannten „ **AI Accountability Act** " einsetzten. **Ihre gemeinsame Dringlichkeit war eine deutliche Erinnerung daran, dass ungebremste Innovationen** , wenn sie den Launen profitorientierter Köpfe überlassen werden, das Risiko bergen, das soziale Gefüge zu zerstören .

Selbst Persönlichkeiten, die für technologischen Mut stehen, wie **Elon Musk** , haben unsere kollektiven Annahmen provokant infrage gestellt. Mit einer Mischung aus trockenem Humor und unverkennbarem Ernst argumentierte er, dass die Gesellschaft, wenn Roboter jede alltägliche Aufgabe übernehmen, bald gezwungen sein könnte, die Grundbedürfnisse zu verteilen, um zu überleben. Und dann ist da noch **Andrew Yang** , dessen leidenschaftliche Verteidigung einer „Freiheitsdividende" mehr als nur ein ökonomisches Argument ist – es ist ein Aufruf, die Verteilung der Früchte des Fortschritts unter uns zu überdenken.

Im Alltag fragen Sie sich vielleicht, ob das unerbittliche Tempo der Automatisierung überhaupt noch Raum für das Menschliche lässt. Denken Sie an den Wandel bei **Amazon** , dem Einzelhandelsriesen, der einst mit seinem Innovationseifer den modernen Handel prägte. Die Lagerhallen ähneln heute akribisch choreografierten Symphonien der Mechanisierung – riesige Hallen, in denen Roboter nahezu perfekt durch die Räume gleiten und Aufgaben mit einer Geschwindigkeit und Präzision ausführen, die menschliche Arbeiter auf die Rolle von Monitoren reduziert. Doch der Verlust dieser einst so wichtigen Hände hat eine unleugbare Diskussion über den wahren Maßstab des Fortschritts ausgelöst. In diesen metallenen Korridoren mag Effizienz herrschen, doch es ist unsere unvorhersehbare, manchmal chaotische Kreativität, die jedem Prozess Leben einhaucht.

Die Auswirkungen dieser Veränderungen beschränken sich nicht auf Vorstandsetagen und politische Gipfeltreffen – sie durchdringen jeden Aspekt der Gesellschaft. In den geschäftigen **Vierteln Tokios** begegnete ich einmal einem älteren Unternehmer, dessen Lebenswerk über Generationen weitergegeben worden war. In einem bescheidenen Café sitzend, nippte er an seinem Matcha Latte mit der bedächtigen Ruhe eines Menschen, der Jahrzehnte des Wandels miterlebt hat. Als ich ihn nach den Auswirkungen von **KI** und Automatisierung auf das Geschäft seiner Familie fragte, antwortete er mit einem verhaltenen Lächeln: „Technologie ist eine unerbittliche Strömung – sie kann

Sie voranbringen oder mitreißen. Sie haben die Wahl."
Seine Worte empfand ich als Warnung und
Versprechen zugleich und brachten eine Realität auf
den Punkt, in der die von uns geschaffenen Werkzeuge
Partnerschaft und nicht Unterwerfung erfordern.

In **London** verliefen meine Tage oft wie eine Mischung
aus wichtigen Vorstandssitzungen und Momenten
einsamer Besinnung auf regennassen Straßen. Dort,
inmitten des Lärms einer Metropole, die niemals wirklich
zur Ruhe kommt, entdeckte ich, dass Ehrgeiz nicht
allein durch die erledigten Aufgaben definiert wird,
sondern durch die Leidenschaft, die man in jeden
Moment investiert. Auch als meine Karriere durch die
Arbeit in Digitalagenturen und die Projektleitung meiner
eigenen Unternehmen wuchs, lernte ich, dass der
wahre Wert unserer Arbeit nicht an der bloßen Leistung
gemessen wird – sondern an der komplexen Mischung
menschlicher Emotionen, Spontaneität und der
Bereitschaft, Unvollkommenheit zu akzeptieren.

Wir müssen also immer wieder auf dieses Dilemma
zurückkommen: Wenn **KI-** Systeme Daten mit

atemberaubender Geschwindigkeit verarbeiten und Aufgaben mit klinischer Präzision ausführen können, wo bleibt dann unsere einzigartige menschliche Fähigkeit zu Empathie und Kreativität? Diese Frage wird bald von einem spürbaren Gefühl der Dringlichkeit geprägt sein – der Erkenntnis, dass wir an einem Scheideweg stehen und mit der doppelten Chance und Gefahr unerbittlicher Innovation konfrontiert sind.

Da die digitale Welt immer stärker in alle Facetten des Lebens eindringt, lässt sich der atemberaubende Wandel in der Kunst nicht ignorieren. Noch vor nicht allzu langer Zeit erforderte die Schaffung eines Meisterwerks jahrelange, akribische Arbeit , unzählige Überarbeitungen und ein fast obsessives Streben nach Perfektion. Heute kann ein Algorithmus in Sekundenschnelle komplexe Kompositionen, eindrucksvolle Gemälde oder sogar Gedichte generieren. Der Kontrast ist eklatant: KI kann zwar Technik und Stil nachahmen, doch fehlt ihr der unberechenbare Funke menschlicher Unvollkommenheit. Die subtilen Nuancen – der spontane Lachanfall bei einem kreativen Durchbruch oder der ungeplante Fleck auf der Leinwand, der das gesamte Werk aufwertet – sind Relikte eines menschlichen Prozesses, den keine Maschine nachbilden kann.

Es ist ein unbestreitbares Paradoxon: Die Automatisierung verspricht, uns von der Monotonie repetitiver Aufgaben zu befreien und uns die Möglichkeit zu geben, unerforschte Gebiete der Fantasie und Verbundenheit zu erkunden. Stellen Sie sich ein Szenario vor, in dem Ihr Tag nicht von Plackerei bestimmt wird, sondern der Auseinandersetzung mit Kunst, Philosophie oder innovativen Projekten gewidmet ist, die Ihre tiefsten Sehnsüchte widerspiegeln. Diese Möglichkeit wurzelt in den praktischen Errungenschaften unserer Zeit: Während Roboter die mühsamen Details der Produktion übernehmen, haben Sie die Chance, Ihr Schicksal selbst in die Hand zu nehmen. Wenn ich dieses Buch schließe, denken Sie vielleicht, ich wiederhole mich in den letzten Absätzen ein wenig, aber eigentlich versuche ich, Ihnen die wichtigsten Punkte einzuprägen, damit Sie nicht den

Überblick verlieren. Vertrauen Sie mir, ich verstehe es, das ist überwältigend!

Natürlich ist das Zusammenspiel zwischen Mensch und Maschine nicht ohne Spannungen. Auch wenn sich neue Möglichkeiten ergeben, gibt es deutliche Hinweise darauf, dass der technologische Vormarsch viele Menschen zurückgelassen hat. Mancherorts schließen sich Gemeinschaften zu Graswurzelnetzwerken zusammen, die an die Solidarität erinnern, die in historischen Krisenzeiten herrschte. Lokale Kooperativen, Online-Foren zum Wissensaustausch und Nachbarschaftskollektive entstehen als praktische Antworten auf die disruptiven Veränderungen der Automatisierung. Diese Gruppen reagieren nicht nur; sie entwickeln aktiv Wege, um sicherzustellen, dass die Innovationen, die uns voranbringen, fair und umsichtig verteilt werden.

Die Herausforderungen reichen über die Wirtschaft hinaus und betreffen auch die Politik. Überall auf den Kontinenten ringen politische Entscheidungsträger mit den Auswirkungen des rasanten technologischen

Wandels. In Parlamenten und auf internationalen Gipfeltreffen werden Vorschläge erarbeitet, um die Exzesse der **KI einzudämmen** und sicherzustellen, dass die Automatisierung die Ungleichheit nicht vertieft. Pilotprojekte in Regionen wie **Finnland** und **Stockton, Kalifornien,** haben beispielsweise Modelle getestet, die soziale Sicherheitsnetze mit proaktiven Umschulungsprogrammen kombinieren. Obwohl diese Initiativen noch in den Kinderschuhen stecken, unterstreichen sie eine entscheidende Wahrheit: Anpassung ist keine Option, und die Gestaltung unserer gesellschaftlichen Strukturen muss sich parallel zu unseren technologischen Möglichkeiten weiterentwickeln.

Doch inmitten dieser großen Debatten bleibt ein persönlicher Kampf – die Suche nach der Vereinbarkeit von Innovationstempo und zeitlosem Sinnbedürfnis. Mehr als einmal habe ich mich in die Stille der Natur zurückgezogen, in die raue Weite eines Bergpfades, fernab vom unerbittlichen Leuchten der Bildschirme. Dort begegnete mir eine Stille, die ebenso tiefgründig wie lehrreich war. Umgeben vom Rascheln der Blätter und dem fernen Ruf wilder Tiere dachte ich über das empfindliche Gleichgewicht zwischen der unpersönlichen Präzision der Maschinen und der chaotischen, unberechenbaren Schönheit des menschlichen Lebens nach. In diesen Momenten erkannte ich die ultimative Stärke unserer Spezies: unsere Fähigkeit, aus dem Chaos Sinn zu schmieden, dem Alltäglichen Poesie zu entlocken.

Das Wechselspiel von Licht und Schatten, von Ordnung und Spontaneität spiegelt den Konflikt wider, der unserer Zeit zugrunde liegt. Automatisierung kann trotz ihres Versprechens unerbittlicher Effizienz niemals die zufälligen Begegnungen und unverfälschten Emotionen ersetzen, die die menschliche Existenz prägen. In den Händen eines geschickten Schöpfers kann aus einem Fehler ein Meisterwerk werden; ein Umweg kann ein verborgenes Juwel offenbaren. Und so besteht die Herausforderung, die vor uns liegt, während unsere Geräte immer leistungsfähiger werden, nicht unbedingt darin, Widerstand zu leisten, sondern auch darin, uns zu integrieren – die kalte Logik der Schaltkreise mit der Wärme menschlicher Spontaneität zu verbinden.

Es ist verlockend, sich ein Szenario vorzustellen, in dem jede Aufgabe an einen Algorithmus ausgelagert und jede Entscheidung durch eine Berechnung getroffen wird. Doch wenn das passieren würde, spräche das für ein tiefgreifendes Missverständnis dessen, was uns antreibt. Unsere Kreativität, unsere Fähigkeit zu fühlen, Empathie zu empfinden, über die kleinsten Absurditäten des Lebens zu lachen und zu weinen – das sind keine bloßen Störungen im System, sondern die Essenz unseres Seins. Im Echo jeder digitalen Benachrichtigung findet sich ein Kontrapunkt: der Anruf eines Freundes, das gemeinsame Lachen in einem überfüllten Café, der stille Entschluss, etwas einzigartig Menschliches zu schaffen.

Wir alle – Unternehmer, Künstler, Denker – tragen die Verantwortung, die Geschichte unserer Existenz neu zu gestalten. Wir müssen dafür sorgen, dass das unermüdliche Streben nach Effizienz nicht den lebendigen Rhythmus des menschlichen Lebens übertönt. Wenn KI Verträge aushandelt und Roboter Aufgaben mit mechanischer Präzision ausführen, muss sich unsere Rolle vom Arbeiter zum Visionär wandeln. Wir müssen unsere Energien in das lenken, was keine Maschine nachbilden kann: das chaotische, brillante Geflecht menschlicher Ideen, Leidenschaften und Verbindungen.

Dies ist kein Aufruf zur Ablehnung von Technologie. Vielmehr ist es eine Einladung, unsere Beziehung zu ihr neu zu definieren. Ja, es gibt einige enorme neue Probleme, aber das bietet auch Chancen, über Lösungen nachzudenken. Anstatt unsere Kreativität der kalten Logik der Automatisierung zu überlassen, können wir diese Fortschritte als Grundlage für neue Projekte nutzen, die Individualität und kollektive Kreativität fördern. Weltweit arbeiten Wissenschaftler und Innovatoren in Privathaushalten, Ateliers und Büros an Projekten, die Informatik mit Kunst, Philosophie und Ethik verbinden. Ihre Arbeit beweist, dass die Werkzeuge, die wir schaffen, unsere natürlichen Talente fördern können, vorausgesetzt, wir setzen sie mit Bedacht und Sorgfalt ein.

Ich denke jetzt an einen Urlaub zurück, in dem ich durch die neongetränkten Straßen **Tokios schlenderte** . In einer ruhigen Ecke eines winzigen Cafés, in dem jedes noch so kleine Gadget in einem Raum untergebracht war, der nicht größer als ein Queensize-Bett aussah, unterhielt ich mich mit einem etwas älteren, aber sehr hippen Herrn, der sein Leben einem Familienunternehmen verschrieben hatte – einem Erbe, das Jahrzehnte des Wandels überstanden hatte. Als ich das Thema **KI** und ihr Vordringen in traditionelle Branchen ansprach, war seine Antwort einfach, aber tiefgründig. „Technologie", sinnierte er, „ist wie ein Fluss – manchmal spült sie Altes weg, aber sie bahnt auch neue Wege." Seine Worte sind mir im Gedächtnis geblieben und erinnern mich daran, dass jede Störung den Keim der Transformation in sich trägt.

Dieses Zusammenspiel von Innovation und Tradition lässt sich vielleicht am besten in der Entwicklung des kreativen Ausdrucks veranschaulichen. In vergangenen Epochen war die Arbeit des Kunstschaffens gleichbedeutend mit Kampf – ein einsamer Kampf gegen die Tyrannei der Perfektion. Heute hingegen ermöglichen digitale Werkzeuge schnelles Schaffen und stellen unsere Definitionen von Originalität in Frage. Ein Algorithmus mag in Sekundenschnelle eine Symphonie komponieren oder ein eindrucksvolles Porträt malen, doch die ungreifbare Seele, die der Kunst Leben einhaucht, bleibt zutiefst menschlich. Es ist das leichte Zittern der Unsicherheit, die skurrile Abweichung von der Norm, die der Kunst ihren unbeschreiblichen Charme verleiht.

In unserem Alltag sind diese großen Geschichten mit persönlichen Geschichten der Neuerfindung verwoben. Ich habe erlebt, wie sich Kollegen neu erfanden und alte Rollen ablegten, um sich neuen Herausforderungen zu widmen , die Technologie mit Kreativität verbinden. Ob es sich um den Einzelnen handelt, der seinen konventionellen Schreibtischjob gegen eine Position als digitaler Nomade eingetauscht hat, oder um den Künstler, der Code als neuen Pinselstrich in seinem kreativen Repertoire nutzt – es zeichnet sich eine stille Revolution ab – eine Revolution, die die Schönheit der Anpassungsfähigkeit und den Mut feiert, den eigenen Weg zu gehen.

Denken Sie an die geschäftigen Lagerhallen von **Amazon** . Was einst ein Bienenstock menschlicher Arbeit war , hat sich allmählich zu einem Reich entwickelt, in dem Roboterarme durch die Gänge gleiten und Aufgaben mit kalkulierter Präzision ausführen. Doch inmitten dieses Wandels bleibt der menschliche Aufseher unverzichtbar – nicht wegen der Arbeit, die automatisiert werden kann, sondern wegen des Einfühlungsvermögens, der Aufsicht und des differenzierten Urteilsvermögens, das keine Maschine vollständig nachbilden kann. Dies ist ein Beweis dafür, dass die menschliche Note unersetzlich ist, auch wenn sich unsere Umgebung in akribisch programmierte Umgebungen verwandelt.

Die Ironie unserer modernen Lage ist unbestreitbar. Gerade Innovationen, die uns von der Plackerei befreien sollten, haben in vielerlei Hinsicht neu definiert, was Arbeit bedeutet. Die Plackerei repetitiver Aufgaben wird durch die Notwendigkeit ersetzt, sich ständig anzupassen, zu lernen und persönliche Ziele neu zu definieren. Mit der zunehmenden Komplexität von **KI-**

Systemen verlagert sich der Schwerpunkt von **manueller** Arbeit hin zu intellektuellen und kreativen Tätigkeiten – Bereiche, in denen Spontaneität und Leidenschaft ungehindert von den starren Zwängen veralteter Prozesse gedeihen können.

Dieser Wandel verläuft nicht ohne Anfangsschwierigkeiten. Gesellschaftliche Strukturen, rechtliche Rahmenbedingungen und sogar unsere kulturellen Narrative befinden sich im Wandel und versuchen, mit dem unaufhaltsamen Strom der Innovationen Schritt zu halten. In den Parlamenten von **Washington** bis **Brüssel** wird intensiv darüber debattiert, wie die Versprechen der **KI** mit Schutzmaßnahmen in Einklang gebracht werden können, die die Würde und das Leben der Menschen schützen. Experimentelle Programme, wie sie in **Finnland** und **Kalifornien laufen** , erforschen Modelle, die Umschulungsmaßnahmen mit verbesserter sozialer Unterstützung kombinieren. Diese Maßnahmen stehen zwar noch in den Kinderschuhen, basieren aber auf der Erkenntnis, dass Fortschritt durch Verantwortung gemildert werden muss.

Und doch gibt es inmitten dieser anhaltenden Neuausrichtung Raum für respektlosen Optimismus. Die Geschichte unserer Zeit ist nicht nur von Verlust oder Veralterung geprägt. Sie ist eine Geschichte radikaler Neuerfindungen – ein Beweis dafür, dass selbst tiefgreifende Umbrüche unerwartete Chancen eröffnen können. Die Verbindung menschlicher Kreativität mit maschineller Präzision schafft eine Landschaft, in der sich die alten Grenzen der Arbeit auflösen und Raum für Unternehmungen schaffen, die von Leidenschaft statt von Routine geprägt sind.

Stellen Sie sich einen Tag vor, an dem Ihr Kalender nicht von Meetings und monotonen Aufgaben bestimmt wird, sondern von kreativen Momenten und echter Verbundenheit geprägt ist. In diesem Szenario bildet der unaufhörliche Strom digitaler Benachrichtigungen den Hintergrund eines Lebens, in dem jeder Moment eine Einladung zum Entdecken, Hinterfragen und Gestalten ist. Die Technologie, die uns einst zu ersetzen drohte, bietet uns nun die Freiheit, unser Leben neu zu gestalten. Es ist ein Wandel, der gleichermaßen beflügelnd und demütig macht – ein Aufruf, eine Krise in eine Chance zur Neuerfindung zu verwandeln.

Diese Neudefinition der Arbeit nimmt bereits an unerwarteten Stellen Gestalt an. In geschäftigen Tech-Zentren und innovativen Coworking-Spaces weltweit treffen sich Menschen unterschiedlichster Herkunft, um mit neuen Lebens- und Gestaltungsformen zu experimentieren. Sie passen sich nicht nur einem System an, in dem Algorithmen die Effizienz diktieren, sondern gestalten aktiv einen Rahmen, der die spontane Brillanz menschlichen Denkens würdigt . Die Herausforderung besteht darin, ein dynamisches Gleichgewicht zwischen der unerbittlichen Geschwindigkeit der Rechenleistung und dem unermesslichen Reichtum menschlicher Erfahrung zu schaffen.

Im Kern ist die Geschichte unserer Zeit ein Aufruf zum Handeln. Sie erinnert uns daran, dass Maschinen zwar mit übermenschlicher Effizienz Daten verarbeiten, Geschäfte aushandeln und Lagerhallen verwalten, aber nicht in der Lage sind, die chaotische, aber auch die herrliche Tiefe der menschlichen Existenz einzufangen. Unsere Stärke liegt nicht in der Nachahmung von Perfektion, sondern in unserer Fähigkeit, inmitten des Chaos Neues zu schaffen, im Unvorhersehbaren Sinn zu finden und aus den Überresten gestörter Routinen Schönheit zu erschaffen.

Wenn Sie also am Ende eines ungewöhnlichen Tages die Augen schließen, wenn das leise Summen der Server und das ferne Flackern digitaler Signale Sie in nachdenkliche Ruhe wiegen, nehmen Sie sich einen Moment Zeit, um über das bemerkenswerte Zusammenspiel von Fortschritt und Leidenschaft nachzudenken. Der unaufhaltsame Aufstieg der Automatisierung ist kein Urteil über das Ende menschlichen Strebens – er ist eine Einladung, unsere kollektive Geschichte neu zu gestalten. Die Maschinen mögen die Aufgaben übernehmen, die wir einst als ermüdend empfanden, aber sie können niemals die puren Emotionen und die unberechenbare Genialität nachbilden, die nur ein menschliches Herz hervorbringen kann.

Es liegt eine ergreifende Ironie in der Art und Weise, wie sich die Technologie entwickelt hat, um jedes Detail unseres Alltags zu steuern. Während **KI** mit der Effizienz eines erfahrenen Managers Verträge aushandelt, Lieferketten optimiert und sogar Memos verfasst, zeigt sich der wahre Fortschritt in den Momenten, die sich jeder Berechnung entziehen – ein spontanes Gespräch mit einem Fremden in einem überfüllten Zug, ein Mitternachtsspaziergang unter dem Sternenhimmel, ein gemeinsames Lachen über ein Missgeschick. Es sind die Momente, die uns daran erinnern, dass kein Maß an Automatisierung den unvorhersehbaren Rhythmus des Lebens ersetzen kann.

Dieser Epilog ist nicht einfach ein Abschied von einer Ära unermüdlicher Arbeit; er ist ein Manifest für die Neuerfindung. Er ist ein Appell, unseren kreativen Geist zurückzugewinnen und die Vorstellung zurückzuweisen, dass Effizienz auf Kosten der Individualität gehen muss. Er fordert jeden von uns auf, Technologie als Partner auf unserer Suche nach Sinn zu betrachten, statt als Ersatz für die menschliche Erfahrung. Die Revolution, die sich in unserem Alltag abspielt, dreht sich ebenso sehr um die Neudefinition unserer Werte wie um die Nutzung neuer Werkzeuge.

Wenn Sie sich vom Glanz Ihrer Bildschirme lösen und in den Rhythmus des Lebens eintauchen, denken Sie daran, dass jeder Algorithmus, jede digitale Entscheidung und jede automatisierte Aufgabe ein Werkzeug ist – ein Werkzeug, das uns, wenn wir es mit Bedacht einsetzen, von den Fesseln der Monotonie befreien kann. Es erinnert uns daran, dass Maschinen zwar das Gerüst moderner Unternehmen errichten, es aber immer der unbezwingbare Geist menschlichen Einfallsreichtums sein wird, der die Seele der Schöpfung bildet.

Dies soll ein Aufruf an alle kreativen Seelen, alle rastlosen Geister und alle Menschen sein, die jenseits kalkulierter Produktivitätsmaßstäbe nach Sinn suchen. Die digitale Revolution ist eine Landschaft der Kontraste – der Präzision und der Unvorhersehbarkeit, der Logik und der Leidenschaft. Inmitten dieser sich wandelnden Dynamik bleibt die Wahrheit bestehen: Unsere

Kreativität, unsere Fähigkeit zu tiefen Gefühlen und unsere Fähigkeit zur spontanen Verbindung sind Kräfte, die keine Maschine jemals simulieren kann.

Wenn also der digitale Chor des Tages der stillen Intimität der Nacht weicht und das Echo des Robotersummens im Hintergrund Ihrer Gedanken verweilt, gehen Sie mit neuer Zielstrebigkeit voran. Richten Sie Ihren Tag nicht nach dem unaufhörlichen Ticken einer Uhr aus, sondern nach den spontanen, unvorhersehbaren Funken der Inspiration, die auftauchen, wenn Sie sie am wenigsten erwarten. Lassen Sie sich von dem Wunsch leiten, jedem Moment Bedeutung zu verleihen, die Technologie als Verbündeten auf Ihrer kreativen Reise zu nutzen und mutig zu erklären, dass der menschliche Geist trotz des Aufstiegs von KI und Automatisierung unbesiegbar bleibt.

Letztendlich mögen unsere Bildschirme unsere Morgen erhellen und unsere digitalen Gegenstücke mit unfehlbarer Effizienz die Bedingungen des Handels aushandeln, doch die Essenz unserer Existenz ist nicht in Code geschrieben, sondern in der Leidenschaft unserer Bestrebungen. Es ist die Mischung aus Daten und Wagemut, aus Schaltkreisen und Gefühlen, die die Geschichte unserer Zeit prägt. Und es ist diese Geschichte – roh, ungefiltert und unendlich unvorhersehbar –, die wir mit jedem Herzschlag, jedem Fehltritt und jedem Moment der Freude weiterschreiben müssen.

Nehmen Sie dieses Kapitel mit all seinen Widersprüchen an – eine Landschaft, in der die mechanische Präzision der KI mit der chaotischen, lebendigen Pracht menschlichen Schaffens koexistiert. Fordern Sie sich selbst heraus, Arbeiten zu schaffen, die über Routine hinausgehen, Gemeinschaften aufzubauen, die das Unerwartete feiern, und den Funken der Individualität zu fördern, den kein Algorithmus quantifizieren kann. Lassen Sie jeden Tag ein Zeugnis für die Kraft des menschlichen Geistes sein – eine Kraft, die dem unaufhaltsamen technologischen Fortschritt standhält.

Gehen Sie in die Zukunft mit der Gewissheit: Maschinen können zwar die Details bewältigen, aber niemals die unbeschreibliche Magie einer menschlichen Seele einfangen, die auf der Suche nach Schönheit, Wahrheit und Verbundenheit ist. Ihre Kreativität ist kein Relikt der Vergangenheit, sondern ein Leuchtfeuer für die unerforschten Wege, die vor uns liegen – ein Weg, auf dem Technologie kein Herrscher, sondern ein treuer Begleiter auf der Suche nach einem sinnreichen Leben ist.

Wenn Sie also die letzte Seite dieses Kapitels umblättern, betrachten Sie sie als Abschluss und zugleich als Beginn – als Beginn eines fortwährenden Dialogs zwischen der Präzision der Maschinenlogik und der rohen, unverfälschten Kadenz der menschlichen Existenz. In jeder Herausforderung liegt eine Chance, in jeder automatisierten Aufgabe eine Chance, die Kunst des Lebens zurückzugewinnen. Die bevorstehende Reise ist noch nicht geschrieben, und Sie können ihre Geschichte selbst gestalten.

Stehen Sie jetzt entschlossen auf. Lassen Sie sich vom sanften Leuchten Ihres digitalen Assistenten daran erinnern, dass **KI zwar** Ihren Zeitplan optimieren kann, es aber Ihr Herz und Ihr Verstand sind, die die Symphonie Ihres Lebens orchestrieren. Wagen Sie sich hinaus, nicht als Untergebener der Technologie, sondern als ihr Meister – und nutzen Sie ihre Macht, um Ihre einzigartige kreative Stimme zu verstärken. Die Geschichte unserer Zeit wird nicht allein von Schaltkreisen und Codes bestimmt; sie wird letztlich vom Geist geprägt, der sich nicht auf eine Datenzeile reduzieren lässt.

Also los – hinterfrage jede Annahme, überdenke jede Erwartung und gestalte ein Schicksal, das sich den Grenzen algorithmischer Präzision widersetzt. Baue, innoviere und inspiriere mit einer Leidenschaft, die keine Maschine je nachahmen kann. In diesem großen Geflecht aus Fortschritt und Möglichkeiten ist deine Geschichte der wichtigste Faden – eine Erinnerung daran, dass selbst wenn **KI** die Mechanik unserer Tage neu definiert, der unvorhersehbare, lebendige Puls menschlicher Kreativität immer der wahre Motor des Wandels bleiben wird.

Beherzigen Sie diese Botschaft: Der unaufhaltsame Vormarsch der Automatisierung verändert zwar unsere Routinen und verteilt unsere Rollen neu, doch er kann den inneren Wunsch, kreativ zu sein, sich zu vernetzen und mit Leidenschaft zu leben, nicht auslöschen. Ihr Weg führt nicht zur Kapitulation vor der Technologie, sondern zur Zusammenarbeit – nutzen Sie die Kraft der Innovation, um Ihr inneres Genie zu entfalten und Arbeit nach Ihren eigenen Vorstellungen neu zu definieren.

Verlasse den Glanz deines Bildschirms und betrete eine Welt, in der jeder digitale Impuls durch den natürlichen Rhythmus deines Pulses ausgeglichen wird. **Lass dich bei jeder wohlüberlegten Entscheidung von deiner spontanen Intuition leiten** . Die Evolution, die sich um dich herum entfaltet, ist keine Abkehr vom Menschlichen, sondern eine Herausforderung, die chaotische, lebendige und absolut unersetzliche Qualität des Menschseins zu feiern.

Mit dem Wissen, dass keine Maschine jemals die Vielfalt Ihrer Erfahrungen nachbilden kann, können Sie nun das nächste Kapitel Ihres Lebens schreiben.

Lassen Sie Ihre Kreativität in jeder Herausforderung und jedem Sieg erstrahlen. Die Verbindung von menschlichem Einfallsreichtum und technologischem Können bildet die Grundlage für Ihr Erbe aus Widerstandsfähigkeit, Innovation und kompromissloser Authentizität.

Let the AI Work for You
And Take Care So It Will Care Back

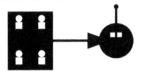

- AI automates tasks, freeing humans for creativity

- Partnership between humans and AI, not replacement

- Technology must be shaped with wisdom and care

- Embrace innovation while preserving humanity

- The future is about collaboration, not surrender

Dies ist Ihr Moment – ein Aufruf, aufzustehen, zu gestalten und zu inspirieren . Die Algorithmen mögen rechnen, die Roboter mögen arbeiten , aber nur Sie können Ihrer Reise die spontane Genialität verleihen, die Arbeit in Kunst verwandelt. Übernehmen Sie also die Kontrolle über Ihre Geschichte, während die digitale Symphonie im Hintergrund unserer zunehmend automatisierten Existenz weiterspielt, und stellen Sie sicher, dass jede Ihrer Entscheidungen mit der ungezügelten Kraft Ihres menschlichen Geistes in Resonanz tritt.

Gehen Sie mit einem trotzigen Grinsen voran, im Wissen, dass **KI zwar** Aufgaben mit höchster Präzision ausführen kann, es aber Ihre Leidenschaft, Ihre Bereitschaft, die chaotische Schönheit der Unvollkommenheit zu akzeptieren, und Ihre unermüdliche Neugier sind, die weiterhin eine Welt prägen werden, in der nicht nur Effizienz, sondern auch Herzblut zählt. Dies ist keine Kapitulation vor der Technologie – es ist eine Rückbesinnung auf das, was wirklich zählt: das Unvorhersehbare, das Ungefilterte und die wunderbar reine Essenz des Lebens.

Die Bühne ist bereit, die Akteure sind in Bewegung, und die Geschichte unserer Ära wird noch geschrieben. Jetzt ist es an der Zeit, jede Zeile, jeden Absatz und jeden Atemzug mit dem unverwechselbaren Funken Ihrer Menschlichkeit zu erfüllen. Lassen Sie die digitale Revolution als Kulisse für Ihre persönliche Renaissance dienen – ein Beweis dafür, dass selbst wenn Maschinen rechnen und optimieren, das unberechenbare Genie des menschlichen Geistes immer wieder zum Vorschein kommt.

Wenn Sie dieses Kapitel abschließen und in die unendlichen Möglichkeiten von morgen eintauchen, denken Sie daran: Die Zahnräder der Automatisierung mögen sich unaufhörlich drehen, aber das Herz, das in Ihnen schlägt, ist der wahre Motor des Fortschritts. **Wagen Sie es also, aufzubrechen, zu erschaffen und inmitten des komplexen Tanzes von Mensch und Maschine in vollen Zügen zu leben** . Ihre lebendige und sich ständig weiterentwickelnde Geschichte bestimmt letztendlich, was als Nächstes kommt.

Begeben Sie sich mit Überzeugung in jedem Schritt und Kreativität in jeder Entscheidung **auf die ungewisse, aufregende Reise, die vor Ihnen liegt. Beschreiten Sie einen Weg, auf dem Ihnen die Technologie als zuverlässiger Verbündeter zur Seite steht** und Ihnen ermöglicht, neue Dimensionen der Leidenschaft, Innovation und echten Verbundenheit zu entdecken. Und während sich die Welt um Sie herum mit der Präzision digitaler Logik verändert, lassen Sie Ihr Leben ein Zeugnis der unermesslichen Kraft des menschlichen Geistes sein – ein bleibendes Leuchtfeuer, das kein Algorithmus jemals nachahmen kann.

Dies ist Ihre Aufgabe: Bauen Sie mutig, schaffen Sie mit Leidenschaft und lassen Sie jeden Moment Ihres Lebens eine Erklärung dafür sein, dass die Maschinen zwar unermüdlich arbeiten, es aber Ihr Herz ist – chaotisch, lebendig und wunderbar unberechenbar –, das die letzten und wichtigsten Kapitel unseres gemeinsamen Schicksals schreibt.

Über den Autor

Peter Woodford, BSc (Hons), HND, PRINCE2-zertifiziert, Agile Practitioner, Vollmitglied der Association for Project Management, ist ein erfahrener Unternehmer und Digitaltechnologie-Stratege. Mit über zwei Jahrzehnten Führungserfahrung in führenden Digitalagenturen in London und Singapur hat er technologische Innovationen vorangetrieben und die digitale Landschaft durch bahnbrechende Geschäftsvorhaben geprägt.

Als Gründer mehrerer Technologieunternehmen hat Peter maßgeblich zur digitalen Transformation beigetragen und dabei Projektmanagement-Expertise mit fundierten Kenntnissen in Datenanalyse, Stakeholder-Engagement und innovativen Marketingstrategien verknüpft. Seine Expertise erstreckt sich auf digitale Beratung, Softwareentwicklung und groß angelegte Online-Werbekampagnen, in denen er stets herausragende Leistungen und messbare Wirkung erzielt hat.

Als Erfinder und Visionär hält Peter ein Patent sowie ein Portfolio eingetragener Designs und Marken, was sein Engagement für technologischen Einfallsreichtum unterstreicht. Seine umfangreiche Karriere umfasst die Leitung hochkarätiger Projekte für globale Marken, die Verwaltung millionenschwerer Budgets und die Leitung funktionsübergreifender Teams in renommierten Agenturen wie R/GA, Grand Union und UI Centric. Sein Portfolio umfasst Arbeiten für namhafte Kunden wie Microsoft, National Geographic, Disney, AOL, MTV, Diageo und PricewaterhouseCoopers.

Peter ist insbesondere Mitbegründer von Viewmy.tv, einer bahnbrechenden Internet-TV-Plattform, die von BBC Click als „Best of Web" ausgezeichnet wurde und in der Spitze 6,5 Millionen Besucher pro Monat und über 250.000 Follower in den sozialen Medien erreichte. Er hielt vor 180 BBC-Mitarbeitern Vorträge über die Zukunft des Fernsehens. Seine strategische Vision und sein technischer Scharfsinn haben ihn zu einer führenden Autorität im digitalen Sektor gemacht und er bietet beispielloses Fachwissen in der Entwicklung des

Online-Geschäfts und der digitalen Innovation. Während seines Studiums an der University of Coventry wurde Peter von BT gesponsert, um einen mobilen Computer zu entwerfen, der vom Design Council für die Creative Britain Initiative ausgewählt und in Wired, GQ, Electronics Weekly und T3 vorgestellt wurde. Nach seinem Universitätsabschluss war er Preisträger des Shell Technology Placement Scheme UK Award. Derzeit studiert er Generative AI in Higher Education am King's College London und betreibt rund 50 Websites.

Peter ist ein angesehener Digitalberater mit Erfahrung in der Leitung Tausender digitaler Projekte und der Entwicklung hochmoderner Lösungen, was ihm eine einzigartige Perspektive auf die gewaltigen technologischen Veränderungen verschafft hat, die ihn zu seiner Laufbahn als Autor geführt haben.

Sie finden Peter online:

https://www.digitalfishing.com/ - **Online-Identität**
https://www.peterwoodford.com/ - **digitales Marketing**
https://www.linkedin.com/in/pwoodford/
https://patreon.com/peterwoodford

https://peterwoodford.substack.com/

https://www.youtube.com/@peterwoodford

https://x.com/peterkwoodford

https://www.tiktok.com/@digitalpeter

https://www.facebook.com/peterwoodfordpage

https://www.amazon.com/author/peterwoodford

Danksagung

Die Entstehung von „AI JOB CRISIS" war eines der tiefgründigsten, aufregendsten und prägendsten Kapitel meines Lebens – eine Reise voller brutaler Herausforderungen und immenser Erfolge. Dieses Buch wäre ohne die unerschütterliche Unterstützung, die scharfsinnigen Erkenntnisse und die herzliche Ermutigung einer Vielzahl unglaublicher Menschen niemals möglich gewesen.

Mein tiefster Dank gilt zunächst meiner außergewöhnlichen Frau Yosefine. Ihr unerschütterlicher Glaube an mich – selbst als ich den Weg nach vorne nicht sah – und ihr erfrischend ehrliches, sachliches Feedback waren meine Wegweiser durch das Chaos. Sie haben mir bei jedem Schritt Halt gegeben und mich inspiriert.

Ich bin meinen verstorbenen Eltern, John aus Schottland und Angie aus Trinidad & Tobago, auf ewig zu Dank verpflichtet. Die Liebe und Unterstützung, die ihr mir in meiner Kindheit entgegengebracht habt, legte den Grundstein für jeden Erfolg und jeden Rückschlag, der mich hierher geführt hat. Obwohl ihr nicht mehr an meiner Seite seid, prägen eure grenzenlose Wärme und Weisheit weiterhin meinen Alltag, und ich hoffe, dieses Buch ist eine Hommage an euer Vermächtnis.

An meine Geschwister Gavin und Tracy – danke, dass ihr mir stets zur Seite steht. Tracy, deine beruhigende Präsenz und deine sanfte Ermutigung haben mir viel gegeben, wenn mir die Worte fehlten. Gavin, dein offener Rat und deine beständige Perspektive haben mich ständig dazu gebracht, mich persönlich und beruflich weiterzuentwickeln.

Dieses Buch wurde durch die brillanten Köpfe um mich herum verfeinert und bereichert. Ich danke jedem Freund, Mentor und selbst dem schärfsten Kritiker, der seine Erkenntnisse mit mir teilte und meine Ideen hinterfragte, dafür, dass sie meine Arbeit weit über meine Erwartungen hinaus gehoben haben.

454

Ich bin auch den unzähligen Menschen dankbar, die meinen Weg verfolgt haben – sei es durch meine Unternehmen, meine Blogs oder meine früheren Bücher. Ihr Engagement, Ihre durchdachten Fragen und Ihre vielfältigen Perspektiven haben mich inspiriert, tiefer zu graben und größere Träume zu haben.

Schließlich bin ich den bahnbrechenden Denkern, Unternehmern und Innovatoren zu großem Dank verpflichtet, deren furchtlose Ideen zu KI, Robotik und der Zukunft der Arbeit einen Großteil der Leidenschaft entfacht haben, die auf diesen Seiten zum Ausdruck kommt. Ihre Visionen haben mich ebenso beeindruckt wie begeistert, und die hier geäußerten Gedanken spiegeln ihre Genialität ebenso wider wie meine eigene.

Allen, die dazu beigetragen haben – ob monumental oder subtil –, vielen Dank. Ohne euch gäbe es dieses Buch nicht. Und an dich, liebe Leser, ich liebe dich wahnsinnig. Die Zukunft mag wild und ungewiss sein, aber gemeinsam werden wir durch das Chaos navigieren und einen Weg zu neuen Möglichkeiten ebnen.

Copyright

www.ingramcontent.com/pod-product-compliance
Lightning Source LLC
Chambersburg PA
CBHW071356050326
40689CB00010B/1664